Diritti dell'uomo e cooperazione internazionale:
una scommessa educativa

Droits de l'homme et coopération internationale :

un défi éducatif

Diritti dell'uomo e cooperazione internazionale:

una scommessa educativa

Droits de l'homme et coopération internationale :

un défi éducatif

Stefania Gandolfi / Abdeljalil Akkari

Globethics.net Paideia No. 2

Globethics.net Paideia

Director: Prof. Dr Obiora Ike, Executive Director of Globethics.net in Geneva and Professor of Ethics at the Godfrey Okoye University Enugu/Nigeria.
Series Editor: Prof. Dr Stefania Gandolfi, Professore di pedagogia dei diritti dell'uomo. Presidente della Fondazione Vittorino Chizzolini, Bergamo/Italy.

Globethics.net Paideia 2
Stefania Gandolfi / Abdeljalil Akkari, *Diritti dell'uomo e cooperazione internazionale: Una scommessa educativa. Droits de l'homme et coopération internationale : un défi éducatif*
Geneva: Globethics.net, 2020
ISBN 978-2-88931-377-8 (online version)
ISBN 978-2-88931-378-5 (print version)
© 2020 Globethics.net

Managing Editor: Dr Ignace Haaz.
Assistant Editor: Nefti Bempong-Ahun
Graphic design: Michael Cagnoni

Globethics.net International Secretariat
150 route de Ferney
1211 Geneva 2, Switzerland
Website: *www.globethics.net/publications*
Email: *publications@globethics.net*

All web links in this text have been verified as of November 2020

SOMMARIO

PRESENTAZIONE

LA COOPERAZIONE INTERNAZIONALE IN EDUCAZIONE: PER NON LASCIARE NESSUNO PER STRADA

Abdeljalil Akkari

E' un grande onore per me fare una presentazione di questo testo che ha per titolo: *Diritti dell'uomo e cooperazione internazionale : una sfida educativa* che riunisce alcuni lavori della professoressa Stefania Gandolfi. La lettura di questi testi mi ha riportato alla mia esperienza di ricercatore e insegnante su tematiche condivise.

Organizzerò il mio intervento in tre parti. La prima parte si concentrerà sull'origine della cooperazione internazionale che è radicata nella necessaria universalità e effettività dei diritti dell'uomo, la seconda affronterà l'importanza della nostra capacità di indignazione come atteggiamento che struttura i rapporti umani, compreso quello relativo all'educazione e alla cooperazione internazionale. La terza parte si concentrerà più specificatamente sulle sfide educative del 21° secolo e sulla necessità di essere guidati da un certo numero di concetti cardine per creare una comunità che apprende a livello di educazione e di cooperazione internazionale.

Universalità e effettività dei diritti dell'uomo

La cooperazione internazionale ha guadagnato visibilità e legittimità alla fine della seconda guerra mondiale che ha causato numerosi crimini, massacri e abusi. La comunità internazionale ha approvato nel 1948 la Dichiarazione Universale dei Diritti dell'Uomo (DUDH) come principale strumento di gestione dei rapporti internazionali feriti dai conflitti. Il primo valore di questa Dichiarazione è l'universalità. Nel preambolo della Dichiarazione viene chiaramente sottolineato il principio della cooperazione. Il testo afferma che "è essenziale incoraggiare lo sviluppo di relazioni amichevoli tra le nazioni" e che "gli Stati membri si sono impegnati a garantire, in collaborazione con le Nazioni Unite, il rispetto universale ed efficace dei diritti dell'uomo e delle libertà fondamentali ".

I testi proposti da Stefania in questo libro sottolineano giustamente l'importanza di rendere effettivi i diritti dell'uomo. In altri termini si tratta di passare dall'idea teorica dei diritti dell'uomo alla loro applicazione e declinazione quotidiana. In particolare Stefania insiste sulla responsabilità delle Università nel rendere effettivi i diritti dell'uomo. Si può anche osservare che Stefania ha prodotto alcuni testi riuniti qui nel quadro di due organizzazioni principe nella promozione dei diritti dell'uomo nel mondo: l'Unesco e il Consiglio d'Europa. Numerose società ancora oggi sono attraversate da movimenti politici che rifiutano i più deboli e gli emarginati, per questo è necessario riaffermare la centralità dei diritti dell'uomo e la loro importanza nella coesione sociale.

Indignatevi!

Non è un caso se l'autore di una delle migliori opere sul valore salutare dell'indignazione è Stéphane Hesssels che è stato coinvolto nella preparazione della DUDH del 1948 e che a 93 anni ci ha ricordato con molta lucidità e precisione che :

> "noi viviamo oggi in un'intera connettività che non ha precedenti. Ma in questo mondo ci sono cose insopportabili. Per vederle, devi osservare e cercare. Io dico ai giovani: cercate un po' e troverete. L'atteggiamento peggiore è l'indifferenza, dire "Non posso farci nulla, lascio perdere". Comportandovi così perdete una delle componenti essenziali dell'uomo. Una delle componenti indispensabili: la capacità di indignarsi e l'impegno che ne è la conseguenza" (Hessel, 2011, p. 6).

Rifiutandoci di essere indifferenti nei confronti della situazione degli esclusi restituiamo loro la dignità di persone, come sottolinea uno dei testi di Stefania. L'indignazione è anche un formidabile motore per l'impegno nella società civile e nella cooperazione internazionale. Molti giovani, animati da una formidabile capacità di indignazione, di ribellione e di impegno, abbandonano il loro confort familiare e professionale per impegnarsi sia al Nord che al Sud con coloro che sono esclusi. Per certi versi è il nostro rifiuto dell'indifferenza e la nostra capacità di indignazione che ci permetteranno di uscire dalla pandemia mondiale provocata dal Covit 19 nel 2020.

Il mio interesse per la cooperazione internazionale durante i miei studi universitari è nato dalla lettura di due testi riguardanti l'indignazione in Africa di René Dumont (1962) e di Jean Ziegler (1980). Sono testi sempre attuali che ci ricordano il valore dell'impegno per un mondo più giusto e più solidale.

La pedagogia, l'educazione e la cooperazione : una comunità in apprendimento

Numerosi testi di questo libro mostrano la concezione originale che Stefania ha della pedagogia, dell'educazione e della cooperazione internazionale. Li vede come finalizzati a costruire una comunità in apprendimento in una visione olistica e non compartimentale delle scienze sociali e umane. Stefania mostra che un'educazione appropriata deve mobilitare l'intelligenza collettiva. In altre parole, deve riunire i diversi attori che interagiscono correttamente per sviluppare le nostre capacità di prenderci cura di noi stessi, dei bambini, degli altri, dei saprei e del pianeta. Una tale comunità in apprendimento non è un'utopia, ma necessita dell'attivazione di certi concetti indispensabili: democrazia, partecipazione, reciprocità, uguaglianza-differenza sono alcuni dei concetti sviluppati in questo testo.

Stefania si mette essa stessa in questa comunità che apprende. Non li vede dall'esterno come solitamente fanno molti accademici. Stefania è al centro dell'educazione, dell'impegno civico e della cooperazione internazionale. Come collega e amica ho sempre ammirato la sua capacità, e quella dell'amico Felice Rizzi, di lottare per trovare finanziamenti per la cooperazione internazionale universitaria unita, al tempo stesso, al loro impegno per una riflessione critica sulla stessa cooperazione.

Democrazia e partecipazione sono due concetti che sono al cuore dei rapporti fra genitori e scuola e fra cooperanti e beneficiari dei progetti. Come mostra l'opera dell'eccellente pedagogista Paulo Freire (1974) "Nessuno educa nessuno, nessuno si educa da solo, gli uomini si educano insieme, con la mediazione del mondo". La concezione della cooperazione e dell'educazione che anima questo testo è quella dell'emancipazione reciproca e della prossimità. E' per questo motivo che Stefania attribuisce un'importanza centrale alla cooperazione internazionale sostenuta dalla società civile e dalle comunità locali.

Il concetto di reciprocità permette di limitare i rischi provocati dalle derive sempre presenti in contesti di rapporti sociali asimmetrici. Quando, ad esempio un cooperante del Nord, lavorando nei campi dei rifugiati in Africa, tenta di costruire un progetto educativo, la reciprocità lo spronerà ad imparare tanto quanto imparano i rifugiati che sta cercando di aiutare e accompagnare nel difficile cammino dell'esilio. Al di là delle diseguaglianze che si aggravano un po' in tutto il mondo, la reciprocità è una delle condizioni della condivisione della nostra umanità.

Il binomio uguaglianza-differenza occupa un posto rilevante nei testi presentati da Stefania in questa opera. Io parlo di binomio perché è impossibile dissociarli in rapporto all'alterità sia in pedagogia che in cooperazione. Il principio di uguaglianza, ugualmente iscritto in più passaggi della DUDH, serve a prevenire le discriminazioni che sono purtroppo troppo presenti in tutti i contesti e in tutti i paesi del mondo. E' una garanzia necessaria per ridurre ed eliminare le discriminazioni. Ad esempio la presenza di alunni di religione diversa a scuola obbliga numerosi sistemi educativi, tradizionalmente legati ad una sola religione, ad aprirsi alla diversità religiosa e a considerare tutte le religioni allo stesso modo. Alla laicità che esclude, Stefania preferisce il rispetto della diversità di tutte le religioni.

Nello stesso tempo, un trattamento uguale e simile per tutti che non tenga conto dell'identità culturale può portare alla violenza e minacciare lo stesso diritto all'identità e all'integrità culturale. Detto in modo più personale, Stefania è fiera di Bergamo ma aperta a tutte le regioni del mondo senza alcuna eccezione. Il suo percorso di ricerca, che si può seguire attraverso i suoi testi, l'ha portata dall'Europa all'Africa, all'America Latina e all'Asia. E' perciò necessario riconoscere il diritto alla diversità culturale a condizione che il soggetto non si rinchiuda nel suo solo patrimonio culturale perché ciò costituisce una seria minaccia al vivere insieme.

Visto che anch'io sto lavorando da molto tempo sull'articolazione uguaglianza-differenza in educazione e in particolare nella formazione degli insegnanti, devo riconoscere che questa articolazione non è facile ai nostri giorni se non tiene conto della globalizzazione onnipresente in tutti i contesti.

Ai miei studenti all'Università di Ginevra raccomando sempre di più che devono aprirsi alla cittadinanza mondiale e fare i conti con le proprie responsabilità sia nei confronti dell'ingiustizia locale che in quella mondiale.

In modo provocatorio, nel senso buono del termine, segnalo loro che la disponibilità del buon cioccolato svizzero per i consumatori svizzeri si ha attraverso l'impoverimento dei paesi africani e la decostruzione di certi ecosistemi per produrre cacao per un'esportazione controllata dalle multinazionali agroalimentari svizzere!

Non si possono inserire alunni migranti nelle classi in modo corretto se gli insegnanti non capiscono i processi complessi che inducono gli africani impoveriti ad avventurarsi nella traversata del Mediterraneo per arrivare in Europa.

Oggi ancora troppe persone, in tutto il mondo, credono che la diversità culturale e le migrazioni provochino soprattutto dei problemi o delle difficoltà insormontabili. I testi di Stefania insistono sull'opportunità dell'incontro interculturale con l'Altro, il diverso, che arricchisce le mie conoscenze e la mia umanità condivisa.

Accolgo con favore l'iniziativa di Stefania di aver riunito dei testi ricchi e diversificati in contesti nazionali e internazionali. Lo spirito di questi testi è quello di non lasciare nessuno ai margini della strada della pace, della felicità e della prosperità. E' essenziale, attraverso l'educazione e la formazione, dare potere (empowerment) et *capabilità* a tutti gli esclusi senza eccezione (Sen 2003). Siamo tutti sullo stesso pianeta e il nostro futuro dipende dalla nostra responsabilità e solidarietà collettive.

Come sostiene Morin (2019) la crisi planetaria attuale affonda le sue radici in un paradigma di civiltà basato sull'individualismo, l'avidità, la concorrenza, il consumismo irresponsabile e l'esclusione sociale.

In questo quadro la strategia per uscire da questa crisi è il ruolo dell'educazione. Bisogna dunque valorizzare gli apporti che vengono dal Sud portatori di un pensiero anti-egemonico capace di mobilitare solidarietà, di valorizzare la diversità come elemento formativo e di riconoscere il legame indissolubile fra esseri umani nella comunità planetaria (Morin 2019).

Con la lettura di questo libro vi auguro un'avventura intellettuale che vi permetterà di leggere testi interessanti ma anche di leggere e di capire il nostro mondo oggi in rapido cambiamento.

PRÉSENTATION

LA COOPÉRATION INTERNATIONALE EN ÉDUCATION : POUR NE LAISSER PERSONNE AU BORD DE LA ROUTE !

Abdeljalil Akkari

C'est un grand honneur pour moi de faire l'introduction de cet ouvrage intitulé « Droits de l'homme et coopération internationale: un défi éducatif » qui rassemble certains travaux du professeur Stefania Gandolfi. La lecture de ces textes m'a renvoyé à ma propre expérience de chercheur et enseignant sur des thématiques partagées.

J'organiserai mes propos en trois parties. La première partie traitera de l'origine de l'idée de coopération internationale qui est enracinée dans la nécessaire universalité et effectivité des droits de l'homme. La deuxième partie abordera l'importance de notre capacité d'indignation comme posture structurant les rapports humains, y compris celui dans le cadre de l'éducation et de la coopération internationale. La troisième partie se centrera plus particulièrement sur les défis éducatifs du 21ème siècle et la nécessité d'être guidé par un certain nombre de concepts féconds pour réussir une communauté apprenante en éducation et en coopération internationale.

Universalité et effectivité des droits de l'homme

La coopération internationale a gagné en visibilité et en légitimité à la fin de la deuxième Guerre mondiale et son lot de crimes, massacres et abus. La communauté internationale a endossé en 1948 à Paris la Déclaration Universelle des Droits de l'Homme (DUDH)[1] comme principal outil de gestion des rapports internationaux meurtris par les conflits. L'intérêt premier de cette déclaration est l'universalité. Dans le préambule de la déclaration, le principe de coopération est clairement signalé. Le texte stipule qu'il est *« essentiel d'encourager le développement de relations amicales entre nations »* et que les *« États Membres se sont engagés à assurer, en coopération avec l'Organisation des Nations Unies, le respect universel et effectif des droits de l'homme et des libertés fondamentales »*.

Les textes proposés par Stefania dans cet ouvrage mettent en évidence à juste titre l'importance de rendre effectif les droits de l'homme. Autrement dit, de passer de l'idée théorique des droits de l'homme à leur application et pratique quotidienne sur le terrain. Stefania insiste en particulier sur la responsabilité de l'enseignement supérieur dans l'opérationnalisation des droits de l'homme. On peut aussi observer que Stefania a produit certains textes réunis ici dans le cadre de deux organisations capitales dans la promotion des droits de l'homme dans le monde: l'UNESCO et le Conseil de l'Europe. Alors que de nombreuses sociétés sont traversées par des mouvements politiques qui rejettent les plus faibles et les exclus, il est important de réaffirmer la centralité des droits de l'homme et leur importance dans la cohésion sociale.

Indignez-vous!

Ce n'est pas un hasard que l'auteur de l'un des meilleurs ouvrages sur le caractère salutaire de l'indignation est Stéphane Hesssels qui a été

---

[1] https://www.un.org/fr/universal-declaration-human-rights/

impliqué dans la préparation de la DUDH de 1948 et qui, à 93 ans, nous a rappelé avec lucidité et justesse que :

> « Nous vivons dans une inter connectivité comme jamais encore il n'en a existé. Mais dans ce monde, il y a des choses insupportables. Pour le voir, il faut bien regarder, chercher. Je dis aux jeunes : cherchez un peu, vous allez trouver. La pire des attitudes est l'indifférence, dire « je n'y peux rien, je me débrouille ». En vous comportant ainsi, vous perdez l'une des composantes essentielles qui fait l'humain. Une des composantes indispensables : la faculté d'indignation et l'engagement qui en est la conséquence » (Hessel, 2011, p. 6).

En refusant d'être indifférent au sort des exclus, on rend leur dignité aux personnes comme le souligne l'un des textes de Stefania. L'indignation est aussi un moteur formidable d'engagement dans la société civile et dans la coopération internationale. Beaucoup de jeunes coopérants abandonnent leur confort familial et professionnel pour s'engager aussi bien au Nord qu'au Sud auprès des exclus, animés par leur formidable capacité d'indignation, de révolte et d'engagement. À certains égards, c'est notre refus de l'indifférence et notre capacité d'indignation qui nous permettront de sortir de la pandémie mondiale provoquée par le Covid-19 en 2020.

Mon propre intérêt pour la coopération internationale a été forgé durant mes études universitaires par la lecture de deux *textes d'indignation* portant sur l'Afrique de René Dumont (1962) et de Jean Ziegler (1980). Ces textes sont toujours d'actualité et nous rappellent le sens de l'engagement pour un monde plus juste et plus solidaire.

La pédagogie, l'éducation et la coopération : une communauté apprenante

De nombreux textes de cet ouvrage montrent la conception originale que Stefania a de la pédagogie, de l'éducation et de la coopération internationale. Elle les considère comme visant la construction d'une communauté apprenante dans une vision holistique et non pas compartimentée des sciences sociales et humaines. Stefania montre qu'une éducation appropriée doit mobiliser l'intelligence collective. Autrement dit, réunir des acteurs variés qui interagissent décemment pour développer nos capacités de prendre soin de soi, des enfants, des autres, des savoirs et de la planète. Une telle communauté apprenante n'est pas une utopie mais elle nécessite la mobilisation de certains concepts indispensables : démocratie-participation, réciprocité, égalité-différence sont quelques-uns des concepts abordés dans cet ouvrage.

Stefania se met elle-même dans cette communauté apprenante. Elle n'adopte pas une posture d'extériorité habituelle chez beaucoup d'universitaires. Stefania est à l'intérieur de l'action pédagogique, de l'engagement citoyen et de la coopération internationale. Comme collègue et amie, j'ai toujours admiré sa capacité et celle de mon ami Felice Rizzi de mener à la fois un combat pour trouver des financements pour la coopération internationale universitaire mais dans le même temps leur engagement dans une réflexion critique sur cette même coopération.

Démocratie et participation sont deux concepts au cœur des relations parents - école et celles des coopérants - bénéficiaires de projets. Comme le montre l'œuvre du marquant pédagogue brésilien Paulo Freire (1974), *« Personne ne libère autrui, personne ne se libère seul, les hommes se libèrent ensemble par l'intermédiaire du monde »*. La conception de la coopération et de l'éducation qui anime cet ouvrage est celle de l'émancipation réciproque et de la proximité. C'est pour cette raison que Stefania accorde une importance centrale à la coopération internationale portée par la société civile et les collectivités locales.

Le concept de réciprocité permet de limiter les risques de dérives toujours présents dans les contextes de rapports sociaux inégalitaires. Quand par exemple, un coopérant du Nord travaillant dans les camps de réfugiés en Afrique tente de construire un projet éducatif, la réciprocité l'incitera à autant apprendre que les réfugiés qu'il tente d'aider et d'accompagner sur le chemin difficile de l'exil. Au-delà des inégalités qui s'aggravent un peu partout dans le monde, la réciprocité est l'une des conditions de notre humanité partagée.

La paire égalité-différence occupe aussi une place de choix dans les textes présentés par Stefania dans cet ouvrage. Je parle de pairs car il est impossible de les dissocier dans tout rapport à l'altérité en pédagogie ou en coopération. Le principe d'égalité, également inscrit dans plusieurs passages de la DUDH, sert à prévenir les discriminations qui sont malheureusement trop présentes dans tous les contextes et dans tous les pays du monde. C'est une garantie nécessaire pour réduire et éliminer les discriminations. Par exemple, la présence d'élèves de religions différentes à l'école oblige de nombreux systèmes éducatifs, traditionnellement liés à une seule religion, à s'ouvrir à la diversité religieuse et à traiter les religions d'une manière égalitaire. À la laïcité qui exclut, Stefania préfère le respect de la diversité de toutes les religions.

Toutefois, dans le même temps, un traitement égalitaire et similaire pour tous qui ne tient pas compte d'une identité culturelle peut amener de la violence et menacer le droit à l'identité et à l'intégrité culturelle. Pour le dire d'une manière plus personnelle, Stefania est à la fois fière de Bergame mais ouverte sur toutes les régions du monde sans exception. Son parcours de recherche, que l'on peut suivre par ses textes, l'a amené de l'Europe, à l'Afrique, à l'Amérique Latine et à l'Asie. Il est donc nécessaire de reconnaître le droit à la différence culturelle pour autant qu'elle n'enferme pas le sujet dans son seul héritage culturel ou qu'elle constitue une menace sérieuse au vivre ensemble.

Travaillant moi-même depuis longtemps sur l'articulation égalité-différence en éducation et en particulier en formation des enseignants, je dois reconnaître que cette articulation n'est pas facile de nos jours si elle ne tient pas compte du contexte omniprésent de la globalisation. De plus en plus, je tente de dire à mes étudiants à l'université de Genève qu'ils doivent s'ouvrir à la citoyenneté mondiale et à faire des liens avec leurs propres responsabilités dans l'injustice local mais aussi mondial. D'une manière provocatrice, dans le bon sens du terme, je leur signale que la disponibilité du bon chocolat suisse pour les consommateurs helvétiques se fait au prix de l'appauvrissement des paysans africains et de la destruction de certains écosystèmes pour produire du cacao pour l'exportation contrôlée par les multinationales agroalimentaires suisses ! Intégrer les élèves migrants dans les classes par les enseignants ne peut pas se faire d'une manière sérieuse si les enseignants ne comprennent pas le processus complexes qui amènent les africains appauvris à s'aventurer dans la traversée de la méditerranée pour arriver en Europe.

À un moment où trop d'individus, partout dans le monde, croient que la diversité culturelle et les migrations amènent principalement, des problèmes ou des difficultés insurmontables, les textes de Stefania insistent sur les opportunités que la rencontre interculturelle avec l'autre différent m'amène dans la construction de mes connaissances et de mon humanité partagée.

Je salue l'initiative de Stefania d'avoir réuni des textes riches et diversifiés dans des contextes nationaux et internationaux. L'esprit de ces textes est de ne laisser personne sur le bord de la route de la paix, du bonheur et de la prospérité. Il est capital, par l'éducation et la formation, de donner du pouvoir (empowerment) et des capacités à tous les exclus sans exception (Sen, 2003). Nous sommes tous sur la même planète et notre avenir dépend de notre responsabilité et solidarité collective.

Comme l'affirme Morin (2019), la crise planétaire actuelle plonge ses racines dans un paradigme de civilisation bâti sur l'individualisme, l'appât du gain, la concurrence, le consumérisme irresponsable et l'exclusion sociale. Dans le cadre d'une stratégie de sortie de cette crise le rôle de l'éducation est essentiel. Il faut donc valoriser les apports provenant du Sud qui représente une pensée anti-hégémonique capable de mobiliser la solidarité, de valoriser la diversité en tant qu'élément formateur et de reconnaître le lien indissociable entre les êtres humains dans la communauté planétaire (Morin, 2019).

Avec la lecture de ce livre, je vous souhaite une aventure intellectuelle qui vous permettra de lire des textes intéressants mais aussi de lire et de comprendre notre monde en pleine mutation d'aujourd'hui.

Références

Dumont, R. (1962). *L'Afrique noire est mal partie*. Paris: Éditions du Seuil.

Hessel, S. (2011). *Indignez-vous! édition revue et augmentée*. Paris : Éd. Indigène, Disponible: https://www.millebabords.org/IMG/pdf/INDIGNEZ_VOUS.pdf

Morin, É. (2019). *Les souvenirs viennent à ma rencontre*. Paris: Éditions Fayard.

Paulo, F. (1974). *Pédagogie des opprimés*. Paris, Maspero.

Sen, A. (2003). *Un nouveau modèle de développement économique*. Paris : Éditions O. Jacob.

Ziegler, J. (1980). *Main basse sur l'Afrique. La recolonisation*. Paris : Éditions du Seuil.

INTRODUZIONE

Pensare alla cooperazione internazionale significa pensare ad associazioni e istituzioni radicate sui principi e sui valori della democrazia, a un'etica pubblica che riarticoli i diritti e la loro declinazione nei comportamenti, che coniughi il sociale al politico per realizzare una solidarietà inclusiva e una volontà di vivere insieme.

L'etica della cooperazione allo sviluppo si fonda sulla realizzazione dei diritti dell'uomo e sullo sviluppo dei sistemi sociali corrispondenti. Ogni diritto dell'uomo indica una soglia di sicurezza a partire dalla quale lo sviluppo del diritto è possibile. I diritti dell'uomo non sono solo norme da rispettare: è il loro esercizio che costituisce una cultura democratica. Essi sono trasversali e costituiscono l'elemento essenziale dell'etica politica democratica[2].

La cooperazione, quindi, deve, da un lato, realizzare un'etica fondata sul diritto allo sviluppo che coinvolge ogni persona e ogni società e, dall'altro, costruire una dialettica fra persone e istituzioni per renderle capaci di cooperare insieme. Se non si riconosce alle persone un'appartenenza sociale e politica e di conseguenza una capacità di agire e di creare tessuto con altre persone, con le comunità e con le istituzioni la cooperazione finisce per porre le persone in una « *situazione di acosmia* »[3] senza avere nè ruolo nè appartenenza politica.

---

[2] Mayer-Bisch, P., Gandolfi, S., Balliu, G., *Sovranità e cooperazioni*, Globethics.net, Ginevra, 2016, 5.2.

[3] Caloz-Tschop, M.C., Quand la pratique bouscule la théorie. Réseau international de recherche en éducation et formation, Genève, 2003, p. 20.

Si può parlare di cooperazione se i soggetti sono attivi ma per essere attivi si deve essere cittadini a pieno titolo, membri di una comunità politica, ed è questo il ruolo della cooperazione internazionale ; essere solidali con le persone e le comunità significa permettere loro di esprimersi, di vivere la loro storia, di agire come soggetti : la negazione della storia e l'isolamento portano alla passività, all'inerzia e in questo caso non si realizza una cooperazione ma si assiste a un « *delitto di solidarietà* [4]» e alla morte della stessa cooperazione.

La domanda principale che la cooperazione si deve porre è capire ciò che in ogni azione umana aumenta o diminuisce i poteri delle persone e delle comunità quali la libertà, la capacità di realizzare scelte più consapevoli, l'autonomia e chiedersi a chi e a quale gruppo sociale la cooperazione porta più giustizia, più diritti, più libertà. In questo modo la cooperazione diventa una dinamica di cambiamento sociale capace di esprimere rivendicazioni democratiche e di agire per la difesa degli interessi collettivi.

La cooperazione internazionale è efficace solo se cambia le regole del gioco che producono disuguaglianza e povertà per ricostruire « una coerenza capace di fondare un'azione politica integrata piuttosto che una politica contraddittoria, o, nella migliore delle ipotesi, compensativa, nella quale lo sviluppo sociale e la protezione dell'ambiente sarebbero delle ambulanze nel campo di battaglia economico »[5]. Papa Francesco in un documento rivolto ai movimenti e alle organizzazioni popolari afferma che non ci deve essere: « nessun lavoratore senza diritti" .... Voglio che pensiamo al progetto di sviluppo umano integrale a cui aneliamo che si fonda sul protagonismo dei popoli in tutta la loro diversità e sull'accesso universale al cibo, alla casa e al lavoro per cui lottate. Spero che questo momento di pericolo ci faccia riprendere il controllo della

---

[4] Ibidem, p. 23.

[5] Comeliau, C., « Privilégier la lutte contre les inégalités », in *Esprit*, n. 264, 2000, p. 134.

nostra vita, scuota le nostre coscienze addormentate e produca una conversione umana ed ecologica che ponga fine all'idolatria del denaro e metta al centro la dignità e la vita. La nostra civiltà, così competitiva e individualista, con i suoi frenetici ritmi di produzione e di consumo, i suoi lussi eccessivi e gli smisurati profitti per pochi, ha bisogno di un cambiamento, di un ripensamento, di una rigenerazione"[6]. Ed è proprio ora, in questo periodo di pandemia che stiamo vivendo, che dobbiamo « ripensare i nostri rapporti con gli altri, con la scuola, la natura, la spiritualità, la vita, la morte e la scienza. La crisi del Coronavirus è un'opportunità da cogliere per cambiare il nostro modo di vivere e i nostri modelli di sviluppo »[7].

E per cambiare le regole è necessario un approccio basato sui diritti il cui obiettivo è quello di aumentare le capacità delle persone mentre l'obiettivo di un approccio basato sui bisogni è quello di ridurre le mancanze attraverso dei trasferimenti[8].

Ogni diritto dell'uomo è in sé una capacità da sviluppare che rende effettivo l'esercizio delle libertà e delle responsabilità incluse in questo diritto. Ogni diritto dell'uomo rappresenta una dimensione della sicurezza umana, sia in relazione ai diritti e alle libertà individuali che in relazione al tessuto sociale, in una prospettiva di sviluppo inclusivo e resiliente. I diritti dialogano con i volti, anche con quelli che soffrono perché non hanno la parola e la forza per difendersi, per esprimersi, coinvolgono la pluralità delle persone, regolano la convivenza tra diversi, nascono fra gli uomini, nell'infra e diventano una regola della relazione tra me e me, tra me e l'altro, tra me e un terzo, in uno spazio interperso-

---

[6] Papa Francesco, *Lettera ai fratelli e alle sorelle dei movimenti e delle organizzazioni popolari*, Città del Vaticano, 2020

[7] Akkari, A., « Repenser l'éducation et l'humain en temps de crise », *Eduform Afrique*, n. 43, 2020, p.6.

[8] Meyer-Bisch, P., Gandolfi, S., Balliu, G., *Sovranità e cooperazioni*, op. cit., 1.1.

nale e sociale. I diritti dell'uomo articolano il noi della comunità con l'io di ciascuno, con il volto di ciascuno.

Il rispetto dei diritti richiede una regolamentazione delle istituzioni e definisce un insieme di norme di comportamento che i governi devono osservare per permettere alle persone di vivere nella dignità e nella libertà.

Il testo si articola in tre capitoli : la cooperazione internazionale, i diritti dell'uomo e l'educazione. Sono argomenti che si richiamano continuamente in quanto fra di loro c'è un rapporto sinergico. I diritti dell'uomo e la cooperazione costituiscono una delle condizioni della politica e della solidarietà internazionale e necessitano un approccio educativo in grado di identificare percorsi comuni per realizzare una speranza collettiva.

INTRODUCTION

Penser à la coopération internationale signifie penser à des associations et des institutions enracinées dans les principes et les valeurs de la démocratie, à une éthique publique qui réarticule les droits et leur déclinaison dans les comportements, qu'il associe le social au politique pour réaliser une solidarité inclusive et une volonté de vivre ensemble.

L'éthique de la coopération au développement se fonde sur l'effectivité des droits de l'homme et sur le développement des systèmes sociaux correspondants; les droits de l'homme ne sont pas seulement des normes à respecter : c'est leur exercice qui constitue une culture démocratique. Ils sont transversaux et constituent l'élément essentiel de l'éthique politique démocratique[9].

La coopération doit donc mettre en œuvre une éthique qui, partant du droit au développement, implique chaque personne et chaque société afin de construire une dialectique entre personnes et institutions afin de réussir à coopérer ensemble. Si l'on ne reconnaît pas aux personnes une appartenance sociale et politique et, par conséquent, une capacité d'agir et de former un tissu avec d'autres personnes, avec les communautés et avec les institutions, la coopération finit par placer les personnes dans une «*situation d'acosmie*»[10] sans avoir ni rôle ni appartenance politique.

Nous pourrions parler de coopération au moment où les sujets sont actifs. Mais pour être actifs, il faut être des citoyens à part entière, des

---

[9] Meyer-Bisch, P., Gandolfi, S., Balliu, G., *Sovranità e cooperazioni*, Globethics.net, Ginevra, 2016, 5.2.

[10] Caloz-Tschop, M.C., *Quand la pratique bouscule la théorie. Réseau international de recherche en éducation et formation*, Genève, 2003, p. 20.

membres d'une communauté politique: tel est le rôle de la coopération internationale. Être solidaire des personnes et des communautés, c'est leur permettre de s'exprimer, de vivre leur histoire et d'agir comme des sujets; la négation de l'histoire et l'isolement conduisent à la passivité, à l'inertie et, dans ce cas, on assiste à un «délit de solidarité»[11] et à l'inefficacité de la coopération elle-même.

La question principale que la coopération doit se poser est, d'une part, de savoir ce qui - dans toute action humaine - peut augmenter ou diminuer les pouvoirs des personnes et des communautés (la liberté, la capacité de réaliser des choix conscients, l'autonomie, etc.) et, d'autre part, qui et à quel groupe social la coopération apporte plus de justice, plus de droits, plus de liberté. De cette façon, la coopération devient une dynamique de changement social capable d'exprimer des revendications démocratiques et d'agir pour la défense des intérêts collectifs.

La coopération internationale n'est efficace que si elle modifie les règles du jeu qui engendrent inégalité et pauvreté pour reconstruire «une cohérence capable de fonder une action politique intégrée plutôt qu'une politique contradictoire, ou, au mieux, compensatoire, dans laquelle le développement social et la protection de l'environnement seraient des ambulances dans le champ de bataille économique»[12]. Papa Bergoglio, dans un document adressé aux mouvements et organisations populaires affirme: «[…] Je veux que nous pensions au projet de développement humain intégral auquel nous aspirons, fondé sur le rôle central des peuples dans toute leur diversité et sur l'accès universel aux trois T que vous défendez: terre, toit et travail. J'espère que cette période de danger nous fera abandonner le pilotage automatique, secouera nos consciences endormies et permettra une conversion humaniste et écologique pour mettre fin à l'idolâtrie de l'argent et pour placer la dignité et la vie au

---

[11] *Ibidem*, p. 23.

[12] Comeliau, C., « Privilégier la lutte contre les inégalités », in : *Esprit*, n. 264, 2000, p. 134.

centre de l'existence. Notre civilisation, si compétitive et individualiste, avec ses rythmes frénétiques de production et de consommation, ses luxes excessifs et des profits démesurés pour quelques-uns, doit être freinée, se repenser, se régénérer» et qu'il ne doit pas y avoir «[...] de travailleur sans droits»[13]. Et c'est maintenant, en cette période de pandémie que nous vivons, que nous devons « repenser nos rapports à autrui, à l'école, à la nature, à la spiritualité, à la vie, à la mort et à la science. La crise du coronavirus est une opportunité à saisir pour changer notre mode de vie et nos modèles de développement[14] ».

Et pour changer les règles, il faut une approche basée sur des droits dont l'objectif est d'augmenter les capacités des personnes alors que l'objectif d'une approche basée sur les besoins est de pallier les insuffisances par des transferts[15].

Tout droit est en soi une capacité à développer qui rend effectif l'exercice des libertés et des responsabilités incluses dans ce droit. Chaque droit de l'homme représente une dimension de la sécurité humaine, tant en ce qui concerne les droits et les libertés individuels que le tissu social, dans une perspective de développement inclusif et résilient. Les droits dialoguent avec les visages, même avec ceux qui souffrent, parce qu'ils n'ont pas la parole et la force pour se défendre, pour s'exprimer, ils impliquent la pluralité des personnes, ils règlent la coexistence entre différents, ils naissent entre les hommes, Ils deviennent une règle de la relation entre moi et moi, entre moi et l'autre, entre moi et un tiers, dans un espace interpersonnel et social. Les droits de

---

[13] Pape François., *Lettre aux mouvements populaires,* Cité du Vatican, le 12 avril 2020 http://www.vatican.va/content/francesco/fr/letters/2020/documents/papa-francesco_20200412_lettera-movimentipopolari.html

[14] Akkari, A., « Repenser l'éducation et l'humain en temps de crise », *Eduform Afrique*, n. 43, 2020, p. 6.

[15] Meyer-Bisch, P., Gandolfi S., Balliu G., *Sovranità e cooperazioni*, op. cit., 1.1.

l'homme articulent le nous de la communauté avec le moi de chacun et avec le visage de chacun.

Le respect des droits exige une réglementation des institutions et définit un ensemble de règles de conduite que les gouvernements doivent observer pour permettre aux personnes de vivre dans la dignité et la liberté.

Le texte est divisé en trois chapitres : la coopération internationale, les droits de l'homme et l'éducation. Ce sont des arguments qui se réfèrent continuellement en vertu du rapport synergique existant entre eux. Les droits de l'homme et la coopération constituent l'une des conditions de la politique et de la solidarité internationales et nécessitent une approche éducative capable d'identifier des parcours communs pour réaliser une espérance collective.

A

I PARADIGMI DELLA COOPERAZIONE INTERNAZIONALE

1. La ética del desarrollo y el nuevo lenguaje de la cooperación

> *"Un ciudadano es un sujeto de derechos,*
> *alguien que conoce sus derechos,*
> *tiene la posibilidad y capacidad de defenderlos"*
> Alberto J. Olvera

"El derecho al desarrollo es un derecho humano inalienable en virtud del cual todo ser humano y todos los pueblos están facultados para participar en un desarrollo económico, social, cultural y político en el que puedan realizarse plenamente todos los derechos humanos y libertades fundamentales, a contribuir a ese desarrollo y a disfrutar del él" (*Art.1. Declaración sobre el derecho al desarrollo*, Naciones Unidas 1986)[16].

El desarrollo está al servicio exclusivo del hombre, de cada hombre y de todos los hombres y nace de la aspiración de la igual justicia para todos.

---

[16] Ce chapitre a été présenté au *colloque El papel de las Universidades en la cooperacion internacional*, Universidad Catolica Tegucigalpa, 2013.

Es un *derecho-síntesis*, es decir, es un derecho que integra el conjunto de los derechos humanos; su último objetivo es la promoción y la aplicación del conjunto de los derechos humanos, tanto en el ámbito nacional como internacional. En el fondo, el derecho al desarrollo pretende un reforzamiento y una profundización de la indivisibilidad e interdependencia de todos los derechos humanos. El derecho al desarrollo reconoce que no cabe un verdadero desarrollo sin la efectiva implementación de todos los derechos humanos.

El derecho al desarrollo implica un acceso igual a los recursos, a las oportunidades, a los valores en los cuales cada persona y cada pueblo se reconocen. Esto implica una *dimensión individual* en cuanto se configura como derecho a la identidad, a la libertad, a la diversidad, a realizar los propios proyectos de vida y una *dimensión colectiva* en cuanto reconoce a cada grupo étnico, cultural, lingüístico, religioso la posibilidad de obtener respeto, promoción y protección de los propios derechos del hombre.

El desarrollo es diálogo y promueve confianza, cohesión con todos los actores públicos, privados y civiles: todos deben ser valorado por sus potencialidades y capacidades y todos deben estar dispuestos a colaborar en proyectos comunes respetando las diversidades, integrando le desigualdades entre personas y sociedad y promoviendo justicia y equidad.

El derecho al desarrollo es el motor del diálogo que vivifica una sociedad, que la lleva a la autonomía y a la autodeterminación. Es uno de los retos que la humanidad hoy es llamada a acoger y consiste en encontrar nuevas formas de pensamiento, nuevas modalidades de acción, nuevos modelos organizativos, nuevos estilos de vida y nuevos procesos educativos. Cada persona debe reconocer no solo la alteridad en todas sus formas sino también la pluralidad de las identidades en el ámbito de sociedades así mismo plurales

Es un derecho en movimiento que se construye continuamente y se desenvuelve en la medida que cada persona se convierte en sujeto y deudor al mismo tiempo de derechos y cada institución se transforma para volverlo posible.

Se trata de devolver a cada uno aquello lo que le es debido construyendo una correspondencia entre el derecho personal y la organización social (en particular movimientos sociales, asociaciones, categorías profesionales) y una corresponsabilidad de cada uno en los encuentros de la colectividad.

El desarrollo es un bien público en cuanto promueve la paz y la estabilidad social a nivel nacional, regional y mundial mediante el respeto de la diversidad de cada uno y la plena realización de los derechos del hombre. Es un "llegar a ser personas en conjunto" o sea ser sujetos que aprenden el ejercicio de la libertad como ser abiertos e incompletos que tienen la necesidad de definirse y construirse en interacción continua con los otros para poder realizar y administrar la propia vida. Realización de ideales, de escalas de valores, de comportamientos forman parte indivisible de este proceso.

Es también un bien cultural puesto que la diversidad cultural constituye un patrimonio común de la humanidad, es decir: "La defensa de la diversidad cultural es un imperativo ético, inseparable del respeto de la dignidad de la persona humana. Ella supone el compromiso de respetar los derechos humanos y las libertades fundamentales, en particular los derechos de las personas que pertenecen a minorías y los de los pueblos indígenas. Nadie puede invocar la diversidad cultural para vulnerar los derechos humanos garantizados por el derecho internacional, ni para limitar su alcance" (*Declaración de la Unesco sobre la diversidad cultural, art. 4, 2005*

La ética aplicada al desarrollo

La ética puede ser considerada el principio a partir del cual se formula una respuesta a los derechos, a las necesidades, a las expectativas de cada persona a fin de que cada uno pueda actuar en responsabilidad. El desarrollo se funda sobre la ética en la medida en la cual combate la pasividad y la indiferencia y trasforma a los sujetos en seres capaces de escoger, actuar, comprometerse, arriesgar, ser responsables para alcanzar resultados que tengan un efecto social y comunitario.

"Sin la concomitante dimensión ética y espiritual, el desarrollo social está privado de los fundamentos necesarios sobre los cuales debería ser construido y sobre los cuales se debería sostener. Al centro del desarrollo está el reconocimiento de la dignidad de la persona humana y la garantía del pleno respeto de la dignidad innata del hombre y de sus derechos fundamentales. Estos fundamentos éticos deben unir a los individuos, las familias, las generaciones y los pueblos, a prescindir de las clases y las distinciones basadas en la política, en la posición económica o en el estado social. Esto exige formas renovadas de cooperación y un compromiso más decidido de parte de todos"[17].

Poner el acento sobre la ética significa conjugar el desarrollo con la efectividad de los derechos del hombre, significa finalizar cada acción en la centralidad de la persona, a su realización personal e social.

Amartya Sen, plantea el concepto de la "Ética del desarrollo" que implica la rearticulación entre la economía y la ética como paso ineludible para reducir la exclusión social. Eso significa comprometerse, ser prospectivos, reclamar nuestros derechos, pero también asumir nuestras obligaciones.

La ética del desarrollo puede declinar en tres ámbitos principales:

1. *El ambito del sujeto*, del ser sí mismo, del construirse como identidad y como libertad. El hombre es titular de derechos de una

---

[17] "Senza la dimensione etica, lo sviluppo sociale è senza fondamenta", ***Intervento del rappresentante de la Santa Sede all'ECOSOC***, Arcivescovo Francis Chullikatt, Nunzio Apostolico e Osservatore Permanente de la Santa Sede presso le Nazioni Unite, 15 febbraio 2011

dignidad propia, es un sujeto en el doble sentido de la palabra, o sea entendido como Yo agente, capaz de fijarse sus propias leyes y de responder a sus propios actos[18].

2. El segundo ámbito tiene que ver con la responsabilidad social y se puede configurar como ética de la relación con el otro, como la capacidad de cada uno de tejer comunidad, de crear vínculos sobretodo con aquellos que viven situaciones de marginación y pobreza.

3. El tercer ámbito es macro social y interesa a los gobiernos locales, al Estado y a la comunidad internacional.

4. Afrontar la ética del desarrollo a partir de la *aproximación de los derechos del hombre* significa poner a la persona al centro de todos los esfuerzos y de todas las acciones; significa comprometerse a construir, controlar y cambiar las instituciones a fin de que cada uno pueda ejercer la propia libertad y al mismo tiempo las propias responsabilidades. In base a esta aproximación, los ideales de participación, igualdad, gobernanza y de cooperación no son opciones sino obligaciones para cada persona y para las instituciones y llegan a ser mecanismos para una acción estratégica que ayuda a cada uno a analizar la propia situación y a encontrar los medios para mejorarla creando un dialogo entre derechos y deberes y educando al conocimiento de que cada uno de nosotros, en cuanto sujetos, "cuenta y debe rendir cuentas".

Objetivo esencial del desarrollo es la lucha contra la pobreza, entendida no solo como dimensión económica o como privación de bienes sino como privación de opciones, de capacidades de vínculos sociales,

---

[18] Supiot, A., « Lier l'humanité : du bon usage des droits de l'homme », *Esprit*, février 2005, Paris, p. 137

como reducción de la potencialidad de bienes y como imposibilidad de tener acceso a los derechos del hombre.

La ética de la pobreza es la *ética universal de la libertad*, que resulta ser el fundamento de la justicia. Si partimos de la idea de que la persona es libre, debemos pensar la igualdad y la justicia en constante asociación con la libertad. Una libertad respetuosa de la diversidad de cada persona y de cada sistema es necesaria para un desarrollo multidimensional que sea compartido de responsabilidades, de inteligencia o de convicciones; una libertad concebida como libertad política para tomar el poder y ejercerlo.

El nuevo lenguaje de la cooperación

Estos presupuestos constituyen la base cultural y social a partir de la cual se puede hablar de cooperación la cual se configura en el pensar en común desde nuestras finalidades del desarrollo, superar el binomio Norte-Sur, "nosotros-los otros". Pensar en común nuestras finalidades significa que existe cooperación para el desarrollo cuando los derechos son reconocidos, efectivos y respetados y cuando cada persona se vuelve sujeto de derecho. Y la efectividad de los derechos culturales ocupa un lugar central para asegurar una justa apropiación de los derechos y garantizar las capacidades del sujeto y su acceso al conjunto de sus libertades y responsabilidades.

Tenemos, pues, que repensar la cooperación, hacerla salir del estancamiento histórico en el cual ha vivido todos estos años. Pensar de nuevo la filosofía de la cooperación es recomenzar, y recomenzar es tener una nueva filosofía, un nuevo lenguaje que parte de un acto de libertad, una conquista del hombre que se sitúa en una perspectiva del porvenir si comprende que la fuerza ética de la cooperación para el desarrollo depende del reconocimiento de los derechos humanos y de la salvaguardia de las libertades.

Se trata de una gestión que observa y estudia los derechos humanos y busca comprender los diferentes sistemas de representación sin prejuzgar su validez pero con atención a la igualdad entre las personas, los pueblos, los derechos y las libertades individuales.

En este sentido, la ética de la cooperación es una ética que permite pensar el compromiso al servicio del desarrollo y de la lucha contra la pobreza, porque da derechos al otro sobre nuestra propia vida y también sobre nuestro sistema económico.

5. Responder a esta necesidad significa valorizar las diversidades, sostener el derecho de todos a la libertad, la cual es la capacidad de crear y de re-crear a sí mismo, de construir la propia autonomía, la capacidad de actuar: que se conjugan con otros derechos sociales y políticos constituyen las guías para los derechos económicos.

Actualmente, las formas más graves y más evidentes de desintegración son aquellas que descomponen la personalidad del hombre, le impiden unir su pasado con su futuro, su historia personal con la historia colectiva, de ser precisamente sujeto de la propia vida, capaz de administrar los cambios, de combinar lo universal con lo particular, la racionalización burocrática con la subjetividad.

Es contra estas formas, que la ética del desarrollo debe combatir, partiendo siempre del presupuesto que en las sociedades modernas el sujeto se afirma en dos modos complementarios y opuestos. Por un lado, él "es libertad, lo opuesto de determinismos sociales y creación personal y colectiva de la sociedad; del otro, es resistencia del ser natural y cultural al poder que dirige la racionalización. El es individualidad y sexualidad, familia y grupo social, memoria nacional o cultural, pertenencia religiosa, moral o étnica"[19]. Cuando el derecho al desarrollo no es efec-

---

[19] Touraine, A., *Qu'est-ce que la démocratie?*, Éditions Fayard, Paris, 1994, p. 198.

tivo se generan disparidades regionales y desigualdades sociales que se reproducen al interior de la sociedad la cual corre el riesgo de responder más a las leyes del mercado que a aquellas de servicio público.

La cooperación necesita de estos presupuestos porque no es una actividad cualquiera sino un acto de libertad, una conquista del hombre quien se pone en una perspectiva de ser. Se comprende que la fuerza ética de la cooperación depende del reconocimiento de los derechos del hombre.

« Sin una cooperación internacional eficaz, la comunidad internacional no puede esperar proteger los derechos fundamentales del hombre, de progresar la seguridad colectiva y de realizar los objetivos del milenio »[20]. La cooperación es un proceso que requiere de formación, de educación y de profesionalismo para alcanzar sus objetivos.

Hay cooperación cuando no se excluye a nadie, cuando se percibe la diversidad como riqueza personal y colectiva. Y hay cooperación cuando somos capaces de aceptar al otro como constitutivo de nosotros mismos, cuando alcanzamos a unir todo lo que nos separa e nos distingue, cuando nos habitamos a pensar en la persona en constante búsqueda de justicia y de acceso a los derechos que son las condiciones indispensables para la realización de la paz.

2. Gouvernance démocratique et éducation inclusive

La gouvernance démocratique est définie par le Document de Bergame comme « L'exercice politique de toutes les libertés contenues dans l'ensemble des droits humains, ainsi que des responsabilités qui leur correspondent, définit la substance et le fonctionnement d'une gouvernance démocratique[21]. La reconnaissance et le renforcement mutuel de

---

[20] PNUD, Rapport mondial sur le développement humain 2005, p. 190

[21] Texte présenté à la Conférence organisé par le Conseil de l'Europe, « Gouvernance et éducation de qualité », Prague 2013.

la confiance dans la gouvernance démocratique à l'intérieur de chaque pays comme dans les relations internationales, est la base de la réciprocité des relations de coopération entre des nations qui se considèrent dès lors comme des partenaires.

La gouvernance démocratique signifie:

- le respect et la mise en œuvre des droits civils, culturels, économiques, politiques et sociaux, compris à la fois comme fins et moyens du développement, fondements de l'État de droit démocratique, nécessitant le principe de l'équilibre des pouvoirs distincts ;

- la participation forte de tous les acteurs de la société à la gouvernance, qu'ils soient publics privés ou civils; cela signifie que les partenaires de la coopération ne sont pas seulement les États, mais l'ensemble des acteurs qui trouvent ainsi plus de ressources, de stimulations et de légitimité dans leur participation à l'espace public;

- l'interdépendance entre gouvernances démocratiques internes et externes: aucun État ne peut prétendre assurer la démocratie à l'interne aux prix de politiques étrangères qui nuisent au respect et à la progression de la culture démocratique dans d'autres pays.

Une gouvernance démocratique implique la reconnaissance et l'implication des acteurs publics (les autorités et institutions publiques à toutes les échelles de gouvernance), privés (les entreprises) et civils (les ONG et autres associations sans but lucratif) à l'espace public et aux décisions qui les concernent. Cela implique que soient clairement définies et régulièrement débattues les conditions de leurs légitimités respectives. Si les trois types d'acteurs peuvent et doivent ainsi mutuellement se contrôler, ils participent à une dynamique de renforcement mutuel, dont les institutions publiques nationales et internationales sont les garants[22]. »

Ainsi conçue la gouvernance démocratique a un « caractère dynamique qui se fonde sur les responsabilités et sur les obligations à l'égard des droits de l'homme[23] » et présuppose une culture démocratique définit comme « un effort de combinaison de l'unité et de la diversité, de la liberté et de l'intégration[24]. » À travers la réalisation d'une culture démocratique on arrive à une citoyenneté de proximité, à l'intérieur des frontières bien connues et à une citoyenneté universelle vers un autrui général.

Une gouvernance dans laquelle chaque acteur doit montrer une responsabilité dans le choix des priorités et des moyens de coopération, dans la définition des principes éthiques et politiques et dans la négociation des différents secteurs et des priorités présentées par les acteurs publics, privés et civils. La cohérence entre les acteurs est la condition de départ d'une coopération efficace et d'une réussite qui demande, d'un côté, une flexibilité pour arriver à un accord et de l'autre une complémentarité pour réaliser une gouvernance qui respecte l'interdépendance des droits de l'homme [25].

L'interaction entre acteurs permet un dialogue entre eux, un partage de responsabilités et de ressources, une participation de chacun à la citoyenneté qui le transforme en sujet actif capable d'interagir et de travailler toujours en synergie avec les autres pour réaliser droits, libertés et responsabilités de chacun.

---

[22] Principes d'éthique de la coopération internationale évaluée selon l'effectivité des droits de l'homme, Document de Bergamo, 2005, p. 6.

[23] Déclarer les droits culturels, commentaire de la Déclaration de Fribourg, IIEDH, Université de Fribourg, 2007, n°9, p.109.

[24] Touraine, A. *Qu'est-ce que la démocratie?* Fayard, 1994, p.29.

[25] Document de Bergamo, op. cit.

Les différents acteurs de la société civile peuvent suivre deux logiques: associative et communautaire. La première préfère sauvegarder les intérêts communs liés à des groupes spécifiques, la seconde passe et échange son *singulier* avec d'autres *singulier* et planifie le développement des communautés avec d'autres personnes et communautés structurellement liées[26]. « La différence entre les logiques associative et communautaire réside dans la notion de bien commun. Il ne s'agit pas seulement de s'associer pour défendre des références culturelles semblables considérées comme un intérêt commun, mais de partager des références qui lient des êtres humains entre eux par ce qu'ils considèrent comme leur bien. Les références sont devenues des valeurs. C'est donc une communauté qui implique un certain engagement de vie et pas seulement une association d'intérêts[27]. »

Gouvernance démocratique et inclusion

Dans une perspective de politique éducative il faut voir la manière dont la gouvernance démocratique change la configuration des pratiques éducatives pour la transformation de l'école et de la société vers une optique inclusive.

Une politique d'inclusion sociale concerne chaque personne, et pas seulement des groupes marginalisés considérés comme des « publics cibles » ou « publics empêchés » à intégrer. Intégrer une société, ce n'est pas seulement être travailleur et consommateur, mais citoyen : une approche basée sur les droits de l'homme, considère le droit, la liberté et la responsabilité de chacun à participer les principaux nœuds du tissu social.

L'inclusion est une *stratégie capable* de faire évoluer l'éducation et la société, c'est-à-dire elle est profondément liée à l'idéal de société que

---

[26] Borghi, M., Meyer-Bisch, P. *La pierre angulaire*, Éditions universitaires, Fribourg Suisse, 2001 p. 251.

[27] Ibidem, p. 251.

nous voulons réaliser, « à la qualité de la démocratie et de la participation que nous souhaitons obtenir... Elle constitue la clé de la citoyenneté tout en étant un élément essentiel de la politique sociale[28]. »

Le processus d'inclusion doit se faire à partir d'une éthique de l'altérité qui privilégie la différence et qui se base sur la *responsabilité sur l'autre* envisagé comme personne à part entière.

S'il prévaut une politique qui implique une inégalité de droits et de statuts, ou bien qui essaye d'effacer les diversités c'est la démocratie qui est en danger parce que tout modèle démocratique est inclusif et l'inclusion doit être apprise ensemble.

Chaque droit de l'homme est un facteur d'inclusion concret puisqu'il implique non seulement un droit d'accès, mais aussi de participation à un système social (d'information, d'espace public, d'éducation, de vie associative, d'alimentation, de santé, de justice, etc.).

Il est spécialement important de considérer en particulier les droits des jeunes de participer à la citoyenneté dans toutes ses dimensions, non comme « public cible », mais comme des personnes qui doivent exercer aujourd'hui les différents droits de l'homme (notamment les libertés civiles, en lien avec les droits à l'éducation, à l'information, à la participation à la vie culturelle). Il ne peut en effet pas y avoir de culture démocratique durable et dynamique sans que soit portée une attention spécifique aux conditions de transmission des valeurs culturelles de la paix de façon intergénérationnelle.

L'inclusion en éducation implique que les écoles augmentent leur capacité d'éduquer tous les enfants dans leurs communautés respectives, qu'elles valorisent tous les élèves de façon égale, qu'elles voient leur diversité comme ressource plutôt que comme problème à surmonter et reconnaissent le droit de chacun à une éducation capable de respecter leur culture et leur identité.

---

[28] BIE, Conférence internationale de l'éducation, p. 13.

L'inclusion dans la société passe par une inclusion dans l'éducation et, en même temps, l'inclusion en éducation est un aspect de l'inclusion dans la société.

Il faut créer une culture de l'éducation inclusive, établir des valeurs à respecter pour bâtir une communauté sécurisante, acceptante, collaborante et stimulante dans laquelle tous sont valorisés

L'éducation inclusive a ses racines dans trois points

- *l'effectivité des droits.* L'éducation est un droit pour tous les enfants, aussi pour les enfants sans papiers. « La concrétisation du droit à l'éducation est un processus continu. Les progrès peuvent être décris comme deux cercles concentriques allant et s'élargissant, le premier montrant une extension progressive du droit à l'éducation et le deuxième une inclusion graduelle de ceux qui étaient auparavant exclus »[29]. Le droit doit être compris aussi comme engagement collectif d'une société pour créer des conditions afin que chacun n'ait pas seulement un accès à l'école mais pour que les compétences acquises lui permettent sa pleine réalisation.

- le *respect de la diversité* de chacun pour favoriser l'intégration et la socialisation entre pairs par le biais de la confrontation quotidienne avec la diversité. L'attention à la diversité réduit les risques d'homologation et d'assimilation.

- *le partenariat interinstitutionnel* qui doit être toujours renforcé pour assurer une responsabilité à tous les niveaux local, national et international.

Pour arriver à ces résultats les politiques doivent changer de perspective parce que la gouvernance signifie une recherche de cohérence de la

---

[29] Tomasevski, K., *Annual Report of the Special Rapporteur on the Right to Education*, United Nations, 2003, p.14.

société et, en tant que telle, se situe au centre de l'action politique, des dispositifs d'inclusion sociale ainsi que dans des projets de développement.

Il faut donc, à partir du territoire, repenser le système d'acteurs avec une capacité synergique de production et de reproduction de l'action sociale. En fait la raison d'être de la politique est le pluralisme et sa finalité est la communication entre les diversités, c'est la réconciliation entre la promotion des identités culturelles et la cohésion sociale, c'est la réalisation d'un nouveau contrat social capable d'intégrer les comportements de coopération , alliance, rivalité ou complicité entre les acteurs[30].

Ce qui doit être exploré, c'est le lien entre l'État, le marché et la société civile, dépassant la logique de l'opposition et essayant de ramener tous les acteurs dans la logique de l'espace public. Habermas reformule le concept d'espace public en analysant deux phénomènes: le pouvoir administratif de la bureaucratie d'État et le pouvoir médiatique qui manipule la formation de l'opinion. La réponse aux deux pouvoirs est l'espace public «informel» ou discursif produit par les citoyens qui constituent la génération démocratique de l'opinion publique et de la volonté[31].

Le rôle de la société civile devient de plus en plus important, qui n'est pas celui de reconnaître sa « primauté » dans le public mais celui de se considérer comme une puissance publique qui interagit avec d'autres puissances nationales et internationales, il est évident que le rôle de l'État est destiné à changer.

Une nouvelle philosophie de l'État dans les relations avec la société civile est donc nécessaire: les discussions sur la relation entre centre et périphérie, l'accent mis sur la décentralisation prennent de nouvelles

---

[30] Perotti, A. Coesione sociale e rispetto delle identità culturali, pro manoscritto, 1999.

[31] Cavalere, S. La citoyenneté: un outil analytique pour l'étude de la gouvernance, Notes et travaux, n. 79, Genève, IUED, 2007, p.27.

valeurs dans une société complexe et fragmentée qui dépend de plus en plus des centres supranationaux.

L'État doit donc retrouver légitimité et rôles dans une nouvelle configuration de pouvoirs et de responsabilités, à la fois comme chef d'orchestre, qui harmonise les interventions des différents acteurs, sachant discriminer en faveur des zones et populations les plus défavorisées, et en tant qu'État « pilote et incitateur, plutôt que gestionnaire direct, attentif au moindre détail dans lequel les différents partenaires jouent un rôle essentiel dans un cadre d'action clair dont les résultats sont continuellement évalués[32] ».

En matière d'éducation, la perspective est la présence d'un minimum d'État dans le domaine de la gestion de l'éducation et d'un maximum d'État dans le domaine de l'orientation et de la coordination politique. Une forte présence de l'État tend à renforcer les pouvoirs et mécanismes fonctionnant déjà avec pour objectif l'unité; une forte présence de la société civile tend à élargir les espaces de participation pour planifier la future société fondée sur le pluralisme et la diversité. Il est certain que le problème ne peut être traité séparément ou résolu par délégation par l'un des deux. L'État ne peut pas déresponsabiliser la société et la société ne peut pas répondre par des déclarations de solidarité laissant tout à la charge de l'organisme d'État. Selon de nombreux experts, l'État devra agir avec plus de force et d'initiative dans les sociétés à forte différenciation ethnique pour éviter que les revendications des groupes ne deviennent des actions séparatistes et pour construire des espaces d'autonomie dans le respect des cultures nationales et dans la perspective de la coopération internationale.

---

[32] Laderrière, P, *Les concepts d'État et de pouvoir en éducation*, OCDE, Paris, 1996, p..8.

3. Participation des parties prenantes : comment et pourquoi

Le terme « parties prenantes », n'est pas un concept aux contours précis[33]. D'un point de vue étymologique, il est possible de définir les parties prenantes comme toutes les parties prenant part aux processus décisionnels des institutions. Les premières parties concernées par ces processus sont les États mais une étude des Nations Unies propose de classer les parties prenantes en trois grandes catégories: les États, le secteur privé et la société civile.

Les fonctions principales des parties prenantes sont:

- *une fonction d'alerte* et de relais entre la communauté scientifique, l'opinion publique et les différents partenaire impliqués dans un processus pour l'éducation.

- *une fonction d'expertise* et d'analyse qui permet de proposer des idées nouvelles basées sur l'expérience, la spécialisation et la connaissance

- *une fonction de légitimité* aux décisions prises par la communauté éducative en conformité avec les principes et les valeurs

- *une fonction d'évaluation* qui accompagne tout le processus éducatif (*ex ante*, on going et *ex post*).

Au niveau de l'éducation ces fonctions sont très importantes: si, par exemple, on prend les acteurs civils on voit que l'avis des membres de la communauté joue un rôle fondamental pour créer un environnement

---

[33] Communication présentée au colloque "Education 2030. Le rôle de la société civile", Organisation Internationale pour le Droit à l'Education et la Liberté d'Enseignement (OIDEL), Nations Unies, Genève, 2016.

favorable à l'accomplissement du droit à l'éducation. Ici les parties prenantes ont un *effet de levier* remarquable. L'engagement actif des communautés locales, en tant que partenaires qui participent à la mise en place du droit à l'éducation, assure la *responsabilité et la gouvernance démocratique des systèmes éducatifs*. Responsabilité et gouvernance qui exigent le respect et l'éducation aux droits de l'homme de la part de tous les acteurs en tant qu'éducateurs parce que les droits doivent être toujours enseignés et témoignés par leur comportement. Et à ce niveau une dimension fondamentale à une approche fondée sur les droits consiste à éduquer les *acteurs qui font obstacle au droit à l'éducation* des enfants, qui peuvent aussi être leurs parents, ou des membres de la communauté, ou d'autres membres de la société civile.

L'objet du droit à l'éducation est la relation qui doit être bien saisissable par toutes les parties prenantes parce que renforce la *coresponsabilité* de tous les acteurs dans la gouvernance du système éducatif. Les organisations de la société civile ne sont pas seulement des sources d'expertise mais elles ont aussi la responsabilité de localiser et de *combler les lacunes du service public et de créer une dialectique public-privé* en soulignant les enjeux et les défis du système. Ces organisations manifestent plus d'attention et de sensibilité auprès des groupes vulnérables d'une communauté et développent leurs actions afin d'identifier des points de contact avec les détenteurs de devoirs. Ces organisations ont aussi un double rôle de *demande* et *d'offre* ; de demande pour faire du lobbying en contrôlant la mise en œuvre du droit, la responsabilité et la transparence des détenteurs de devoirs. Du côté de *l'offre*, elles ont un rôle de renforcement des capacités par la formation et la conscientisation des communautés, des parents, des chefs traditionnels, des gouvernements à travers la formation de leurs fonctionnaires

Parmi les acteurs de la société civile les *acteurs civils* sont souvent des acteurs majeurs dans le domaine culturel, non seulement en fonction de leurs buts, mais aussi parce qu'ils sont capables de valoriser la participation. Pour tous les droits mais en particulier pour l'éducation il est nécessaire de définir clairement la légitimité de chacun et de travailler dans le sens d'un contrôle réciproque et d'un renforcement mutuel qui passe par les étapes suivantes:

- *Consultation* (recueil ou échange d'informations, de points de vue ou de positionnements.)

- *Concertation* (débat contradictoire entre les parties sur un sujet ou une situation en vue de comprendre les points de vue de chacun en vue de prendre une décision.)

- *Négociation* (débat contradictoire sur un sujet en vue de rechercher un diagnostic partagé ou une décision commune).

- *Médiation* (confrontation des points de vue lorsqu'il y a blocage autour d'un projet afin d'aboutir à une solution. L'intervention d'un tiers neutre est nécessaire).

- *Coopération* (action conjointe concernant une thématique pour tout le système éducatif)

- *Cogestion* (entreprendre quelque chose à plusieurs).

Les parties prenantes devraient tout mettre en œuvre pour garantir la protection des institutions éducatives en tant que zones de paix, libres de toute violence, en particulier la *violence* scolaire fondée sur le genre. Des mesures spéciales devraient être mises en place pour protéger les femmes et les filles en zones de guerre et de conflit. Les parties prenantes sont impliquées aussi dans l'évaluation et la surveillance de toute la chaîne de valeurs qui est à la base de l'éducation: chaque étape doit être conçue et évaluée en fonction des valeurs réellement mises en place qui répondent aux attentes des familles et des communautés.

Dans une société démocratique il faut que chaque acteur, chaque institution ou organisation ait la capacité d'être et *d'agir comme débiteur du droit*, c'est-à-dire avoir une fonction d'alerte face aux droits violés, aux personnes sans droits, parce que *chacun compte* mais *chacun est aussi comptable*. Et cela signifie ouvrir ses portes pour créer une synergie entre acteurs au service des droits, libertés et responsabilités de chaque personne. Or souvent tout système social a tendance à se cloisonner et ce faisant à se stériliser, se vider de contenu et d'énergie. Tous les acteurs sont concernés dans la mesure de leur fonction et de leur identité, en sachant qu'une éducation de qualité ne se réalise que si les organes de chaque société en sont parties prenantes. Et cela implique une volonté commune à appliquer à l'éducation les principes démocratiques.

Les parties prenantes doivent veiller sur les *violations multiples* qui touchent l'école et l'éducation. L'exemple plus éclatant concerne les enfants non scolarisés. Un *enfant non scolarisé* est *un enfant victime d'une violation*. Laisser en dehors de l'école un enfant signifie violer son droit à l'éducation. Chaque enfant est un citoyen qui doit avoir accès aux droits et aux aptitudes reconnus dans la Convention Internationale des Droits de l'Enfant (1989). Le fait de ne pas jouir du droit à l'éducation signifie être automatiquement exclus de la société parce que l'éducation permet d'interagir avec la société, de s'intégrer dans le tissu social sur un pied d'égalité et d'équité. Chacun de ces enfants non scolarisés est la preuve et le témoin d'une promesse non tenue: réaliser cette promesse signifie que les parties prenantes doivent impulser la communauté internationale afin qu'elle révise ses engagements envers le droit de chaque enfant à l'éducation pour atteindre aussi ceux qui sont exclus en augmentant les possibilités qu'un enfant aille et reste à l'école.

4. La solidarité comme principe et comme droit

Aujourd'hui dans nos sociétés occidentales, l'individualisme semble être devenu la norme et la solidarité l'exception. La question qui se pose est d'où vient cet individualisme, quelles sont ses racines, quels sont les enjeux?[34]

Pour faire face et répondre adéquatement à cette problématique, une réflexion plus large s'impose pour voir à quelles conditions et par quels instruments il est encore possible de parler de solidarité et de cohésion sociale et modifier nos comportements. Dans ce texte mon propos est de montrer que la solidarité est un idéal, un principe mais elle est aussi un droit.

Histoire d'un concept

Dans la Déclaration des Droits de l'Homme de 1948 le principe de solidarité est formulé comme *droit* individuel (droit à la sécurité sociale, à la sécurité contre les risques, à un niveau de vie suffisant etc.) tandis que dans la Charte africaine des Droits de l'homme et des peuples à l'art. 29 on lit que « l'individu a *le devoir* de préserver et de renforcer la solidarité sociale et nationale ».

Dans le premier cas, la solidarité est présentée comme une *créance* de la personne envers la société et dans le deuxième comme une *dette* mais tous les deux aspects, créance et dette, sont liés parce que toujours à un droit a correspondu le devoir de contribuer à la solidarité (par le versement des impôts, des cotisations sociales). Mais tandis que la *solidarité personnelle* s'appui et valorise les liens personnels, la *solidarité institutionnelle,* réalisée par l'État ou par d'autres services publics, devient plus anonyme et ce passage de la solidarité personnelle à la solidarité institutionnelle est assez récent.

Dans le droit romain, la solidarité désignait un principe de responsabilité collective en cas de pluralité de créanciers ou de débiteurs d'une même obligation. Ce n'est qu'à la fin du 19ième siècle que la solidarité prend une signification sociale.

---

[34] Communication présenté au colloque. *Solidarité internationale: principe ou droit, Aspects philosophiques, politiques et juridiques*, Genève, 2017.

En fait, le concept de solidarité vient du droit civil mais dans le temps ce concept a muté en passant du droit civil au droit social et, au lieu de désigner un lien de droit unissant créanciers et débiteurs[35], elle a été le principe d'organisation d'institutions d'un type nouveau. La solidarité peut affaiblir le lien personnel entre créanciers et débiteurs et devenir un peu « anonyme et cet anonymat constitue d'un côté *sa force,* dans le sens qui libère les personnes de toute sorte d'allégeance, mais de l'autre, *sa faiblesse* parce que l'anonymat fait disparaitre tout lien social et attise l'individualisme[36]. »

Dans la Charte européenne des droits fondamentaux, la solidarité recouvre non seulement les droits sociaux mais aussi les droits fondamentaux de négociation, d'action collective, d'information des travailleurs, d'accès aux services publics, de protection de l'environnement etc. Et ici, la solidarité n'est pas vue comme une façon de protéger les personnes contre les risques mais de leurs donner les moyens d'exercer des libertés ; placer le droit à l'environnement dans le principe de solidarité renforce la responsabilité collective parce que, ainsi faisant, chacun est solidairement responsable face aux biens collectifs comme l'environnement et la culture, présents dans la société.

Solidarité comme principe

Si on s'arrête sur l'étymologie, on voit que le terme solidarité vient du latin « *solidus* » qui signifie *ce qui tient ensemble...* La solidarité est un outil d'analyse des différentes formes de cohésion sociale.

En fait, la solidarité est un lien fraternel, un sentiment de réciprocité et de responsabilité qui unit le destin de toutes les personnes qui se sentent obligées les unes envers les autres et chacun adhère à cette valeur à partir de sa propre expérience, de sa réflexion, de sa culture, de son

---

[35] Supiot, A. (Dir.), *La solidarité. Enquête sur un principe juridique*, Éd. Odile Jacob, Paris, 2015, Introduction.

[36] Supiot, A. (Dir.), « La solidarité comme valeur et comme principe », in *Sciences humaines*, Paris, p. 271, 2015.

identité[37]. Il s'agit d'une démarche qui fait prendre conscience que toutes les personnes appartiennent à la même communauté de destin et à la même famille humaine.

Solidarité n'est pas charité qui signifierait d'aider l'autre sans réciprocité. Au contraire, la solidarité est d'abord *une valeur* qui renvoie à la sensibilité de la personne dans ses rapports réciproques avec autrui; une valeur qui, en se concrétisant en action, devient partage, accompagnement, soutient, acceptation, intégration, protection, prendre soin, se soucier, etc.

La solidarité nous appelle à ne pas vivre dans la passivité, mais à nous mettre au service des autres en *connectant la personne à l'institution*. Par cet ancrage et notre contribution au fonctionnement de l'institution, nous la rendons efficace de rendre des services pour la réalisation du bien commun[38].

La solidarité constitue un nœud des idées et des valeurs entremêlées qui oriente la vie et les comportements de chaque personne. Chacun devrait y croire fermement, y rattacher son identité et son estime de soi, sentir que lorsqu'il se montre solidaire il plonge aussi dans la vie et dans la culture de son groupe d'appartenance. De cette façon, la solidarité crée un corps social fondé sur la justice, l'équité, le respect et l'effectivité des droits de l'homme.

La philosophie de la solidarité est perçue comme une philosophie de l'Autre, comme une philosophie de la liberté contraire à l'enfermement dans l'individu. Selon Levinas « l'Autre est ce que je ne suis pas en raison de son altérité. Et de cette altérité je suis responsable[39]. »

---

[37] Supiot, A., *La solidarité en question*, Cairn.info, 2015, p. 3.

[38] Chatel, V., « La solidarité: une exigence de responsabilité pour autrui », in Soulet, M.H., *La solidarité exigence morale ou obligation publique*, Académique Presse Fribourg, 2004, pp 151-156.

[39] Levinas, E. *Le temps et l'autre*, PUF, 1994, Paris, p. 75.

La solidarité renvoie aussi aux *liens entre des personnes et la société* dans le sens que les rapports de chacun envers le groupe et la société se transforment, se diversifient, se complexifient et concourent à définir les lieux de construction et de développement des liens sociaux et à prévenir les exclusions. Ainsi définie, la solidarité *devient la conscience d'une communauté* dans le sens que, en fonction du projet de société et de l'idéal de justice qu'on se donne, la solidarité devient le principe des obligations de chaque citoyen.

Solidarité comme droit

Avant d'être une valeur, la solidarité est aussi un droit qui devient un moteur dans lequel chaque personne voit ses droits reconnus et effectifs[40]. Etre solidaire signifie *s'approprier du sens de l'humain* là où droits et vie s'articulent.

L'Observateur permanent du Saint-Siège auprès des Nations Unies a affirmé que « Pour le bien-être de notre famille humaine et pour la promotion et la protection du bien commun, il est urgent de reconnaître le rôle de la solidarité internationale en tant qu'élément essentiel pour la jouissance des droits fondamentaux de l'homme par tous .... La solidarité ne s'oppose pas à la souveraineté », et elle implique « la participation des individus aux processus décisionnels et, en particulier, la reconnaissance du principe de subsidiarité »[41].

Le préambule du projet de Déclaration sur les droits des peuples et des individus à la solidarité internationale définit la solidarité internationale[42] : « un concept fondamental de relations entre personnes, groupes

---

[40] Bouriche, M., *Les instruments de solidarité en droit international public*, Éd. Connaissances et savoirs, 2012, pp. 47-52.

[41] Observateur permanent du Saint-Siège auprès des Nations Unies, Mgr. Ivan Jurkovic est intervenu à la 35ème session du Conseil des droits de l'homme sur le thème de la solidarité internationale, à Genève, le 6 Juin 2017.

[42] Rapport de l'Experte indépendante sur les droits de l'homme et la solidarité internationale, Nations Unies, 2017

et nations, se renforçant mutuellement ; un élément de liaison essentiel qui appuie des partenariats globaux, une approche clé de l'éradication de la pauvreté et une composante indispensable des efforts de réalisation des droits humains, y compris le droit au développement ainsi que les objectifs de développement durable[43]. » Ainsi, la solidarité, comprise à la fois comme droit et comme phénomène social observable, rappelle la nécessité de ne pas réduire les droits à des questions civiques, mais également d'y inclure les aspects sociaux. De plus, le concept permet d'organiser et clarifier les différents droits entre eux, tout en leur donnant une profondeur morale.

Et l'Assemblée générale des Nations Unies du 16 juin 2017 réaffirme que « la solidarité internationale ne se limite pas à l'assistance et à la coopération internationales, à l'aide, à la charité ou à l'assistance humanitaire ; elle renvoie à un concept et à un principe plus larges qui comprennent notamment la viabilité des relations internationales, en particulier des relations économiques internationales, la coexistence pacifique de tous les membres de la communauté internationale, les partenariats égalitaires et le partage équitable des avantages et des charges » et « reconnaît que la solidarité internationale doit être un nouveau principe fondateur qui sous-tend le droit international contemporain[44]. »

Les droits de l'homme, et en particulier les droits culturels, soulignent aussi l'importance et la force des relations entre les personnes et leurs institutions. Lorsque ces relations sont libres, elles constituent non seulement une solidarité, mais aussi une *synergie entre les capacités*, ce qui est le principe de tout développement et la condition de toute inclusivité. Si l'essence de la solidarité est la réciprocité, les personnes n'associent pas seulement leurs forces, ni ne mettent ensemble que leurs

---

[43] Rapport de l'Experte indépendante sur les droits de l'homme et la solidarité internationale, Virginia Dandan (A/HRC/26/34/Add.1, avril 2014A).

[44] Assemblée générale des Nations Unies, Droits de l'homme et solidarité internationale, 17 juin 2017, A/HRC/35/L.3.

capacités, elles décident d'interagir dans un espace choisi de valeurs et de savoirs communs. Dans la réciprocité les droits et les libertés se renforcent, se capitalisent et constituent un lien entre les personnes ; c'est un capital social tissé par les droits effectifs et les libertés, qui libèrent des potentialités.

La solidarité est réelle si elle est au service du développement des droits de l'homme et des libertés, qui sont les éléments qui tissent un peuple et constituent la souveraineté d'une nation[45].

Si on observe la réalité de tous les jours avec les multiples violations des droits de l'homme on voit que la « saison » des droits de l'homme semble derrière nous. Ceux-ci ne sont plus la base de toute politique.

Le Pape François parle d'une troisième guerre mondiale en morceau. Il s'agit de situations qui méritent d'être lues ensemble car elles illustrent une triste réalité.

Nous voyons apparaître très souvent une revendication des « droits à », avec une perte de sens des notions d'obligation et de responsabilité mutuelle qui étaient la clé de voûte de la définition originelle de la solidarité. Le risque auquel nous sommes confrontés, est celui de voir se transformer le devoir social en droits-créances illimités.

Solidarité et responsabilité: quel rapport?

Le principe de solidarité est inséparable de celui de responsabilité parce que le problème éthique est indissociable du problème social[46]. Mais le paradigme de la responsabilité est toujours à construire. Rendre compte de son rapport à soi, à autrui, aux choses du monde, c'est mettre

---

[45] Meyer-Bisch, P., Gandolfi, S., Balliu, G., *Souveraineté et coopérations. Guide pour fonder toute gouvernance sur les droits de l'homme*, Globethics.net, Genève, 2016, p. 34.

[46] Revenu Universel, principe de solidarité et principe de responsabilité, Mediapart, Paris, 2017, p.352. La solidarité dans l'espace public, le renouveau d'un principe d'action, in Repolitiser l'action sociale.org, Paris, 2013.

l'effectivité de la responsabilité simultanément, dans un système de valeurs, dans un cadre institutionnel et dans le contexte social.

En effet, que signifierait un engagement de la société, des gouvernants, des décideurs économiques, des citoyens vis-à-vis des générations futures si ceux-ci sont incapables d'assurer une solidarité intergénérationnelle?

La solidarité articule la liberté personnelle et la responsabilité de tous s'il y a une volonté et une conscience des citoyens de créer une société fondée sur la coopération. Dans ce cas à côté de la responsabilité éthique de chacun, il y a des responsabilités éthiques à l'égard des usagers, envers les institutions et vis-à-vis de la société qui ont des implications politiques, culturelles, économiques, sociales.

Par contre quand les politiques dites « de solidarité » se réduisent à des politiques d'assistance aux plus démunis, elles désignent ceux-ci comme une catégorie à part – les bénéficiaires de l'aide publique – et ne contribuent pas à créer le sens d'une communauté responsable et consciente de ses objectifs. Dans ce cas, on est face à un acte de philanthropie, qui peut être mû par la compassion, mais nous ne sommes pas face à un choix, où les dimensions éthique et politique arrivent à fusionner.

La dimension de la responsabilité collective tend alors à disparaitre, à s'effacer, de même que la réciprocité des droits et des devoirs qui cessent d'être un repère qui structure les rapports sociaux, une référence universelle de tout système sociale et politique. Si, par exemple, on regarde la mer Méditerranée, on voit bien qu'elle est devenue un cimetière sans tombes ni mémoires, et cela nous dit que les droits sont inappliqués, que les violations sont multiples et qu'il y a un déficit de démocratie et un crime contre l'humanité.

La solidarité est effective si elle écoute la voie des usagers et si reconnait leurs droits : le droit de parole, de s'exprimer, de définir, de mettre en œuvre et d'évaluer les politiques publiques qui les concernent et ceci est un principe démocratique et un principe d'efficacité. Leur reconnaître le droit à la parole témoigne d'une posture d'altérité et de solidarité : « je t'écoute car, quelles que soient nos situations, nos postures, nous sommes semblables et liés par une communauté de destin »[47]. Une telle orientation est un élément d'une approche renouvelée de la solidarité.

Il est nécessaire de multiplier les espaces de rencontres afin de partager la vie sociale avec tous les acteurs publics, privés et civils qui la traversent et la structurent. Il faut aussi reconnaître les usagers à la fois dans leur situation, dans les dispositifs de l'action sociale mais aussi comme partie prenante de la société civile même s'ils s'en trouvent plus ou moins exclus. Cela implique particulièrement de leur reconnaître une capacité d'expertise sur leurs situations, sur les solutions préconisées mais aussi sur les pratiques développées et les façons de faire.

Etre responsable signifie apporter son concours à une autre personne, autrement dit vivre une relation éthique qui suppose fraternité et solidarité. Le « je veux » précède « je dois ». Être responsable individuellement, c'est être capable d'assumer sa liberté et les situations correspondantes[48]. Mais la responsabilité se situe surtout par rapport aux autres et signifie les assumer avec leurs demandes et avec leurs droits. "Une telle responsabilité est transversale et ne consiste pas seulement en des obligations directes limitées ; elle implique également une *obligation d'interaction* : nul acteur ne peut légitimement rester indifférent devant la misère d'autrui, en particulier lorsqu'elle est due à la déficience d'autres acteurs avec lesquels il a partie liée »[49].

---

[47] Ibidem

[48] Sartre, J.P. *Cahiers pour une morale*, Gallimard, Paris, 1983.

[49] Meyer-Bisch, P., Gandolfi, S., Balliu, G., *Souveraineté et coopérations*, op. cit. p. 35.

Le rôle de l'éducation

La solidarité passe nécessairement par l'éducation du "sens social", une éducation qui devra instruire les jeunes sur les objectifs d'interdépendance, de cohésion, de responsabilité pour faire en sorte qu'ils touchent et ressentent la force de l'engagement pour une cause. Former à la solidarité, c'est former des personnes critiques, qui veulent et peuvent devenir des acteurs, défendre leurs intérêts, expliquer et combattre les mécanismes qui engendrent la violence, la misère, l'exclusion et la pauvreté. La solidarité est avant tout un *idéal* qui s'inscrit dans un contrat social, dans un projet de société ; elle n'est pas toujours donnée d'avance, elle est obtenue au prix de luttes individuelles et sociales.

Le Pape François dit que pour bâtir un monde meilleur, de justice, de fraternité et de solidarité il est crucial de se focaliser sur les jeunes :

> « Le monde a besoin de jeunes courageux, sans peur, des jeunes qui se déplacent sur les routes et qui se mettent debout. [7] Les jeunes d'aujourd'hui et de demain ont droit à un ordre mondial pacifique, fondé sur l'unité de la famille humaine, le respect, la coopération, la solidarité et la compassion »[50].

Approcher la question des solidarités nécessite une approche à travers plusieurs registres :

- *La connaissance :* il faut d'abord repérer ces solidarités, comment elles fonctionnent. Souvent elles sont invisibles, souterraines. Il faut donc se méfier d'approches trop rapides ou surdéterminées par des « a priori ». Par exemple, il y a aujourd'hui plusieurs millions de personnes qui ne survivraient pas sans relations, formelles ou informelles, sans réseaux, sans formes

---

[50] Message du Pape François à l'occasion de la Conférence sur l'impact humanitaire des armes Nucléaires, 2014. Cf. aussi : www.repolitiserlactionsociale.org/ La solidarité dans l'espace public, le renouveau d'un principe d'action, in Repolitiser l'action sociale.org, 2013, p. 4.

d'entraide. Regarder comment ces personnes vivent est essentiel pour trouver les ponts, les liens, les interstices permettant de démultiplier l'impact du travail d'action sociale.

- *La ressource* : ces réseaux, ces relations, ces groupes qui se forment génèrent souvent des leaders, des médiateurs, des facilitateurs. Les reconnaître, les aider, permet de les inclure efficacement dans la mise en œuvre de politiques sociales locales.

- *L'accompagnement* : à partir de ce travail de tissage et de valorisation on peut définir des actions ciblées, des modes opératoires pertinents aux objectifs collectifs et personnalisés de l'action sociale.

Encore *le Pape François nous dit* que la solidarité est un mot qui ne plaît pas toujours.

> « C'est penser et agir en termes de communauté, de priorité de la vie de tous sur l'appropriation des biens de la part de certains. C'est également lutter contre les causes structurelles de la pauvreté, de l'inégalité, du manque de travail, de terre et de logement, de la négation des droits sociaux et du travail. C'est faire face aux effets destructeurs de l'Empire de l'argent: les déplacements forcés, les émigrations douloureuses, la traite de personnes, la drogue, la guerre, la violence et toutes les réalités que beaucoup d'entre vous subissent et que nous sommes tous appelés à transformer. La solidarité, entendue dans son sens le plus profond, est une façon de faire l'histoire[51]. »

Le nœud reste toujours la manière d'entendre et de penser la solidarité. S'agit-il d'un fait, d'un devoir ou d'une ressource? La solidarité n'est pas donnée comme fait ou comme obligation, mais doit être considérée comme un engagement en faveur de ce qui porte un visage humain ou de

---

[51] Discours du Pape François aux participants à la Rencontre Mondiale des Mouvements Populaires, Rome, 2014, p. 1.

ce qui peut être associé avec le destin de l'homme. Comme *acte de raison* la solidarité devient un impératif catégorique, comme *acte d'amour* elle lie les personnes entre elles par un sentiment d'appartenance à l'humanité. Elle est donc une ressource pour toute personne et pour toute société : son processus d'activation fait à la fois référence à notre sensibilité, à notre capacité d'engagement dans le monde et à l'urgence manifestée par le visage de la personne qu'on a devant nous.

5. La formazione per un nuovo modello di cooperazione internazionale

Oggi la formazione ha un ruolo chiave, innovativo e propulsore rispetto agli obiettivi, ai contenuti, ai modelli e alle strategie della cooperazione internazionale e si può dire che tutta la cooperazione sia leggibile in chiave formativa[52]. Una formazione che coniuga teoria e prassi, che si trasforma attraverso l'azione e che riflettendo e valutando l'azione riprogetta il proprio cammino.

Il riferimento ai valori etici è la matrice che dovrebbe ispirare la cooperazione internazionale in quanto considera l'uomo un soggetto educativo, capace di uno sviluppo che implica una mobilitazione pedagogica dei generi di solidarietà presenti, in forme diverse, in ogni cultura; è lì che bisogna cercare l'uomo, fargli prendere coscienza dei suoi diritti e delle sue responsabilità per il bene comune.

Impegnarsi nella cooperazione internazionale significa essere e sentirsi educatori capaci di capire un contesto socio culturale, di metterlo in relazione con le preoccupazioni della popolazione, con il loro progetto di sviluppo e con gli orientamenti politici del Paese. Si potrebbe articolare il ruolo dell'educatore attorno a due funzioni chiave : come *ingegnere della formazione* e come *accompagnatore* dei processi di svilup-

---

[52] *Relazione presentata al convegno "Ripensare l'educazione"* dell'Università Cattolica di Brescia, 2019

po. La prima gli permette di concepire un progetto, di assemblare il varie fasi, di costruire risposte educative adatte, con strumenti e processi specifici in ogni tappa ; la seconda lo mette in grado di accompagnare i vari soggetti verso obiettivi definiti dal progetto[53].

Al contrario una formazione che tenta di riprodursi e di auto-confermarsi rischia di distanziarsi dalla realtà che esige sempre una conoscenza dei contesti che si evolvono continuamente e un innalzamento dei livelli di professionalità. Oggi il solo impegno non è più garanzia di riuscita, è necessaria una professionalizzazione *di tutti i partner* sia rispetto ai vari settori di attività che rispetto ad un contesto nel quale efficienza ed efficacia vanno coniugate alla qualità del rapporto, all'attenzione per la persona e per la sua crescita e alla realizzazione del bene comune.

Oggi non è più possibile pensare ai progetti programmati al Nord per il Sud. E' necessario valorizzare le esperienze formative dei paesi del Sud e con loro costruire insieme cammini di sviluppo.

Per costruire una teoria della formazione è necessario tener presenti almeno quattro indicatori:

- la *complessità organizzativa* delle strutture implicate in un progetto di cooperazione, i loro ruoli e funzioni, siano esse organismi, centri culturali, associazioni, fondazioni, università o altri ancora;
- la *cultura organizzativa* ossia l'esperienza, il metodo di lavoro e l'identità della struttura partner del progetto,
- la *concettualizzazione-razionalizzazione* dell'attività formativa;
- i *metodi* scelti, quale quello concettuale, oppure della vita vissuta, oppure dell'adesione totale all'organizzazione che invia ecc.

---

[53] Bogard, G., Pour une citoyenneté active et solidaire, Rapport final du projet éducation des adultes et mutations sociales, Conseil de l'Europe, Strasbourg, 1955, pp. 151-52.

Indicatori questi che si coniugano con la polisettorialità di un progetto di cooperazione e con la dissonanza ossia la distanza che spesso si registra fra il modello formativo, la cultura dell'organizzazione e la realtà della comunità con la quale si coopera. Generalmente al minimo di complessità organizzativa corrisponde il minimo di concettualizzazione della formazione.

La formazione è sempre un'azione di cambiamento personale e professionale di tutti i soggetti implicati, (persone e istituzioni) e del contesto stesso, del suo grado di scambiabilità, della sua capacità di negoziazione e di riprogettazione e questo è importante proprio perché in ogni progetto di sviluppo si possono schematizzare più poli: un primo polo dato dall'organizzazione che propone, un secondo dato dal partner locale con il quale si condividono obiettivi, contenuti, metodi, strategie e responsabilità di un'azione di cooperazione, un terzo rappresentato da tutti quei soggetti che nel progetto interagiscono quali, ad esempio, i volontari inviati per un periodo limitato, il personale locale impegnato nelle attività del progetto con compiti e tempi differenziati, gli insegnanti, gli artigiani, le famiglie, gli educatori scolastici ed extrascolastici. La formazione deve tener conto di tutte queste componenti e adottare una strategia che cerca di volta in volta di rendere compatibili gli obiettivi formativi con le risorse, gli spazi, i tempi regolando i rischi e le possibili dissonanze.

Il processo formativo è sempre un processo *sistemico* che deve rilevare le connessioni tra l'attività formativa e gli obiettivi della cooperazione internazionale, tra la progettazione e la valutazione con un'analisi specifica rispetto al contesto, ai soggetti e alle loro funzioni, ai processi, ai criteri che normano le azioni, ai risultati e all'impatto che permette di rimodulare il processo di formazione e di ricentrarlo sugli obiettivi. E' una sequenza di operazioni coordinate e commisurate alle esigenze di crescita personale e sociale delle persone, agli obiettivi dei progetti e della popolazione interessata.

Assumere una concezione sistemica del processo formativo significa attribuire una funzione determinante ai vari segmenti connessi fra loro da rapporti di interazione e di interdipendenza che danno luogo a processi di equilibrio che caratterizzano il divenire del sistema. Scoprire i criteri a cui si riferiscono i comportamenti dei soggetti che interagiscono significa capire il modello di sviluppo ed avere gli elementi per misurare, valutare, modificare, orientare il cambiamento auspicato.

Non ci sono metodi validi in assoluto, occorre apprendere a progettare, eseguire, verificare indagando i bisogni formativi di ciascuno con gli obiettivi e i principi del progetto, con i vincoli imposti dalla realtà cercando sempre di ottimizzare le risorse e di combinare tempi e mezzi.

La proposta formativa deve utilizzare una didattica vicina alla *cultura dell'azione e* va programmata in collaborazione con strutture formative locali, quelle più competenti per formare all'azione e alla progettazione politica e partenariale pertinente al modello di sviluppo che si vuole realizzare.

Una persona formata alla cooperazione internazionale dovrebbe essere capace di leggere i cambiamenti a livello locale e internazionale, di elaborare una strategia realistica rispetto alle risorse esistenti, di negoziare, in circostanze diverse, con tutti i partner possibili, sia sociali che economici, privati o pubblici ; dovrebbe inoltre essere capace di gestire i cambiamenti in termini di risorse umane, di valorizzare le nuove tecniche e dovrebbe saper tradurre il proprio patrimonio culturale e professionale nelle attività sociali, culturali e politiche nei nostri paesi.

La cooperazione internazionale, infatti, non è solo azione nei paesi del Sud ma è cambiamento reciproco delle società che si incontrano, si scambiano e si trasformano. Formazione quindi che sa intervenire nei nostri paesi, sia attraverso progetti di integrazione dei migranti, sia considerando gli stessi migranti attori fondamentali nei progetti di sviluppo dei loro Paesi.

La formazione è uno dei momenti più delicati e, allo stesso tempo, più necessari al funzionamento della cooperazione internazionale. Non si tratta di *formare per formare*, ma di *formare per* coniugare la preparazione teorica e le competenze pratiche con una migliore conoscenza dell'ambiente per permettere alle diverse categorie di specialisti (ingegneri, architetti, amministratori e pianificatori, industriali, sindacalisti, responsabili politici) di assolvere meglio il loro compito.

Gli assi della formazione

La formazione si situa su un doppio asse, verticale e orizzontale, in comprensione e in estensione, sulla linea dell'apprendimento e su quella dell'allargamento. Questi due movimenti sono come la sistole e la diastole di una pedagogia equilibrata che rappresenta la priorità delle priorità per la formazione dei quadri della cooperazione perché permette di rafforzare le capacità delle istituzioni, di farsi carico delle ricchezze, dei problemi e delle sfide della cooperazione.

La formazione in effetti, deve saper formare *un ricercatore permanente e un pedagogista competente* per realizzare la pertinenza dei progetti e dei programmi con i valori culturali e sociali e le azioni di sviluppo dei paesi.

Ma non basta poiché i bisogni di formazione non possono essere concepiti solo dal punto di vista dell'individuo, ma anche dal punto di vista delle istituzioni, in un quadro sinergico che punti ad integrare le *dimensioni individuale, istituzionale e sociale, con l*e strategie utili per esaminare i ruoli, analizzare i compiti, fissare gli obiettivi, considerare i cambiamenti interni al sistema educativo per metterli in relazione con i contenuti e le strategie della formazione.

Gli ambiti della formazione riguardano

- la *formazione personale*, rivolta al soggetto che deve progredire nella conoscenza di sé in quanto attore sociale e nell'accettazione degli altri,

- la *formazione sociale*, centrata più sulle pratiche sociali e interattive,

- la *formazione scientifica e tecnica* ossia l'acquisizione di conoscenze tecniche, politiche, linguistiche, internazionali,

- *la formazione istituzionale* che mira alla capacità di collaborazione con i diversi partner sociali e con le istituzioni per poter essere in grado di realizzare autentici progetti di cooperazione allo sviluppo sostenibile per i diversi paesi.

L'obiettivo principale oggi è formare al partenariato da costruirsi sulla base di un rapporto di uguaglianza attraverso un *contratto di solidarietà* negoziato che definisca apporti e responsabilità di ciascuno, la comprensione reciproca delle difficoltà e un dialogo attento e rispettoso che modifichi atteggiamenti e punti di vista di ciascuno in funzione degli obiettivi da raggiungere. E' un *contratto* che accresce la coscienza del ruolo e definisce forme di relazione strutturate da obblighi di responsabilità per una capacità istituzionale che pianifichi, gestisca e rispetti le opzioni dei paesi.

La prospettiva è la pedagogia dell'appoggio istituzionale che coniuga le funzioni dell'ingegnere della formazione e dell'accompagnatore e che è, al tempo stesso, *una pedagogia del soggetto, attiva e responsabilizzante, e una pedagogia dell'istituzione*, capace di strutturare le relazioni che chiamano in causa le autorità politiche, facendole uscire dalla passività di fronte ai benefici economici e sociali della cooperazione, per convincersi che lo sviluppo ci riguarda tutti insieme, ed è per prima cosa in noi stessi. "E' il si a noi stessi, al di fuori di ogni gerarchia, del resto impossibile, e di ogni ripiegamento sul nostro spazio interiore. E' il passaggio da sé a se stessi ma a un livello superiore. *Non si sviluppa, ci si sviluppa* ed è la cultura il principio vitale di questo autosviluppo"[54].

Una formazione quindi che rende capaci di puntare contemporaneamente alla continuità e al cambiamento, a tessere nuovi partenariati con tutto il corpo sociale e con lo Stato per elaborare insieme politiche a lungo termine che non vengano congelate o completamente stravolte ad ogni cambiamento di governo.

La formazione al partenariato educa i partner ad una relazione di opposizione/collaborazione determinata da risorse, valori, obiettivi e intenzioni di cui ciascuno è portatore e a partire dai quali inizia un processo di reciproco adattamento/adattabilità all'altro. Si tratta di una relazione di prossimità in cui entrano in gioco le diversità culturali che dinamizzano la relazione e la portano al raggiungimento degli obiettivi a condizione che essi si *ricompongano nella complementarità*, frutto della somma delle competenze presenti e strettamente legata alla costruzione del processo e dell'azione stessa.

Si passa così da una *formazione al partenariato* che costruisce un quadro di comprensione all'azione alla *formazione in partenariato,* sia identificando i concetti operativi sia stabilizzando le interazioni in una sorta di disegno, una specie di coerenza dell'azione in cui il sistema si rifinalizza attraverso l'identificazione e la formulazione dei problemi che ciascuno incontra.

La sfida della cooperazione oggi è una *proposta politica* forte, è l'impegno di tutti, singoli e associazioni, a muovere le nostre comunità per far crescere la tensione ideale della collettività. E questo è possibile all'interno di una riflessione politica di insieme che non deve ridursi a lottare contro la povertà, deve piuttosto lottare contro le ineguaglianze e

---

[54] Ki-Zerbo, J., Pas de développement sans renaissance culturelle, *La semaine africaine*, du 3-9 mars 1983, p. 6.

chiedersi sempre a chi, a quale gruppo sociale la cooperazione apporta più giustizia, più diritti, più libertà.

Si tratta di una *nuova fase* per la formazione che richiede compartecipazione di poteri, trasparenza di gestione, rafforzamento dei rapporti Sud-Sud, che sancisce il principio di reciprocità nei diritti e nei doveri. Per questo la formazione deve educare al riconoscimento e al rispetto reciproco, alla consapevolezza del limite, alla capacità di comunicazione e di comunione, alla difesa della vita per tutti, , a riconoscere l'altro nella sua *diversità e universalità* .

Si tratta di una formazione che aiuta a tessere legami sociali e a realizzare dei *cicli di responsabilità*. Esistono dei luoghi di responsabilità (gli Stati, i media, le imprese ecc.) ma soprattutto esistono dei *cammini* che, considerando ogni attività come una catena, identificano delle responsabilità ad ogni anello. Non è solo una responsabilità degli attori, ma è quella che esiste fra più attori, molto diversi fra loro, nel perseguire obiettivi comuni, nel funzionare come gruppo sociale e nell'iscrivere nel tempo ogni loro azione. Per educare alla cooperazione occorre sempre mettere al centro l'uomo che si mette in relazione, che si sente "relazione" con i propri simili, l'uomo ontologico, singolare e irripetibile.

Mettere l'uomo al centro è vivere l'altro come 'prossimo' come 'fratello', come partner, e non come straniero, povero, affamato, emarginato ecc; significa sentirsi soggetti di corresponsabilità, di compartecipazione di cooperazione. Educare alla cooperazione è educare alla prossimità, ad una relazione interpersonale che ha come traguardo la crescita dell'altro, di noi stessi e di tutti gli uomini vicini e lontani.

6. Impatto del progetto Premessa

Una valutazione d'impatto di un progetto di cooperazione deve partire da questa domanda: *Quale sarebbe stata la situazione in assenza del progetto?*

- *Monitoraggio* : esame continuo delle attività durante l'attuazione del progetto a scopo informativo che verifica se le attività previste sono state realizzate. Viene fatto dallo staff del progetto
- *Valutazione*: evento puntuale e programmato volto a migliorare la programmazione, l'identificazione e la formulazione dell'iniziativa. Viene fatta da esterni e può essere: ex ante, (dopo l'identificazione e la formulazione) in itinere, (durante lo svolgimento delle attività) ex post (a fine progetto)
- *Impatto*: è il cambiamento avvenuto nella società/comunità legato al raggiungimento degli obiettivi del progetto. L'impatto netto è la differenza fra quanto esiste nella società senza progetto e quanto con il progetto, ossia la misura dei vantaggi generati dal progetto stesso[55].

Anche se non è possibile osservare nella realtà tale situazione, è possibile approssimarla costruendo un'ipotetica situazione che cerca di ricostruire la situazione di partenza.

In un nuovo modello di sviluppo quale è Maison de Paix è importante che il linguaggio della valutazione utilizzi *il paradigma dello sviluppo umano* e parta dall'approccio delle *capabilità*[56], *ossia* da ciò che la persona può fare o può essere a partire dai mezzi e dalle risorse che ha a disposizione.

Lo sviluppo umano è l'espansione delle *capabilità* e delle libertà. La misura del benessere non deve limitarsi solo all'ammontare delle risorse delle persone, ma alla loro effettiva capacità di *tradurre tali risorse in*

---

[55] Relazione presentata al Comitato scientifico del progetto Maison de Paix, Congo RDC, 2019.

[56] *Capabilità/capacitazioni* : insieme delle risorse relazionali di cui una persona dispone, con le sue capacità di fruirne e di impiegarlo operativamente.

funzionamenti[57]. Sia le *capabilità* che i *funzionamenti* hanno sempre un valore legato al contributo da esse fornito al benessere multidimensionale e connesso allo sviluppo di altre *capabilità* e dei relativi funzionamenti.

Almeno quattro sono i nodi da cui partire:

- porre al centro la persona, obiettivo principale delle politiche economiche e sociali,

- valutare le politiche sociali in base all'espansione delle capacità, opportunità e abilità che ne derivano alle persone

- puntare sull'*autonomia* delle persone

- privilegiare i processi endogeni attraverso una partecipazione attiva di tutte le persone.

Ponendo l'accento sull'autonomia e responsabilizzazione delle persone in quanto soggetti attivi del proprio cambiamento, l'approccio delle *capabilità* si differenzia dal concetto classico di aiuto perché permette di ripensare le strategie dello sviluppo fondandole su *etica e giustizia sociale*, e su *partecipazione individuale e collettiva*.

Come procedere

Nella valutazione di impatto quattro sono gli elementi principali da considerare:

- I beni e le risorse a disposizione della persona (ad es. reddito, casa, terreno, scuola, etc.);

- I fattori di conversione delle risorse: *individuali* (età, sesso, talento) *familiari* (supporto, reddito familiare, etc.), e *socio-ambientali a livello comunitario* (cultura, capitale sociale,

---

[57] Funzionamenti: risultati acquisiti dalle persone, possibilità di fare e di essere

> regole consuetudinarie, solidarietà, etc.), *regionale o nazionale* (investimenti in beni pubblici, sicurezza, leggi e provvedimenti etc.).

- I *funzionamenti* potenziali ovvero tutti i risultati che la persona può raggiungere (a e b) e che ritiene abbiano valore in un dato momento della sua vita;

- I risultati effettivamente conseguiti dalla persona.

Esempio: se si prende come unità di analisi un agricoltore con una ridotta estensione di terreno a disposizione, un progetto che ha lo scopo di aumentare il reddito dei piccoli agricoltori incide su A (livello della persona). Lo stesso progetto se analizzato dall'ottica del figlio dell'agricoltore incide su B, (fattori di conversione a livello di nucleo familiare), sotto forma di un aumento del reddito a disposizione della famiglia. Un'azione di sensibilizzazione può invece variare le priorità delle persone, ad esempio facendo comprendere l'importanza di alcune scelte in termini di salute, e quindi modificare c "Scelte personali".

Maison de Paix ha tenuto conto delle interazioni tra i diversi aspetti in fase di progettazione utilizzando sempre un approccio partecipativo che dà più *importanza al processo che al progetto* in quanto l'insieme delle capacità/capabilità della comunità è composto dalle capacità *personali, collettive e sociali* ossia da ogni potenziale funzionamento e opportunità per i membri della comunità di un territorio. *Questo insieme di capacità/capabilità di comunità costituisce il punto di partenza per individuare le azioni da fare.*

Procedura di valutazione d'impatto nell'ottica dello sviluppo umano

Per Maison de Paix la procedura di valutazione d'impatto si può così suddividere :

- Analisi dei documenti e dei dati (storico)

- Interviste individuali (per acquisire informazioni sul contesto, sulle attività svolte, e sull'impatto del progetto sulle capacità delle persone)

- Elaborazione e somministrazione di un questionario (che misuri l'impatto delle attività del progetto su ogni dimensione di vita personale e collettiva)

- Analisi dei dati

Nel questionario si deve chiedere a molti soggetti di valutare qual'è la loro situazione rispetto ad alcune capabilità selezionate e come il progetto le stia promuovendo/potenziando. Partendo da categorie generali e scegliendo delle sub-dimensioni adeguate alla situazione e inerenti al progetto, è possibile valutare il progetto Maison de Paix a partire dalla visione dei partecipanti stessi a cui viene chiesto di esprimere un voto che secondo loro corrisponde *all'impatto che il progetto ha avuto su quella dimensione della loro vita.* Alla fine è possibile verificare *su quali dimensioni il progetto ha avuto un impatto.*

Esempio: scala 0-10[58]

Dimensione	Nessuno: 0	Poco: 4	Abbastanza: 6	Molto: 10
1. vita sana e buona salute				
2. relazioni sociali e inclusione				
3. istruzione e formazione				
4. lavoro/ produttività				
5. partecipazione				
6. autonomia				

In questo modo si misurano gli aspetti relativi alla crescita delle persone in termini, di acquisizione, di crescita, di capacità ecc. che hanno un impatto significativo sullo sviluppo umano. Accanto a questa rilevazione una seconda valutazione del progetto nel suo insieme è la seguente:

---

[58] Le tabelle adattate e riviste sulla base di questi due documenti: https://www.researchgate.net/publication/259645623_Il_monitoraggio_e_la_val utazione_dei_progetti_di_cooperazione_decentrata_il_caso_della_Regione _Veneto http://intra.tesaf.unipd.it/pettenella/Corsi/investimenti/MANUALE%20 VALUTAZIONE-vers%20ridottta.pdf

CRITERIO	Definizione
Rilevanza	Verifica del grado in cui un'iniziativa tiene conto del contesto e dei problemi dello sviluppo. • in che misura gli obiettivi dell'iniziativa sono validi? • gli obiettivi sono coerenti con quelli di altre iniziative? • l'iniziativa è ritenuta utile dagli utenti?
Efficienza	Misura dell'ottimizzazione nell'utilizzo delle risorse • i risultati sono stati raggiunti con i costi previsti? • i risultati sono stati raggiunti nel tempo previsto?
Efficacia	Misura il grado di raggiungimento degli obiettivi • Il progetto è coerente con gli obiettivi? • gli obiettivi generali e specifici sono quantificati? • gli obiettivi sono o stanno per essere raggiunti?
Impatto	Misura gli effetti diretti e indiretti provocati dal progetto sul contesto • qual è l'esito dell'iniziativa? • quali cambiamenti ha provocato nella collettività? • quali cambiamenti nelle persone e nelle loro capacità?
Sostenibilità	Capacità dell'iniziativa di produrre benefici nel tempo • in quale misura i benefici dell'iniziativa continuano anche dopo il progetto? • quali sono i principali fattori che hanno influenzato la sostenibilità dell'iniziativa? • chi si farà carico dei costi connessi all'iniziativa?

Si può applicare questa valutazione anche ad ogni attività specifica. Nella tabella qui di seguito un esempio di indicatori applicato alla formazione:

CRITERI	Rilevanza	Efficienza	Efficacia	Impatto	Sostenibilità
Formazione	Quantità di persone che necessitano di un'attività formativa specifica rispetto al totale degli interessati	Risorse stanziate per gli incarichi delle docenze, in modo tale da garantire la copertura didattica per ogni attività formativa	Competenze acquisite rispetto al N°di persone formate	Incremento del reddito degli occupati nelle aree oggetto dell'intervento	Partecipazione ai programmi di ricerca in grado di sviluppare e implementare il progetto

In modo analogo questa analisi si può applicare a:

1. Definizione del contesto di analisi
2. Analisi e coinvolgimento dei partner
3. Mappatura del processo di cambiamento
4. Definizione della metodologia e indicatori
5. Valutazione e impatto
6. Comunicazione dei risultati

Ad esempio:

Definizione del contesto	Soggetti implicati	Organizzazione compiti/responsabilità	Risorse Umane/ materiali	Tempi	Realtà coinvolte
Maison de Paix	Insegnanti, studenti, famiglie, comunità ecc.	Chi fa cosa ...	...		Suore Angeline Movimento Focolari Diocesi.

La fase di coinvolgimento dei diversi attori prevede l'identificazione e il loro coinvolgimento attivo. Si decidono quindi gli indicatori specifici, il piano e gli strumenti di monitoraggio coerenti agli obiettivi del progetto e alla metodologia di valutazione e si inizia una prima valutazione rispetto ai criteri base di ogni settore di attività.

Il passo successivo è la *definizione del quadro logico* del progetto che si realizza attraverso la scelta di indicatori associabili ai differenti elementi per arrivare ad una valutazione di impatto adeguata come la tabella qui sotto riportata:

La valutazione dell'impatto è strettamente connessa alla scelta e alla definizione degli obiettivi di sviluppo umano ossia alle capacità e funzionamenti che ha prodotto

N.	Valutazione dell' impatto (*si possono utilizzare diverse scale di misurazione*)
1	Fino a quale punto gli obiettivi generali sono stati raggiunti? Fino a che punto il loro raggiungimento è attribuibile al progetto?
2	Fino a che punto lo sviluppo socio-economico è attribuibile al miglioramento delle capacità istituzionali ed alla comunicazione tra i soggetti?
3	Fino a che punto il progetto ha stimolato un cambiamento socio-economico ?
4	Come la gestione ha reagito di fronte a cambiamenti inattesi ed imprevisti?
5	Gli indicatori di impatto sono appropriati?
6	L'impatto generale dell'iniziativa poteva essere raggiunto in un modo migliore?

Per sviluppare il quadro logico che rilevi l'impatto il punto da cui partire dovrebbe essere l'impatto a livello della società, poi a livello del gruppo di utenti e delle singole persone come nella tabella qui di seguito

	Società	Gruppo/famiglie	Persone
Impatto socio economico:	N° di associazioni ad hoc presenti N° di attori che intervengono N° iniziative produttive presenti N° degli eventi proposti % di recettività %risposte ad input esterni ---	Cambiamenti nella vita del gruppo a livello di: organizzazione dei ruoli capacità di gestire un'attività produttiva in famiglia/ gruppo capacità di valorizzare le risorse disponibili l'attività contribuisce a eliminare il problema della fame e della povertà ? % coinvolgimento delle fasce più emarginate di popolazione	- Capacità di alimentarsi con prodotti locali - Cura e igiene personale - Collaborazione/implicazione personale - Creatività, spirito di iniziativa - Recettività ---

Educativo / scolastico	- % del finanziamento destinato alla scuola - %:sostegno istituzionale della scuola (risorse umane e finanziarie) - % di bambini che accedono a scuola - N° alunni in età scolastica (7-12 anni) presenti - N° bambini non scolarizzati - N° handicappati presenti - N° ore di insegnamento/ anno - capacità di gestione del tempo scuola - % bambini che abbandonano - N° centri di alfabetizzazione presenti;	Esiste una associazione di genitori? risposta della famiglia e della comunità alla scuola (0-5) Convergenze o divergenze educative (0-5) - Capacità di sostenere l'impegno dei bambini (0-5) - Interazione/fiducia insegnanti - Attenzione progressi del bambino (0-5) - Cura dell'alimentazione (0-5) - Interesse per la scuola (0-5) - Capacità di animazione (0-5) - Distanza casa-scuola; ...	- % conoscenze acquisite - Capacità esprimere un'idea per scritto (0-5) - Capacità di comunicare(0-5) - Capacità di difendere un'idea (0-5) - %conoscenza elementare in storia, geografia, salute e agricoltura; - %uso della lingua - % conoscenza del saper fare(pesare, calcolare ecc.), - Responsabilità nell'impegno - Creatività - Rapporto lettura-miglioramenti scolastici - N° accessi biblioteca

	- n° studenti che partecipano ad attività promosse dalla scuola; - N° piccole biblioteche presenti sul territorio; - Dotazione della scuola (libri, materiale didattico ecc.) - Origine sociale bambini; …		
Educativo / professionale	- % giovani impegnati in corsi formazione professionale; - % giovani lavoratori; - N° settori di attività presenti; - qualità di investimento della società (0-5); - ricaduta economica (0-5) - N° strutture di coordinamen-	- Capacità di utilizzare le risorse disponibili in loco (0-5) - Capacità imprenditoriale della famiglia (0-5) - Rapporti con mercato locale (0-5); - % di addetti agricoli e produttivi; - % competen-	- Risposta individuale - interesse (0-5) - %abilità acquisite - %abilità messe a servizio di altri - Capacità autonomia (0-5) - Origine sociale dei giovani …

	to attività; - N° proposte formative attivate; - Qualità delle proposte (0-5); ...	ze acquisite in lettura e scrittura - Rapporto lettura-comprensione del testo - % di giovani che frequentano corsi di formazione al lavoro; ...	
Salute	- Creazione di un posto di salute - Personale medico e ausiliario - Esistenza laboratorio per piccole analisi - Possibilità di accedere a un posto di salute	- Responsabilità nei confronti della salute - Utilizzo responsabile dei farmaci - Educazione alla salute dei membri del gruppo/famiglia ...	- Accesso ai farmaci - Cura/attenzione alimentare ...
Partecipazione alla vita della comunità	- n° persone che partecipano alla vita della comunità; - N° strutture di apprendimento non formale per i gruppi	- Qualità dei rapporti interpersonali; - Disponibilità alla solidarietà; - Attenzione agli altri; - % presenza	- N° giovani coinvolti N° e ruolo di persone presenti nelle istituzioni; ...

	marginali e vulnerabili ; - N° strutture di partecipazione - N° persone con analfabetismo di ritorno ; -	agli incontri; - % di risposte e di proposte; ...	
Settore professionale/artistico	- Professionalizzare i giovani e aiutarli nella ricerca del lavoro ; - Inserire i giovani in attività lavorative; - Lotta alla disoccupazione;	Importanza di una formazione umana e relazionale e non solo tecnica; Educare i comportamenti, le motivazioni dei giovani e la volontà di mettersi in gioco.	Essere capaci di fare u un preventivo, ricevere un ordine, tenere la cassa, Saper comunicare, saper lavorare in equipe, saper analizzare i problemi; Puntualità, serietà, disciplina, attenzione te tenacia, ordine.

In questo modo la valutazione permette di conoscere il grado di *innovazione* del progetto, il rapporto fra *risorse impiegate e qualità dei risultati* ottenuti.

Un altro passaggio importante è la valutazione della sostenibilità del progetto:

	Analisi della sostenibilità
1	Fino a che punto i diversi partner sono stati consultati in relazione agli obiettivi? I partner hanno sempre espresso accordo sugli stessi anche durante il progetto?
2	Fino a che punto la politica del progetto corrisponde alla politica del contesto e del Paese? Fino a che punto la politica nazionale ha influenzato il progetto positivamente o negativamente? Qual è stato il supporto a livello governativo e a livello delle organizzazioni della società civile?
3	Capacità istituzionale. Grado di impegno delle realtà coinvolte. Fino a che punto il progetto è inserito nelle strutture istituzionali locali? Se il progetto prevede la costituzione di una nuova istituzione, si sono realizzate relazioni con le istituzioni già presenti sul territorio? L'istituzione sarà capace di continuare i benefici alla conclusione del progetto? L'istituzione è ben inserita sul territorio? Ha personale sufficiente e preparato? I partner locali sono stati preparati per la gestione in proprio, da un punto di vista tecnico, finanziario e gestionale?
4	L'adeguatezza costi-benefici del progetto rispetto al suo obiettivo specifico
5	Fattori socio-culturali. Il progetto è in linea con la percezione locale dei bisogni e con il modo di produrre? C'è rispetto per le strutture del potere locale e per il sistema culturale e valoriale?

	Quanto i cambiamenti sono accettati dagli altri soggetti? Come si sostanzia la partecipazione? Qual è la qualità delle relazioni tra personale esterno e comunità locale?
6	Sostenibilità economica. Vi è stata una corretta definizione dei benefici?
7	Sostenibilità tecnologica. Le innovazioni, i nuovi servizi realizzati sono compatibili con i bisogni esistenti, la cultura, la tradizione, le capacità e le conoscenze?

Importante e necessaria è anche la valutazione del grado di accettabilità del progetto che si può applicare ad ogni settore di attività e ad ogni specifica azione. Si riporta qui un esempio legato all'educazione:

VALORI Capacità individuali e istituzionali	CRITERI DI VALUTAZIONE	INDICATORI
1.Definizione dei valori e degli obiettivi. Chiarezza e rispetto delle regole istituzionali nei confronti dell'educazione	Strutture di partecipazione per la definizione delle politiche educative. Impegno finanziario dei differenti partner	L'educazione di base è inserita nel sistema educativo e in tutte le sue componenti ? % finanziamento pubblico all'educazione di base % finanziatori privati % finanziamento pubblico per l'educazione non formale % finanziamento privato per l'educazione non formale

2. Diversità degli attori dell'educazione e loro interazione all'interno e all'esterno della scuola	Riconoscimento della diversità degli attori e loro ruolo ; Strutture di concertazione ; Strutture di valutazione ; Implicazione di persone e comunità nell'evoluzione delle istituzioni	N° strutture di concertazione esistenti N° strutture di valutazione Esistenza di associazione dei genitori Spazi e aule costruite dalla comunità Esistenza di centri di alfabetizzazione gestiti dalla comunità
Diversità e comunicazione sociale e culturale Libertà di scelta della scuola Diritti dei bambini	Diversità linguistica Libertà religiosa Acquisizione del saper-fare Apertura e equilibrio dei programmi scolastici (sport, arte, ecc.) Acquisizione del saper essere (valori) Convergenze e divergenze	% di lingue nazionali inserite nell'insegnamento N° centri di alfabetizzazione legati ad attività sociali o di produzione Grado di soddisfazone degli alunni, degli insegnanti e genitori ...

Accanto a questi esempi si possono trovare altre tabelle specifiche per misurare l'impatto di alcune attività in alcune fasi particolari del progetto.

B.

I DIRITTI DELL'UOMO:
UNA GRAMMATICA DELLO SVILUPPO

1. Responsabilités et défis de l'enseignement supérieur basé sur les DH: la formation des professionnels en et pour les droits de l'homme

Pendant la dernière décennie les Universités ont vécu une succession continue de changements dans leurs structures et leurs méthodes qui a favorisé une réflexion et une prise de responsabilité vis-à-vis de la formation aux droits de l'homme[59].

Le défi de l'avenir est de considérer cette formation comme la condition préalable essentielle à l'éthique, à égalité et à la dignité de chacun de nous, en partenariat avec l'ensemble du système éducatif dans lequel elles peuvent jouer un rôle moteur. Eduquer aux droits de l'homme (DH) signifie croire dans l'homme, le comprendre dans son universalité, spécificité, dans sa raison d'être et dans sa vie de tous les jours. Et ceci parce que Les DH concernent chaque personne dans sa situation réelle, avec ses valeurs spécifiques pour l'appeler à une responsabilité comme sujet et comme débiteur.

---

[59] Contribution présentée à un séminaire scientifique international « L'approche des droits de l'homme dans l'enseignement supérieur au Maghreb » (ABDEM) à Caceres (*Estremadura*) 2013.

Même si les États, en principe, acceptent les droits de l'homme, la réalisation concrète de ces droits est parfois assez faible parce qu'elle dépend des lois en vigueur, des situations politiques, des programmes et des ressources. En effet, elle se réalise s'il y a la volonté et l'engagement des personnes, des planificateurs, des administrateurs et des fonctionnaires, et aussi de la société civile (associations, ONG, syndicats) qui doivent participer pleinement au processus de mise en place de ces droits. Il est urgent aujourd'hui s'interroger sur les concepts que les différents acteurs ont des DH et « sur la manière dont se combinent accès à l'éducation et systèmes de valeurs, en particulier autour des questions de l'égalité, de l'équité, de la non-discrimination et de la liberté de choix »[60]. L'éducation a une légitimité éthique qui se rattache au concept de personne. Le sujet du droit est la personne humaine qui peut être définie par catégories selon l'âge, la formation et il s'étend à tous ceux qui ont des besoins éducatifs qui devraient être satisfaits.

Sur la base de ces principes, l'Université doit tisser «un dialogue constructif avec les États et la communauté civile qui se base sur le respect mutuel, la reconnaissance réciproque de leur rôle et le service commun à l'égard de l'homme »[61].

Éduquer aux DH en reconnaissant leur indivisibilité et interdépendance est un processus très lent et un défi qui implique la construction en même temps d'une éthique sociale nouvelle et la construction du sujet qui doit être « sujet de droits dans une triple dimension : civile et politique (égalité, liberté, participation) ; économique et sociale (justice sociale, égalité d'opportunités) ; communicative et culturelle (exercice du droit à la différence, le respect de la diversité, la lutte contre toutes

---

[60] Pilon, M., Martin, J.Y., Carry, A., *Le droit à l'éducation quelle universalité?* Editions des archives contemporaines, Paris, 2010, p. 9.

[61] Congrégation pour l'éducation catholique, *L'école catholique du troisième millénaire*, n°17.

les formes de discrimination, mais aussi la reconnaissance universelle de la capacité discursive et communicative d'autrui)[62]. »

L'éducation est « le premier investissement dans l'être humain, comme ressource et comme acteur de son propre développement »[63], étant donné que toute éducation et formation est développement. Le droit à l'éducation peut être considéré comme une porte vers d'autres droits, d'autres libertés et responsabilités.

Si l'Université s'engage dans cette perspective, elle peut réaliser une politique d'inclusion sociale parce que chaque DH est *un facteur d'inclusion* concret, puisqu'il implique non seulement un droit d'accès, mais aussi de participation à un système social (d'information, d'espace public, d'éducation, de vie associative, de santé, de justice, etc.).

Droits de l'homme, grammaire du développement : l'approche des universités

La grammaire du développement est une grammaire des droits, des libertés et responsabilités communes et concrètes qui nous permet de construire une culture partagée, non seulement comme une base commune, mais comme une passion, une foi dans la nécessité d'un dialogue démocratique.

Les DH deviennent une grammaire du développement des personnes et des peuples basés sur une éthique démocratique qui vise à répondre à des questions portant sur la façon dont il est juste de vivre ensemble avec une capacité d'interpréter, de clarifier nos buts et nos intérêts divergents. Il s'agit d'une éthique publique qui se fonde sur un projet démocratique capable de définir les principes et les critères de conduite et de choix collectifs. « Aujourd'hui, alors que de plus en plus d'acteurs se réfèrent aux droits de l'homme pour définir leurs droits, leurs libertés et

---

[62] Meyer-Bisch, P., Borghi, M., *Société civile et indivisibilité des droits de l'homme*, Editions Universitaires de Fribourg, 2000, pp. 232-233.

[63] AA.VV., *Les indicateurs du droit à l'éducation*, Institut Interdisciplinaire d'éthique et des droits de l'homme, Fribourg, 2000, p. 5.

leurs responsabilités, il est nécessaire que le système universel de normes fondamentales remplisse sa fonction de « grammaire politique » des relations entre tous les acteurs, étatiques, civils et privés. Il est temps que ces trois principes soient considérés comme des critères contraignants pour toute politique de développement, qu'il s'agisse de l'épanouissement de chacun, du développement de communautés ou des organisations civiles, économiques et publiques. Cela signifie notamment la création d'indicateurs capables de renseigner non seulement sur l'effectivité de tel ou tel droit de l'homme, mais surtout sur l'interdépendance entre les droits. Ainsi, le lien sera accompli entre vision idéale et normes opérationnelles, entre système des droits de l'homme et droit au développement[64]. » Et les universités sont les premières institutions appelées à cela pour une formation de tous les éducateurs basés sur une commune volonté de se respecter et de coexister.

Les perspectives de l'Unesco

L'Unesco a élaboré un plan d'action pour l'éducation aux droits de l'homme dont la première phase (2005-2009) a considéré l'enseignement primaire et secondaire tandis que la deuxième phase (2010-2014) l'enseignement supérieur et la formation aux droits de l'homme des enseignants et des éducateurs en général à savoir fonctionnaires, responsables de l'application des lois et personnel militaire. La troisième phase (2015-2019) sera planifiée à partir des suggestions et des avis des États, des institutions nationales des droits de l'homme et d'autres parties prenantes sur les secteurs cibles, les domaines d'intervention, les questions thématiques.

Dans ce plan, les « éducateurs » relèvent d'une définition large utilisée pour désigner les personnes qui conçoivent, élaborent, mettent en

---

[64] Bouchard, J., Gandolfi, S., Meyer-Bisch, P., « Les droits humains, grammaire du développement des personnes et de leurs organisations », in *Les droits de l'homme, une grammaire du développement*, L'Harmattan, Paris, 2013, p. 10.

œuvre et évaluent les activités et les programmes d'éducation dans le domaine des droits de l'homme dans des contextes d'enseignement formel, informel et non formel. Le plan d'action ne comporte aucune section spécifique sur la formation aux droits de l'homme d'une profession aussi diversifiée que celle des éducateurs et les principes et stratégies se rapportant au personnel enseignant de l'enseignement supérieur sont également applicables par analogie.

Et dans ce plan l'éducation aux droits de l'homme est définie comme l'ensemble des activités d'apprentissage, d'éducation, de formation et d'efforts d'information visant à proposer une culture universelle des droits de l'homme, notamment:

- À renforcer le respect des droits de l'homme et des libertés fondamentales ;

- À assurer le plein épanouissement de la personnalité humaine et le développement du sens de la dignité ;

- À favoriser la compréhension, la tolérance, l'égalité des sexes et l'amitié entre toutes les nations, les populations autochtones et les minorités ;

- À aider tous les êtres humains à participer utilement au fonctionnement d'une société libre et démocratique fondée sur les principes du droit ;

- À consolider et à maintenir la paix ;

- À promouvoir un développement durable et une justice sociale centrés sur l'homme.

Le plan d'action vise à réaliser les objectifs suivants :

- Promouvoir l'introduction des droits de l'homme dans l'enseignement supérieur et dans les programmes de formation destinés aux fonctionnaires, aux responsables de l'application des lois et au personnel militaire ;

- Appuyer l'élaboration, l'adoption et la mise en œuvre de stratégies nationales durables dans ce domaine ;

- Formuler des directives sur certains composants clefs de l'éducation aux droits de l'homme dans l'enseignement supérieur et les programmes de formation destinés aux fonctionnaires, aux responsables de l'application des lois et au personnel militaire ;

- Faciliter le soutien aux établissements d'enseignement supérieur et aux États Membres par l'intermédiaire des organisations internationales, régionales, nationales et locales ;

- Appuyer la constitution de réseaux et la coopération entre les organismes locaux, nationaux, régionaux et internationaux et les institutions et organisations non gouvernementales.

L'éducation aux droits de l'homme englobe différents aspects

- *Connaissances et compétences* – L'acquisition de connaissances et de compétences pour veiller à ce que tous les éléments et les processus d'apprentissage, y compris les programmes d'étude, les supports éducatifs, les méthodes et la formation favorisent concrètement l'usage dans la vie de tous les jours ;

- *Valeurs, attitudes et comportements* – Développement des valeurs morales et renforcement des attitudes et des comportements qui sont à la base des droits de l'homme ;

- *Adoption de mesures* en vue de protéger et de promouvoir les droits de l'homme en assurant le respect des DH de tous les acteurs, ainsi que l'exercice de ces droits.

Parmi les politiques et les mesures pour la mise en œuvre on trouve :

- *Le respect de l'autonomie* des institutions et de la liberté d'enseignement en partageant les droits et les responsabilités, conformément au système éducatif de chaque État.

- *Approche participative,* impliquant soit les associations du personnel enseignant soit d'autres parties prenantes.

La politique de formation à l'éducation aux DH pour le personnel enseignant, comprend :

- La formation des formateurs, et la formation initiale et en cours d'emploi des membres du corps enseignant ;

- L'information sur les droits, les responsabilités et la participation des étudiants et enseignants à tous les programmes et actions de formation initiale et en cours d'emploi ;

- La reconnaissance et l'accréditation des organisations non gouvernementales et d'autres secteurs de la société civile menant des activités de formation à l'éducation aux droits de l'homme ;

- La nécessité d'envisager l'éducation aux DH comme critère pour la qualification, l'accréditation et l'évolution des carrières du personnel enseignant et l'accréditation des activités de formation des organisations non gouvernementales ;

- L'élaboration des critères et des normes permettant d'évaluer les programmes de formation aux droits de l'homme et leur mise en œuvre.

L'appui à la recherche est également recommandé pour développer des méthodes d'outils novateurs et efficaces, ainsi que des principes et comment les traduire dans la pratique, sous forme de mesures concrètes. Par exemple, des politiques et programmes publics, des pratiques commerciales, des initiatives communautaires, des normes socioculturelles, pour évaluer, collecter et diffuser des exemples de bonnes pratiques. Ceci devrait inclure de créer des liens, des partenariats et des réseaux qui facilitent la collaboration et les échanges d'informations entre chercheurs de différents établissements d'enseignement supérieur, organismes non gouvernementaux et autres organes de la société civile, instituts nationaux des droits de l'homme et organisations internationales.

La proposition de l'Unesco consiste dans une stratégie concrète qui non seulement s'adresse à tous les acteurs de la communauté éducative mais aussi aux fonctionnaires, aux responsables de l'application des lois et au militaires pour lesquels on prévoit une formation spécifique.

Pour ces catégories d'acteurs, le plan d'action s'inspire de la Déclaration Universelle des droits de l'homme. Ceci inclut les pactes et conventions internationales concernant l'élimination de la discrimination, de la violence, de la torture, la protection des migrants, des réfugiés, des minorités. Cette finalité peut s'appuyer sur d'autres outils, comme des recommandations et des codes de conduite avec des lignes très détaillées de comportement.

Les indications sorties de la consultation qui préparent la troisième phase soulignent « la nécessité de poursuivre les travaux engagés avec les secteurs cibles déjà identifiés au cours des phases précédentes: le système éducatif formel, à savoir l'enseignement primaire, secondaire et supérieur, et plus particulièrement la formation des éducateurs – enseignants, professeurs et autre personnel pédagogique ainsi que la formation des fonctionnaires, des responsables de l'application des lois et du personnel militaire »[65].

Professionnalisation des professeurs et des éducateurs

Le niveau de qualification des éducateurs constitue un facteur important dans la qualité et dans l'efficacité interne des systèmes

---

[65] UNESCO, Programme mondial en faveur de l'éducation aux droits de l'homme: deuxième phase, plan d'action, 2014

d'enseignement supérieur. Les politiques éducatives ne dépendent pas seulement de l'allocation interne des ressources, mais leur survie dépend de la capacité des acteurs nationaux à concevoir une politique du développement basée sur les DH.

Mais comment définir une profession ? On peut la décrire comme « une pratique complexe orientée vers une finalité et fondée sur une grande maîtrise d'un ensemble évolutif de savoirs et de compétences spécialisées de haut niveau[66] ». Celle-ci s'apprennent au cours d'une longue formation initiale et par la formation continue.

La formation est souvent conçue soit comme une professionnalité technique et scientifique, soit comme l'exercice d'un art qui implique le respect d'un ethos de responsabilité individuelle ; elle suppose une attitude réflexive, auto-évaluative et autocorrective, et un savoir spécialisé qui s'acquiert en principe à l'Université. La professionnalité s'apprend et se manifeste en particulier par l'association du couple autonomie - responsabilité ; par la capacité de rendre compte de ses actes et par l'attitude autorégulatrice »[67].

La notion de professionnalisation traduit quatre processus, à savoir :

- La professionnalisation d'une pratique, c'est-à-dire le processus par lequel une pratique se construit en une profession.
- La formation de professionnels à la hauteur des standards et socialisés à la culture de la profession ;
- les transformations qu'une institution de formation opère sur elle-même pour ajuster ses contenus, ses pratiques et ses parcours de formation[68].

---

[66] Hutmacher, W., « L'Université et les enjeux de la professionnalisation », dans *Politiques d'éducation et de formation*, AFEC, n°2/2001, De Boeck Université, Bruxelles, p. 32.
[67] *Ibidem*, p. 33.
[68] *Ibidem*, p. 33.

- La formation des professionnels ne peut pas reposer seulement sur l'acquisition des connaissances spécialisées qui visent avant tout à renforcer les apprentissages intellectuels. Il ne s'agit pas de *'former pour former'* mais de concevoir une formation capable de conjuguer la préparation scientifique avec la recherche de la vérité, le témoignage des valeurs et la connaissance du milieu culturel.

Former des cadres signifie professionnaliser des individus à des pratiques complexes, en alternant théorie et pratiques, avec un focus sur leur responsabilité et une réflexion sur les expériences faites[69].

Mais avec quel degré de professionnalité l'Université assure-t-elle une formation aux DH? Avec quelle représentation de la profession et des finalités de la formation, avec quels modèles de processus et de pratiques et avec quelle culture de l'apprentissage, quelle définition des rôles ? Il est urgent de développer une véritable pédagogie universitaire capable non seulement d'aborder la diversité et l'hétérogénéité des étudiants mais aussi capable de repositionner l'Université par rapport à une société du savoir sous l'angle des valeurs, de la construction du sens et de celle des citoyennetés.

Á l'Université, très souvent, il y a trop d'enseignement et pas assez d'apprentissage, et pour cela, l'enseignant est obligé de se repositionner pour aider l'étudiant à construire sa connaissance. Le rôle de l'enseignant est surtout de renforcer sa mission éducative axée sur les droits de l'homme pour transmettre une vision à long terme en vue de l'épanouissement de chaque homme dans toutes ses composantes, et de leur contribution au développement des personnes et des sociétés.

Il s'agit d'une éducation qui exige de la part de l'Université une gouvernance démocratique, qui se traduit dans des formes de partenariat

---

[69] *Ibidem*, p. 44.

avec des acteurs publics, privés et la société civile constituant une communauté éducative.

2. Los fundamentos éticos de los derechos humanos

Los derechos humanos son uno de los pilares que las personas y los pueblos tienen en común, a los que todos hacen referencia más allá de las particularidades culturales[70]. Después de la Declaración Universal de 1948 es cierto que se han observado de un lado la multiplicación de textos internacionales, las Declaraciones, las Recomendaciones y los Protocolos de parte de la comunidad internacional, pero del otro lado han aumentado las violaciones cotidianas que al volverse casi habituales, frecuentemente provocan que los Derechos corran el riesgo de convertirse en una etiqueta que se cita en los discursos y congresos, pero siempre más carentes de coherencia y efectividad.

Si se reflexiona al respecto, se encuentra una cierta fragilidad que encuentra sus raíces en la ausencia de un acuerdo sobre los principios y valores universales. Esto porque la reflexión filosófica sobre el cuerpo de los derechos humanos no siempre ha acompañado la aplicación de los mismos de manera continua; esta se acentúa, sobre todo, cuando las violaciones a los derechos se multiplican en la sociedad y la persona víctima de múltiples violaciones se encuentra en dificultad sin tutela y protección jurídica.

Tomando en cuenta lo anterior, una profundización sobre sus fundamentos y sobre los mecanismos para la garantía y la práctica de los derechos humanos, parece hoy prioritaria y urgente. Hacer referencia a la

---

[70] Informe presentado en la Entrevista internacional "Derechos del hombre y ética de la cooperación internacional" organizada por la Dirección Municipal de Cultura – Baracoa et Comisiòn Nacional Cubana de la UNESCO, Baracoa, 2014.

ética de los derechos humanos no significa solamente aclarar que se entiende por ética; no es suficiente una descripción, se necesita profundizar, porque el lenguaje de los derechos humanos necesita siempre una profundización y una interpretación. A través de esta interpretación se puede observar hasta qué punto los derechos se pueden convertir o aspirar a convertirse en una ética universal para cada persona, capaz de modificar los comportamientos individuales y colectivos.

Los derechos humanos se inspiran en los derechos fundamentales de cada ética y de cada política que sea equitativa y democrática, más se puede hablar en sentido estricto de la existencia de una ética y una política cuando se aplica a las decisiones, y se introduce en el ámbito de las reglas, obligaciones y fines que estructuran la vida personal y social.

Afirmar que la dignidad debe ser respetada, que la libertad es inviolable, que todas las personas tienen los mismos derechos no dice nada sobre el modo en que debemos comportarnos cotidianamente en situaciones particulares, ni dice mucho sobre el valor de las acciones de cada uno.

Los derechos no son solamente una lista o un catálogo de valores universales, son también una concretización de la vida ético-política a partir del modo en que se hace una decisión, se identifica y persigue un fin, se comprenden las reglas y se aplican los criterios de juicio practico.

En este sentido los derechos se presentan como una concepción general de la ética, que no se limita a legitimar el pluralismo de las posiciones que las personas asumen sin hacerse interpelar de los principios éticos, sino que por el contrario, la concepción ética intenta cuestionar y cambiar el modo de cómo se confrontan la diversidad cultural y las diferentes concepciones morales y políticas.

Los derechos humanos constituyen el conjunto de las interpretaciones que aplican los principios, una especie de gramática y de práctica social que guía las decisiones de las personas.

En principio la ética

La etimología no provee ninguna distinción entre ética y moral. La distinción más común consiste en entender la ética como una reflexión crítica sobre la moral. "Las dos nos remiten a la idea intuitiva de la *costumbre*, con la doble connotación que trataremos de descomponer, por una parte de aquello que se entiende como bueno y por otra aquello que se impone como obligatorio. Es por ello que por conveniencia utilizare el término ética para referirme a la ambición del ser a una vida plena y a la moral entendida como la articulación de esta ambición en unas normas caracterizadas por una pretensión de universalidad como de un efecto constrictivo. Reconoceremos fácilmente, entre ambición y normas, la oposición de dos herencias una herencia Aristotélica, donde la ética se caracteriza de una concepción teleológica y una herencia Kantiana donde la moral es definida del carácter obligatorio de la norma, por lo tanto de un punto de vista deontológico" [71].

El campo de la ética para Ricoeur es aquel del cuestionamiento, de la deliberación sobre aquello que es oportuno hacer, sobre aquello que cada uno considera que es justo, sobre el sentido de las acciones; en otras palabras la ética dirige el comportamiento y la conducta de cada uno de nosotros partiendo de principios y valores [72].

Entre la concepción que entiende los derechos como fines y aquella que los entiende como poder y como medios se encuentra, según Bobbio el paso "de la consideración de la persona abstracta a una persona real que vive diferentes fases de su vida" [73].

La ética es la filosofía del ser, es "un recuento de la diversidad y una búsqueda de la coherencia entre las diferentes racionalidades que forman el saber humano. Ella es fe en el hombre y en su razón, por lo tanto,

---

[71] Meyer-Bisch, P. Théorie de la justice, Département d'économie DSS, IIEDH, Fribourg, 2008.

[72] Ricoeur, P., *Soi-même comme un autre*, 1990, Seuil, Paris, pp. 257-8 et p. 202.

[73] Bobbio N., *L'età dei diritti*, Einaudi, Torino, 1990, p. XVI.

método dialectico para construir más razón a partir de los hombres y las mujeres. [74]" No somos iguales independientemente de las situaciones y de los contextos de vida, somos iguales gracias a estas diversidades.

Tres son los polos de la ética: El polo YO, polo TU y el polo I:

> *El polo yo* toma la iniciativa, da el sentido a su acción y esto implica la libertad de la persona y la estima de sí mismo.

> *El polo tú* corresponde al descubrimiento de un igual, y al reconocimiento de su libertad. Es el polo de la responsabilidad, del respeto y de la reciprocidad.

> *El polo I* corresponde al polo de las instituciones, de las reglas que cada uno encuentra en su vida social[75].

La ética según Levinas, es esencialmente el cuestionamiento del Mi Mismo, el cuestionamiento de mi apropiación del mundo que significa "deber responder al propio derecho de ser, no como referencia a la abstracción de una ley anónima oalguna entidad jurídica, sino en el pensar en el bienestar de los demás"[76].

Adoptar la ética en el comportamiento es responder al propio derecho de ser delante a un rostro y a través de ello asumir que tengo conciencia de liberar en mi aquello que estaba inhibido, rechazado, impedido. La ética consiste esencialmente en ponerse en el lugar del otro, que quiere decir que es cercanía y responsabilidad por el otro.

La ética de la integración social es aquella que orienta el comportamiento de las personas hacia un objetivo de valores y de vida buena, "Aquello que Ricoeur llama perseguir un vida buena con y para los otros

---

[74] Meyer-Bisch, P., L'effectivité des droits économiques, sociaux et culturels: principe d'une coopération éthique, document de travail, p.2, mai 2005.

[75] Belarbi, A., Éthique et système éducatif, in AA.VV., *L'éthique à l'Université marocaine, Actes du colloque internationale*, Rabat, 2012, p. 51

[76]Derrida, J. « Violence et métaphysique. Essai sur la pensée d'Emmanuel Levinas », in *L'Ecriture et la différence*, Éd. du Seuil, Paris, 1967, p. 45.

dentro de instituciones justas"[77]. El primer término, "la vida buena", comprende la dimensión personal de la ética; el segundo término la dimensión interpersonal y el tercero la dimensión institucional. "Ricoeur integraba lo político en su definición de ética y representaba la ética y lo político no tanto como dos círculos concéntricos sino intersectados: aunque si una parte de la ética no es política y una parte de lo político no es ética, el corazón de la ética es político"[78].

La ética puede ser considerada como el principio básico a partir del cual se formula una respuesta al derecho, a las necesidades y a las expectativas del otro con el fin de que cada uno pueda actuar en libertad. "Se trata de una ética que se cobija con el rico tejido social de una comunidad y responde... a las necesidades de orientación de las decisiones personales delos individuos en sus propias vidas"[79].

Se puede considerar la ética de los derechos humanos una *ética en movimiento*, porque está a la búsqueda de una respuesta adecuada a la realización de la persona, o sea una ética centrada en la subjetividad y sobre el valor de la persona en toda la riqueza de su desarrollo y en interacción con las otras personas y la comunidad. El Otro es necesario a la identidad de cada uno de nosotros. La ética de los derechos humanos es también una *ética pública*, porque de un lado es llamada a gestionar la sociedad del pluralismo con todas sus organizaciones y sus actores, y del otro lado tiene la necesidad de tener criterios de juicio, que le permiten dotarse de reglas para la realización de la democracia partiendo de la efectividad de los derechos humanos. Esta ética pública nos impulsa a estar presentes en el mundo con y entre los otros; un mundo que no se

---

[77]Borghi, M., Meyer-Bisch, P., *Société civile et indivisibilité des droits de l'homme*, Éditions universitaires Fribourg, Suisse, 2000, p. 238.

[78]Rognon F., Les libertés et les lois sécuritaires, www.protestannts.org/index.php?id=33073, p. 2

[79]Giroux, G. ; Cullen, C. A. (Dir.), *Éthique et politique contemporaines*, Éd. Fides, Québec, 2001, p. 69.

limita solamente al ambiente y al territorio sino un mundo donde se pueda habitar, construir y nutrir las relaciones con todos los demás.

"Habitar es ser capaz de repensar"el espacio íntimo" (chez soi) – "un espacio"(chez soi) que no existe verdaderamente hasta que el otro no ha podido acogerlo- o sea la capacidad de modificar, sin aniquilar, el propio espacio de intimidad" [80].

Las diferentes facetas de la ética

El derecho ético fundamental estará siempre ligado a la noción de persona. "La persona no es la individualidad distinta del colectivo, ni una subjetividad capaz de sentimiento moral es… a partir de la reflexión Kantiana, un fin en sí misma. En este sentido la persona es la singularidad más que la individualidad: encuentra su lugar dentro de la comunidad" [81].

El primer artículo de la Declaración universal de los derechos humanos cita: *"Todos los seres humanos nacen libres e iguales en dignidad y derechos y, dotados como están de razón y conciencia, deben comportarse fraternalmente los unos con los otros"*. Este artículo reconoce "la condición del hombre entre lo concreto y el deber y la tarea continua de los derechos humanos de intentar acercar el relativo del orden y el absoluto de la exigencia, hasta la inaccesible fraternidad" [82].

La ética es reforzada por los derechos humanos porque ellos se dirigen al respeto de la dignidad humana: Es a través de la dignidad humana

---

[80]Vincent, Gilbert., Habiter le monde: cultures et métaphores, *Partition des cultures, droits culturels et droits de l'homme*, Presses Universitaires de Strasbourg, p. 45.

[81]Moreau, D., Le droit à l'éducation: un enjeu fondamental de l'éthique appliquée de la communication, dans Pilon M.-Martin J.Y., Carry A., (sous la direction de), Le droit à l'éducation: Quelle universalité, Éd. des archives contemporaines, Paris, 2010, p. 40.

[82]Hersch, J., Les droits de l'homme du point de vue philosophique, in : Fernandez A. (Dir.), *Le dû à tout homme*, Dictus Publ., 2014, p. 22.

que el encuentro entre derecho y ética se realiza. La dignidad es el primer aspecto de la ética, ella es un don y una tarea, un presupuesto que ordena el respeto de los derechos humanos y es también un deber y una batalla porque para tenerla se necesita siempre luchar, ella se convierte en honor, investidura que se consigue si se ganas, pero que se puede perder.

"La dignidad es el reflejo de la estima de sí mismo visible en la mirada del otro: La dignidad es valor, imagen del ser, el índice que cada uno se atribuye cuando se confronta con los valores dominantes, con las imágenes gratificantes y con los referentes útiles que la sociedad transmite cuando acoge al ser humano"[83].

En otras palabras, la dignidad pertenece a todos aquellos que aceptan reconocerla, y reconocerla significa creer en la humanidad y percibirla o entenderla como un lugar habitado por el Otro y por los otros. Existen tres niveles de la dignidad conectados entre sí: "la dignidad ontológica ligada a la pertenencia del orden humano, la dignidad subjetiva percibida, fenomenológica y al final la dignidad objetiva desarrollada en lo vivido que dibuja la perspectiva ética.[84]"

La dignidad ontológica es la piedra angular de la vida de cada uno de nosotros, es un bien compartido de toda la familia humana, un bien personal, ella no es una mercancía, es un rostro y es en cuanto a tal un bien común. Es un rostro que según Levinas: se convierte en el nombre propio del ser humano. Un ser delante del cual la ética nos provoca y nos invita a observarlo en sus condiciones concretas para descubrir la dignidad reservada a él, si él está sin refugio, si es frágil, si vive fuera de la comunidad y corre el riesgo de perder el sentido de la vida. La actitud ética nos debe cuestionar cuando estamos de frente a estas situaciones, cuando delante de nosotros en nuestro barrio hay pobres que son los

---

[83]Thiel, M-Jo, *Au nom de la dignité de l'être humain*, Bayard, 2013, p. 32.
[84]Ibidem, p. 95.

testigos de los males sociales, de la marginalidad continua en la cual son obligados a vivir.

Otro aspecto de la ética de los derechos humanos es la responsabilidad de responder de sí mismo, de responder por la propia conducta, de rendir cuentas delante a la propia conciencia. Una responsabilidad individual y personal, del "foro interno", pero también una responsabilidad ciudadana que se coloca en la interfaz de la persona y de la sociedad.

Ser responsable significa asumir las consecuencias de las propias acciones, de las propias afirmaciones, de los propios gestos y de las propias elecciones; expresa por lo tanto una fuerte carga ética de la persona de frente a aquellos que le son confiados, de aquellos a los cuales se dirige y frente aquellos a los cuales explica su papel.

La ética de la educación

La ética del educador se puede definir como una ética de la responsabilidad, una ética del ser solicito en función de los niños que deben adquirir la libertad y el gusto por el conocimiento y el saber. Una responsabilidad que va a la raíz de la persona para ver la relación entre la persona y lo que hace, entre la persona y el tejido social al cual pertenece, su papel como actor que traspasa su responsabilidad a las generaciones futuras, hacia los Otros, con las maneras de explicarla.

La vida no comienza de sí mismo sino de los demás, en consecuencia, para defender los propios derechos se necesita comenzar por defender los derechos de los demás. Porque nosotros no podemos pretender tener derechos inalienables, porque estos derechos no serán reconocidos a todos los hombres[85]. Comenzar de los Otros significa pensar en las generaciones futuras y preparar para ellas instituciones que funcionen, un tejido social en el cual cada uno pueda tener vínculos estables y encontrar valores que funden el respeto de los derechos humanos.

---

[85]Levinas, E., « La justice bien ordonnée commence par autrui », *Totalité et infini*, Éd. Biblio Essais, 1990, p. 44.

El acceso a la educación define el carácter fundamental de la ética que es la inviolabilidad de la persona porque el acceso al saber y el conocimiento hace independiente a la persona y le permite hacer juicios, de adquirir una capacidad de acción "de vivir tomando en cuenta aquello que hace presente nuestra naturaleza humana, a conocer los problemas de nosotros mismos que incluyen los problemas del Otro y los problemas del mundo.[86]La educación nos da la posibilidad de interpretar, de comprender, de tener un pensamiento autónomo, de resolver los problemas y de tener nuevas perspectivas. La ética aplicada a la educación nos permite de "pensar la ética con las personas y no para las personas, se trata de suscitar y estimular la co-elaboración de sentido" ..."es una hermenéutica, o sea una iluminación recíproca de nuestra meditación sobre la excelencia en humanidad...y por lo tanto una hermenéutica del juicio moral, una dialéctica de la decisión particular".

Al concepto de la inviolabilidad de la persona están conectados una serie de derechos éticos fundamentales que si son violados se niega la identidad personal de cada uno. Un derecho fundamental no puede ser violado porque los "derechos fundamentales no son neutros per el agente moral: no son abstractos para la persona. El derecho dice aquello que no debemos hacer a los otros y además aquello que debemos impedir que le suceda" [87].

La educación ofrece la capacidad de vivir la relación como oportunidad de desarrollo personal y social, y de ver a las personas como recurso la una para la otra. Entender el principio ético que funda la educación significa "vivir teniendo en cuenta aquello que marca nuestra presencia humana, conocer el problema de nosotros mismos, que incluye el problema del otro y el problema del mundo".

Educar es favorecer la afirmación de una persona, emancipar valorando el pasado, la historia y la memoria, para valorizar las raíces y

---

[86]Moreau, D., *Le droit à l'éducation*, op, cit., p. 46.
[87]Moreau, D., *Le droit à l'éducation*, op. cit., p. 41.

aprovechar aquello que se ha hecho para nosotros. Educar es también interpretar la realidad y comprenderla gracias a aquello que hemos aprendido de quienes nos han precedido, para encontrar nuevas respuestas; educar es transmitir el saber, aprender a colaborar y a ser autónomo; se trata de un proceso continuo que nos debe "enseñar a dudar, a cuestionarnos y a aprovechar oportunamente las ocasiones con el fin de descubrir nuevos caminos".

La igualdad de los derechos no es la igualdad de oportunidades

Hannah Arendt considera "la educación como el lugar y el tiempo que preservan lo antiguo y lo nuevo en el devenir de la humanidad". Para Jonas "la memoria es dimensión de una responsabilidad del espíritu humano, de una educación a la ética del futuro".[88] Se trata de una ética que realiza y pone en práctica la igualdad de los derechos para todos, que no se debe confundir con la igualdad de las posibilidades "que es perfectamente compatible con la ideología ultra liberal de la competencia de todos contra todos, con su sistema de vencedores y vencidos donde, como dice A. Jaquard, *los vencedores son los fabricantes de los perdedores*. Esta concepción es testimonio del hecho que los incluidos son los fabricantes de los excluidos, que es totalmente incompatible con el ethos de la igualdad y de la dignidad de cada uno" [89].

La ética de la educación nos da la tarea de "educar en profundidad", de preparar personas sólidas, con una orientación clara, capaces de asumir diferentes roles personales y sociales para formar una comunidad de iguales que valorice las diversidades sin cancelarlas. El nervio de la educación es la educación del pensamiento porque es a través del pensamiento que nosotros nos nutrimos de ciertas ideas y de ciertos principios, que nosotros formamos deseos y proyectos; es a partir de nuestros pensamientos que nosotros orientamos nuestra conducta y nuestro com-

---

[88]Jonas, H., *Pour une éthique du futur*, Paris, le Seuil, 1993.
[89]Belarbi, A., *Éthique et système éducatif*, op. cit, p. 61.

portamiento, que nosotros desarrollamos nuestras costumbres, nuestras capacidades, nuestras libertades. La educación del pensamiento es base del respeto del derecho de los demás.

"El derecho a una educación "adecuada" es un derecho que da acceso al ejercicio de la libertad y de la responsabilidad; es una manera lógica de definir la cualidad de la educación en el ámbito del conjunto indivisible e interdependiente de los derechos humanos. La calidad de la educación puede ser así comprendida de un modo universal, relativo a la realización de cada derecho humano respetando la diversidad cultural, (las libertades fundamentales son idénticas, más se desenvuelven de manera diferente según el contexto cultural)".

Interrogarse sobre el derecho a la educación no es solamente un asunto de practica sino "es también y sobre todo detenerse de frente al panorama, un detenerse en sí mismo y sus relaciones con los demás. Es también un acuerdo sobre un proyecto de sociedad y por lo tanto un proyecto educativo… que más que todo interroga al político y los valores que están subyacentes a una sociedad. No son las buenas acciones las que validan la actividad, sino por el contrario un acuerdo ontológico formulado democráticamente y renovado democráticamente".

Partiendo del rol y del valor de la educación podemos, por lo tanto tener:

- Una *ética de la convicción*, que puede ser transmitida a través de la educación, según la concepción de Kant, "Obra solo de forma que puedas desear que la máxima de tu acción, pueda tornarse, por tu voluntad, en ley universal".
- Una *ética de responsabilidad*. Según Max Weber, "Para alcanzar los fines buenos estamos obligados a contar con la posibilidad o con la eventualidad de consecuencias nefastas. Debemos responder a las consecuencias de nuestras acciones[90].

---

[90] Weber, Max, *Le savant et le politique*, 1959. El-Ayachi, Bencheikh, *La contribution du contrôle de gestion à la promotion de l'éthique à l'université maro-*

- Una *ética de la discusión*. Según la concepción de Habermas "Únicamente pueden aspirar a la validez aquellas normas que consiguen (o pueden conseguir) la aprobación de todos los participantes en cuanto participantes de un discurso práctico[91].

Se trata de un triángulo necesario para organizar nuestras sociedades y la vida de todos los actores públicos, privados y civiles.

3. Le droit à l'éducation : principes et défis

Selon la Déclaration Universelle de 1948, les droits de l'homme sont universels, interdépendants et indivisibles. Mais, en dépit de cette affirmation, il y a plusieurs obstacles qui menacent leur interdépendance et indivisibilité pour différentes raisons[92]. Certains pays, par exemple, ont tendance a revendiqué les droits civils et politiques plutôt que les droits économiques, sociaux et culturels ; d'autres pays préfèrent le contraire ; d'autres pays encore soulignent la primauté de la communauté sur l'individu, en niant les droits individuels etc.

Même si les États, en principe, acceptent les droits de l'homme, la réalisation concrète de ces droits est parfois assez faible parce qu'elle dépend des lois en vigueur, des situations politiques, des programmes et des ressources. En effet, elle se réalise s'il y a la volonté et l'engagement des personnes, des planificateurs, des administrateurs et des fonctionnaires, et de la société civile (associations, ONG, syndicats) qui doivent participer pleinement au processus de mise en place de ces droits.

S'engager dans cette perspective, signifie tisser entre les acteurs publics, privés et civils un dialogue constructif basé sur le respect mutuel,

---

caine, In : *L'éthique à l'Université Marocaine : Actes du colloque international* Université Mohammed V-Souissi, 2012, p. 294.

[91]Habermas, Jürgen., *Morale et communication*, in Ibidem p. 294.

[92] Communication présentée au colloque "La promotion des droits de l'homme, gage d'un développement durable" à l'Université de Kananga, (RDC), 2013.

sur la reconnaissance réciproque de leur rôle et sur le service commun à l'égard de l'homme.

Reconnaître l'indivisibilité des droits est un défi qui implique la force du sujet qui doit être « sujet de droits dans une triple dimension : civile et politique (égalité, liberté, participation) ; économique et sociale (justice sociale, égalité d'opportunités) ; communicative et culturelle (exercice du droit à la diversité, le respect de la diversité, la lutte contre toutes les formes de discrimination, mais aussi la reconnaissance universelle de la capacité discursive et communicative d'autrui) »[93].

Selon le *Document de Bergame* :

> tous les droits de l'homme sont des « facteurs de développement » puisqu'ils garantissent « des accès, dégagent des libertés et renforcent des responsabilités. Mais parmi ces droits, les droits culturels sont, dans l'ensemble indivisible, des leviers particulièrement importants car ils permettent de prendre appui sur les richesses et savoirs acquis. Ce sont les droits qui autorisent chaque personne, seule ou en commun, à développer ses capacités; ils permettent à chacun de puiser dans les ressources culturelles comme dans la première richesse sociale; ils constituent la matière et le lieu de la communication avec autrui, avec soi-même, par les œuvres. Le non-respect de ces droits prive les individus de l'accès aux ressources appropriées et les empêche de s'organiser selon des structures et institutions démocratiques propres et autonomes »[94].

Les droits culturels se trouvent au centre de toutes les activités personnelles, sociales et politiques et parmi les droits culturels, le droit à

---

[93] Borghi, M., Meyer-Bisch, P. 2000, Société civile et indivisibilité des droits de l'homme, Editions universitaires, Fribourg, pp. 232-233.
[94] Principes d'éthique de la coopération internationale évaluée selon les droits de l'homme, op. cit., p. 5.

l'éducation est le pivot de tous les droits de l'homme parce que c'est l'éducation qui donne à chacun la possibilité de bâtir son propre développement. Là où ce droit est garanti, les individus peuvent accéder aux autres droits plus facilement et en jouir et l'inégalité des chances est moins grande[95].

L'éducation se situe à l'interface entre la culture et le développement : l'impact des dépenses de l'éducation sur le développement influencent aussi les relations entre la formation et la productivité agricole, très importante pour les populations rurales. Selon Amartya Sen, il y a développement lorsque les individus peuvent réaliser ce qui donne un sens à leur vie[96].

Mais de quel droit s'agit-il exactement ? Le droit à l'éducation, est le droit d'apprendre quoi ? De comprendre quoi ? D'accéder à quoi ? De maîtriser quoi ?

L'échelle des objectifs est très longue et articulée. On peut remarquer dans l'Article 13 du Pacte International relatif aux droits économiques, sociaux et culturels entré en vigueur en 1976: « le plein épanouissement de la personne humaine et du sens de sa dignité (idéal personnel) ; renforcer le respect des droits de l'homme (idéal politique) ; jouer un rôle utile (objectifs social et économique, pratique personnelle) ; dans une société libre (objectif politique ; favoriser la compréhension, la tolérance et l'amitié entre toutes les nations (idéal universel) ».

La « *Charte africaine des droits de l'homme et des peuples* » adoptée en 1981 au Kenya, à l'art. 22.1, précise que : « Tous les peuples ont droit à leur développement économique, social et culturel, dans le strict respect de leur liberté et de leur identité, et à la jouissance égale du pa-

---

[95] Tomasevski, K., Our Unpaid debt to the world's children: the universal right to education, Note préliminaire, EFA Global Monitoring Report 2002.

[96] Sen, A., (1999), *Development as Freedom*, New York, Knopf Press, 1999, p. 75.

trimoine commun de l'humanité ». Ici le droit culturel est réservé aux peuples, parce que la vision de l'homme qui se dégage est celle de l'homme tissé des solidarités familiales, sociales, nationales et mondiales, d'un homme créateur avec d'autres de son avenir, sans pour autant oublier les valeurs positives de sa tradition. Donc « l'homme ne devient homme que parmi les autres. Tout acte culturel traduit une relation d'appartenance des personnes à un réseau de relations, autrement dit une identité »[97].

Dans son article 17, la Charte prévoit que « Toute personne a droit à l'éducation » et que la « promotion et la protection de la morale et des valeurs traditionnelles reconnues par la Communauté constituent un devoir pour l'État ». Ce qui est tout à fait louable est que dans l'article 62 chaque État s'engage à présenter périodiquement un rapport sur la manière dont il donne effet aux droits contenus dans la Charte.

Plus que jamais, il est urgent aujourd'hui de revenir sur le concept de *droit à l'éducation* et de s'interroger sur les concepts, des différents acteurs, et « sur la manière dont se combinent accès à l'éducation et systèmes de valeurs, en particulier autour des questions de l'égalité, de l'équité, de la non-discrimination et de la liberté de choix »[98]. Le droit à l'éducation a une légitimité éthique qui se rattache au concept de personne. Sujet du droit est la personne humaine qui peut être définie par catégories selon l'âge, la formation et il s'étend à tous ceux qui ont des besoins éducatifs qui devraient être satisfaits. Il est donc un droit transversal, c'est-à-dire un droit civil, politique, économique, social et culturel et, en tant que tel, il est plus qu'un simple droit d'accès à l'école parce que il « touche la capacité du sujet à lier ensemble les différentes composantes de son identité, notamment à faire les liens entre son indi-

---

[97] Borghi, M., Meyer-Bisch, P., 2001a, *La pierre angulaire. Le flou crucial des droits culturels*, Éditions Universitaires de Fribourg, Fribourg, p. 326.
[98] Pilon, M., Martin, J.Y., Carry, A., *Le droit à l'éducation : quelle universalité?* Éditions des archives contemporaines, Paris, 2010, p. 9.

vidualité et les communautés auxquelles il se reconnaît appartenir et la mise en œuvre du droit à l'éducation « suppose une réflexion sur les finalités et les moyens qui prennent en compte les résultats des politiques suivies en la matière »[99].

À partir de ces constats l'éducation ne peut jamais être un facteur d'exclusion sociale ; elle doit plutôt « s'adapter aux aspirations de ses destinataires et respecter le pluralisme sous toutes ses formes (juridique, culturel, linguistique, religieux, ethnique…), adaptation et respect sans lesquels la cohésion sociale est sacrifiée entre le marteau de l'échec scolaire et l'enclume de la violence et des dérives individuelles »[100].

L'école a une grande responsabilité dans l'accès aux pratiques culturelles et dans l'extension du domaine culturel pour lutter contre la discrimination, le manque de participation et pour promouvoir une relation très étroite entre la pratique culturelle, la démocratie et la cohésion sociale[101]. Il incombe aux gouvernements et à la société civile de fournir des services d'enseignement tout en protégeant le droit à l'éducation contre les effets polarisants du marché qui, très souvent, peut provoquer l'exclusion des groupes défavorisés.

Diversité culturelle

A ce propos, il faut citer la Déclaration universelle de l'Unesco sur la diversité culturelle, adoptée le 3 novembre 2001[102] qui se rattache à la Déclaration des droits de l'homme, aux Pactes relatifs aux droits civils et politiques et aux droits économiques, sociaux et culturels afin :

---

[99] Borghi, M., Meyer-Bisch, P., 2001a, *La pierre angulaire*, op. cit., p. 326.

[100] Cisse A b, (2002), *Droit et éducation au 21ème siècle*, Forum africain des Parlementaires pour l'éducation, Dakar, p. 61.

[101] Borghi M.-Meyer-Bisch P., 2001b, *La pierre angulaire*, p. 334, 298.

[102] UNESCO (2001), Lignes essentielles d'un Plan d'action pour la mise en œuvre de la Déclaration de l'UNESCO sur la diversité culturelle, n. 6, 7, 8.

- « d'encourager la diversité linguistique – dans le respect de la langue maternelle – à tous les niveaux de l'éducation, partout où c'est possible, et stimuler l'apprentissage du pluralisme dès le plus jeune âge ;

- de susciter, à travers l'éducation, une prise de conscience de la valeur positive de la diversité culturelle et améliorer à cet effet tant la formulation des programmes scolaires que la formation des enseignants ;

- d'incorporer dans le processus éducatif, si besoin est, des approches pédagogiques traditionnelles, afin de préserver et d'optimiser des méthodes culturellement appropriées pour la communication et la transmission du savoir ».

Nous sommes tous confrontés à ce défi : celui de concrétiser les engagements officiels que chaque institution et chaque personne sont appelées à respecter parce que leur réalisation repose avant tout entre nos mains.

Chaque personne peut devenir 'sujet' des droits si l'éducation apprend aux personnes à penser, à encourager la réflexion sur la responsabilité envers soi et envers autrui. Pour réaliser ses objectifs il est nécessaire que l'éducation s'ouvre à la diversité des publics ; elle est une fin en soi et elle exige que l'on s'attache à la substance de ce qui est enseigné en tenant compte de la dialectique complexe de la diversité culturelle et de l'universalité, le respect de l'identité culturelle et des droits de l'homme. Et à ce propos la question n'est pas de savoir s'il est plus utile d'enseigner les valeurs culturelles ou les valeurs universelles, ou bien une langue locale ou une langue étrangère. Il faudrait abandonner une conceptualisation binaire du ou/ou sur l'ontologie et la méthodologie en matière d'éducation, et être en mesure d'envisager une approche holistique, capable de regrouper les valeurs régionales, locaux et les valeurs universelles[103].

Il est donc très utile de s'inspirer d'une approche éthique de l'éducation qui intègre le respect pour l'altérité et la volonté de chercher des solutions ensemble. C'est par l'éducation que les enfants acquièrent des repères pour appréhender le monde moderne, tout en conciliant les valeurs traditionnelles positives et l'héritage du patrimoine commun de l'humanité[104].

Un nouveau paradigme

L'éducation ainsi conçue change donc son paradigme, et répondre aux besoins éducatifs fondamentaux de tous ne peut pas se réduire à réinvestir dans l'éducation fondamentale telle qu'elle existe actuellement.

Une vision plus large s'impose qui constitue un pas en avant dans la construction d'une nouvelle politique éducative qui permet de :

- « prendre conscience que tous, enfants, jeunes et adultes, ont des besoins éducatifs qui doivent être satisfaits, soulignant l'importance de la dimension intergénérationnelle des savoirs et des apprentissages, et ouvrant de nouvelles voies d'articulation de l'éducation formelle, non formelle et informelle »….

- « repenser l'éducation du point de vue des besoins et de la demande (dans un domaine traditionnellement axé sur l'offre), ce qui permet de considérer les problèmes éducatifs et leurs solutions sous une nouvelle perspective »….

---

[103] Nations Unies (2001), Troisième conférence des Nations Unies sur les pays les moins avancés, Table ronde sur l'EPT, Bruxelles, 2001, p. 12.

[104] Prindezis, M., (1998), *Éduquer au droits de l'homme : contexte, problématiques et enjeux*, Cifedhop, Genève, 1998.

- « lier les processus éducatifs aux processus sociaux (école et vie, école et foyer, culture scolaire et culture sociale, programme scolaire et réalité locale, théorie et pratique), ce qui permet de construire des passerelles ou d'en avoir une vision différente »[105].

Il est clair que cette perspective implique un nouveau mode de pensée, de nouvelles logiques, un nouveau cadre conceptuel et opérationnel intégrant l'éducation et la politique, l'éducation et l'économie, l'éducation et la culture, l'éducation et la citoyenneté, la politique éducative et la politique sociale. C'est-à-dire qu'il s'agit d'une conception à la fois ascendante et descendante du changement éducatif.

Il s'agit d'une éducation qui permet de consolider la citoyenneté démocratique, et encourage la transversalité entre les domaines professionnels traditionnels, tels que l'éducation des adultes et la formation continue.

Mais tout le système éducatif risque d'échouer si les efforts éducatifs s'appuient sur des valeurs qui ne sont pas défendues, partagées et transmises par toute la société et pour cela une réforme de l'éducation peut marcher et obtenir des résultats si elle implique une évolution de la société toute entière. Volonté politique et consensus national deviennent alors un impératif et une stratégie auxquels les plans nationaux et régionaux doivent s'adapter.

Très souvent, l'éducation reflète tous les clivages sociaux et économiques qui vont au-delà des écoles et, pour cela, il est nécessaire de développer un nouveau sens de la relation entre éducation et politique parce que toutes les décisions qui sont prises en matière d'éducation ont leurs racines dans des secteurs autres que l'éducation et reflètent la dynamique politique et sociale du pays[106].

---

[105] Torres, R.M. (2000), « L'éducation pour tous : une peau de chagrin », in *Éducation des adultes et développement*, 2000, pp. 161-162.
[106] Bah-Lalya (2000), Dakar une vision pour tous, *Lettre de Norrag*, n° 8/2000, Genève, p. 12.

Universaliser l'éducation dans tous les pays, but fixé au Forum de Dakar, signifie réaliser le droit à l'éducation pour tous. Ce droit « est animé de bout en bout par une dialectique entre autonomisation et socialisation en ce sens qu'il doit assurer deux processus opposés aussi importants l'un que l'autre : l'autonomisation de l'individu apprenant à connaître et exercer ses libertés et sa socialisation, ou apprentissage de son insertion dans un milieu social »[107].

Il faut reconnaître que le droit à l'éducation se réfère à certains instruments normatifs internationaux et reflète certains principes tels que le principe d'accès universel à l'éducation, le principe de non-discrimination et le principe d'équité.

Les façons de réaliser ces objectifs sont très diversifiées, et cette diversification concerne toutes les personnes, même les moins qualifiées, les communautés marginalisées et les minorités ethniques et culturelles. Pour elles, non seulement il faut ouvrir les portes de l'école, mais il faut que les programmes répondent à leurs attentes grâce à des partenariats mis en place avec les représentants de ces communautés. Cette diversification consiste en une plus grande flexibilité, dans les modalités d'organisation des cours, dans les contenus, dans les méthodes et dans le suivi.

Jomtien et Dakar

Le cœur de ce droit *se situe dans l'éducation de base* qui recouvre « les besoins éducatifs fondamentaux dont chacun a besoin pour survivre et travailler dans la dignité, pour participer pleinement au développement, pour améliorer la qualité de son existence, pour prendre des décisions éclairées et pour continuer à apprendre[108]. »

---

[107] Meyer-Bisch, P. (2001), Le problème de l'effectivité du droit à l'éducation au sein des droits culturels, Document de travail, Ouagadougou, p.1.

[108] UNESCO, Unicef, Déclaration mondiale sur l'éducation pour tous, Jomtien, 1990.

En effet les objectifs établis par le Forum consultatif EPT et le Cadre de Dakar mettaient l'accent sur :

- l'accès universel et équitable à l'éducation

- l'élargissement de la vision des besoins éducatifs fondamentaux

- la mise en œuvre du droit par le renforcement des partenariats (art.7), la mise en place de politiques d'accompagnement (art.8), la mobilisation des ressources (art.9) la solidarité internationale (art.10).

Mais si on considère les objectifs retenus à Dakar et les 18 indicateurs choisis, regroupés en cinq catégories, on peut remarquer que l'approche utilisée est une approche trop linéaire et réductive par rapport au système d'éducation. Une approche qui est basée sur un modèle input-output et « aucun des 18 indicateurs ne tient réellement compte de la diversité culturelle et de la pluralité des acteurs… et la fixation des objectifs trop généraux a souvent pour conséquence l'échec des politiques mises en place[109]. »

Si au niveau de l'accès il y a eu un certain progrès, on n'a pas d'informations sur les besoins éducatifs fondamentaux qui varient d'un pays à l'autre selon l'histoire, la culture, l'organisation sociale etc. Et, en plus, il n'existe pas de données sur les résultats de l'apprentissage parce que sur les 18 indicateurs seulement ceux qui mesurent le taux d'alphabétisme donnent une certaine idée des acquis de l'apprentissage. Les indicateurs traditionnels du diagnostic en éducation tels que le taux d'alphabétisation, de réussite etc. sont utiles pour décrire le statut de l'EPT mais inadaptés pour mesurer l'amélioration et les progrès. « Ils ne racontent pas toute l'histoire du changement, pas plus qu'ils ne décrivent

---

[109] Liechti, V. (2001), Le droit à l'éducation : l'identification de ses connexions. L'exemple du droit au travail et la problématique du travail des enfants, Document de travail, Fribourg, 2001, p. 3.

les conditions dans lesquelles les différents pays ont effectué les progrès visibles dans les statistiques[110]. »

Il est nécessaire de réaffirmer que l'éducation est un droit pour tous les enfants, aussi pour les enfants sans papiers. Par conséquent, l'éducation scolaire est un devoir que toutes les personnes doivent respecter et sauvegarder et cela est surtout vrai pour l'école de base. « La concrétisation du droit à l'éducation est un processus continu. Les progrès peuvent être décrits comme deux cercles concentriques allant et s'élargissant, le premier montrant une extension progressive du droit à l'éducation et le deuxième une inclusion graduelle de ceux qui étaient auparavant exclus»[111]. Le droit doit être compris aussi comme engagement collectif d'une société à créer des conditions pour que chacun n'ait pas seulement un accès à l'école mais pour que les compétences acquises lui permettent sa pleine réalisation.

Le respect de la diversité de chacun favorise l'intégration et la socialisation entre les pairs par le biais de la confrontation quotidienne. L'attention à la diversité réduit les risques d'homologation et d'assimilation et l'attention à la personne aide l'école à reconnaître le contexte de vie de l'élève ainsi que ses contextes familiaux et sociaux. Cette perspective signifie assumer la diversité comme paradigme de l'identité de l'école et comme une occasion pour ouvrir le système à toutes les diversités. Une telle approche repose sur une conception dynamique de la culture, qui évite les stéréotypes ou « la folklorisassions ».

---

[110] Govinda, R., EPT (2000) : Évaluation des progrès depuis Jomtien. Problèmes et enjeux, *Lettre de Norrag,* n° 8, 2000, p. 61.

[111] Tomasevski, K. Rapport à la commission des droits de l'homme (E/CN.4/2003/9), p.14.

Éduquer à la liberté et à la responsabilité

L'éducation a le devoir d'assurer non seulement une transmission des savoirs mais surtout une transmission des valeurs tels que le respect des droits et de la liberté de chacun afin de former des consciences critiques qui comprennent que chacun de nous n'est pas seul mais il vit grâce et avec les autres. Le défis de l'éducation est de réussir à faire le lien entre la nécessité de chaque personne de se construire un savoir critique et d'appartenir à une communauté et à une société. Dans ce sens « l'éducation est donc ce principe qui fait la passerelle entre le savoir et le vouloir, entre la connaissance et la responsabilité[112]. »

S'interroger sur le droit à l'éducation n'est pas uniquement une affaire de pratiques mais « c'est aussi et surtout un arrêt sur image, un arrêt sur soi et sa relation aux autres. C'est aussi un accord sur un projet de société et donc un projet éducatif… qui interroge plus que jamais le politique et les valeurs qui sous-tendent une société. Ce ne sont pas les bonnes actions qui valident l'activité, mais au contraire un accord ontologique, démocratiquement formulé et démocratiquement renouvelé[113]. »

Chaque droit comporte une liberté et une responsabilité. On ne peut pas concevoir les libertés comme exclusivement individuelles : les libertés sont interconnectées entre elles et se renforcent mutuellement. Il n'y a pas de liberté politique sans des garanties sociales qui ont des implications concrètes sur l'habitat, la santé, l'alimentation, l'emploi et sur toute autre liberté garantie par les droits de l'homme. Il n'y a pas de liberté sans sécurité humaine qui vise à protéger doublement les personnes du danger et du besoin, afin de leur garantir la dignité, la liberté et les droits. « Il n'y a pas de développement sans sécurité, il n'y a pas

---

[112] Zermatten, J., Droit à l'éducation : solution à tous les problèmes ou problème sans solution ? Institut International des droits de l'enfant, Sion, 2005, p.10.

[113] M. Abdallah, Pretceille, Le droit à l'éducation entre pragmatisme et éthique, Institut International des droits de l'enfant, Sion, 2005, p.21.

de sécurité sans développement et il ne peut y avoir ni sécurité ni développement si les droits de l'homme ne sont pas respectés[114]. »

La liberté est un droit et la jouissance des libertés doit se faire dans le respect de l'ordre établi, dans la paix et contre toute forme de violence. Je ne suis pas libre contre quelqu'un mais je suis libre avec autrui et cette co-liberté est à la base du développement et de la démocratie comprise comme la réalisation de l'égalité dans l'exercice de la liberté.

L'éducation favorise l'autonomisation des individus et des groupes, autonomisation, définie comme l'accroissement de la capacité des individus à entraîner le changement. Elle fait porter l'accent sur la capacité des individus et des groupes à participer aux processus politiques et autres processus de développement, à les façonner et à en tirer des bénéfices au sein des ménages, des communautés et des pays[115].

L'éducation est la clé de la réalisation des autres droits de la personne, et elle est la condition préalable essentielle à l'égalité et à la dignité. Et, comme Nyerere nous l'a rappelé, « l'éducation n'est pas un moyen d'échapper à la pauvreté, elle est un moyen de la combattre ».

C'est donc une question de justice et tous les pays semblent être déterminés à traduire leur prise de conscience et leur intérêt parce qu'ils sont conscients que le manque d'éducation est synonyme de recul du progrès social. Il réduit les chances de l'individu de se développer et d'utiliser ses compétences et celles de la société, de mobiliser la population au service du développement et de la croissance

Une forte mobilisation des gouvernements en partenariat avec la société civile et les organisations internationales est nécessaire pour planifier, gérer les problèmes au moment où ils surgissent, pour utiliser efficacement les ressources parce que l'éducation pour tous est une responsabilité sociale et les politiques éducatives sont efficaces si elles devien

---

[114] Nations Unies, 2005, *Dans une liberté plus grande : développement, sécurité et respect des droits de l'homme pour tous*. Rapport du Secrétaire général, p.7.
[115] PNUD, 2010, Rapport sur le Développement Humain, p.21.

nent des politiques participatives. Cette approche s'appuie sur une démarche de recherche - action qui accompagne les acteurs dans l'analyse, la planification, la mise en œuvre de leur savoir et de leur capacité d'action.

4. Mémoire et identité. Identité comme droit de l'homme

Selon la *Déclaration de Fribourg* « Toute personne, aussi bien seule qu'en commun, a le droit de choisir et de voir respecter son identité culturelle dans la diversité de ses modes d'expression ; ce droit s'exerce dans la connexion notamment des libertés de pensée, de conscience, de religion, d'opinion et d'expression[116]. »

L'identité est un droit de l'homme et spécifiquement un droit culturel qui désigne la liberté d'accéder aux références culturelles comme à autant de ressources qui sont nécessaires au processus d'identification, de communication et de création de chaque personne.

Le droit à l'identité met en jeu et protège la dignité humaine. Et quand on parle de l'identité d'une personne on se réfère à une constellation de plusieurs identifications particulières qui caractérisent le tissu de la personne. Elle est une dialectique vivante du même et de l'autre où le sujet est d'autant plus lui-même qu'il est ouvert à l'autre. C'est dans cette « tension dynamique entre l'ouverture à l'autre et le retour à soi que réside le secret de la tentative d'intégration de tout l'humain dans l'étendue de son universalité et la richesse de sa particularité[117]. »

Le concept « d'identité culturelle » peut être défini comme l'ensemble des éléments d'une culture, à travers lesquels une personne ou

---

[116] Communication au Colloque International *"Laudato si'. Un défi pour surmonter la crise écologique et la crise de la pensée"*, Université Saint Paul, Takeo, 2015. Déclarer les droits culturels. Commentaire à la Déclaration de Fribourg, Fribourg, Suisse, 2007.

[117] Selim, Abou, *L'identité culturelle*, Éd. Anthropos, Paris, 1986, p.44.

un groupe se définit, s'identifie, se manifeste et souhaite être reconnu. L'identité relève du droit culturel de chacun d'accéder aux ressources nécessaires à son processus d'identification ; en tant que telle, elle représente un moyen de lier le sujet à autrui, d'exercer ses responsabilités vis-à-vis de soi et d'autrui. Autrement dit, « elle rend le sujet capable de puiser dans les œuvres en tant que ressources indispensables à son développement[118]. » Respecter les identités signifie prendre en considération les personnes, leurs espaces, leur vie, leur capacité à être à la fois auteurs et acteurs du développement compris dans toutes ses dimensions. Par contre, la violation de l'identité risque de provoquer chez l'individu une dépréciation de sa propre culture et de celle d'autrui, d'où la nécessité d'une coordination entre politiques éducatives, sociales et culturelles pour favoriser l'éducation de chaque personne au bien commun, au respect et à la valorisation des diverses cultures et identités.

Identité : source et ressource de la personne

L'identité attache la personne à ses racines et lui confère un ancrage solide qui conserve le patrimoine culturel dans lequel nous puisons tout ce qui donne sens à notre vie. Si on utilise l'image de l'arbre pour représenter l'identité, dans les racines on trouve tous les components essentiels de l'identité : les valeurs, les sentiments, les connaissances, la confiance, les croyances etc., dans la tige les capacités et les choix de chacun pour développer son projet de vie et dans les branches les fruits de ces capacités, c'est-à-dire les conditions qui assurent à chacun sa réalisation personnelle et sociale[119]. L'identité est un cliché « plein d'images de l'histoire qui retracent les pesanteurs d'hier, les volontés d'aujourd'hui et les promesses de demain[120]. »

---

[118] Meyer-Bisch, P. *Un changement de paradigme*, IIEDH, 2006, p. 12.

[119] Gandolfi, S., Rizzi, F., Diritti dell'uomo e cooperazione internazionale: l'etica della reciprocità, Sestante, Bergamo, 2013, pp. 66-67.

[120] AA.VV., L'homme inachevé, IUED, Genève, 1987, p. 46.

L'identité est, en même temps, un refuge qui nous protège contre les insécurités de la vie et une ouverture sur le futur et sur le social qui demande une adaptation aux réalités, un choix et une définition des priorités. Selon Berque, elle implique une dialectique du « changement et de permanence, de la rupture et de la continuité. Elle est une recherche pour changer tout en restant soi-même[121]. »

En tant que droit, l'identité est source et ressource, énergie qui se renouvelle toujours, qui s'exprime dans notre manière de vivre et d'agir et qui renouvelle notre vie et notre société. Et dans cette perspective elle témoigne de notre responsabilité sociale, responsabilité partagée entre tous à construire des sociétés nouvelles. Cette responsabilité sociale doit exister par rapport à sa propre société et par rapport aux autres parce que une *identité constructrice* ne peut pas être *destructrice des autres.*

L'identité permet de cultiver les diversités par une ouverture au pluralisme des personnes et des sociétés qui est nécessaire à la régénération et à la vitalité de l'humanité. L'identité est le fruit d'un processus permanent d'identification qui implique l'existence d'une liberté intérieure d'une part et l'accès aux ressources culturelles d'autre part. Son objet est de développer les capacités de choisir des références culturelles, d'appartenir à une communauté, d'être libre de penser, de s'informer, de s'exprimer, d'échanger.

Il s'agit de deux conditions inter-reliées. Est culturellement pauvre celui qui est privé de ce couple liberté intérieure – ressources culturelles. Est culturellement riche celui qui jouit de la capacité d'accéder à des références culturelles, de choisir celles qui lui conviennent, de les interpréter et de les faire siennes. Le droit à l'identité met en correspondance une liberté et une responsabilité et il constitue le mode d'emploi de la relation sociale et politique entre les personnes.

L'identité, selon Ricœur, a un caractère bipolaire, « marqué par une tension fructueuse entre *l'identité idem* et *l'identité ipséité* entre la

---

[121] Berque, J., *Identités collectives et relations interculturelles*, Bruxelles, 1978.

mêmeté et *l'ipséité*[122]. » Les deux catégories contradictoires du propre et du semblable sont inséparables l'une de l'autre et la définition de l'identité passe par la relation à autrui. C'est dans le maintien du rapport à l'autre que se définit le propre, je ne suis assuré de moi-même que par ma fidélité aux engagements pris avec les autres. On va vers une triple dialectique, celle interne au même, celle interne à l'autre et celle de la relation dialogique entre le même et l'autre.

Parler du droit à l'identité présuppose reconnaître et respecter la culture et toutes les références culturelles à partir desquelles chacun construit sa propre identité. La culture fait tellement partie de l'identité d'une personne, d'une nation, d'une communauté que personne ne peut la nier et la mépriser ; c'est comme effacer la personne. La culture n'est pas une compétence comme les autres ; dans la culture on touche à l'humain, à l'émotion, à la sensibilité ; la culture est la mémoire et le désir, celui-ci alimenté par celle-là, pour faire face à notre vigilance, à notre respect, à notre générosité contre tout exclusivisme[123]. En tant que dimension constitutive de l'existence humaine, elle constitue l'interface entre l'intérieur et l'extérieur de l'être, entre *le dedans* et *le dehors* et par cette surface s'exprime l'identité de la personne sur laquelle s'impriment les références culturelles incorporées.

Le sujet est libre de décider quelles sont les références nécessaires à son développement, qui sont des savoirs incorporés par les personnes qui contiennent des valeurs à interpréter en tenant compte que chacun peut avoir besoin de l'appui d'autres personnes et d'autres institutions qui l'aident à interpréter[124]. Ces valeurs sont la liberté de pensée, de consciences, de parole, de religion, d'opinion, d'expression, de convic-

---

[122] Ricœur, P., *Soi-même comme un autre*, Paris, Seuil, 1990, p. 195.

[123] Vincent, G. La partition des cultures, Presses Universitaires de Strasbourg, 2008, op. cit., pp 8-9.

[124] Déclarer les droits culturels, op.cit. p. 41.

tion etc. Le droit à l'identité ne peut être respecté sans le respect de toutes ces libertés interconnectées entre elles.

La réalisation de ce droit, comme pour les autres droits, comporte trois obligations interdépendantes, à savoir : respecter, protéger, assurer.

Respecter signifie observer où se situent les blocages qui empêchent son effectivité, au niveau de la personne, de la communauté, mais aussi des institutions et des autres acteurs. Respecter signifie aussi, dans toute situation, identifier les opportunités de développement de chaque personne, observer ses capacités et ses désirs, voir comment et à quelle condition ses droits peuvent se réaliser.

Protéger signifie empêcher que quelqu'un porte atteinte aux droits de la personne, c'est à dire se sentir responsable et exercer un contrôle et une tutelle de ses droits.

Assurer signifie faciliter l'exercice du droit, le rendre possible et promouvoir sa mise en œuvre surtout dans les situations les plus difficiles et cachées, avec les personnes les plus démunies et plus faibles et plus écartés du tissu social.

Valoriser l'identité de chaque personne signifie transformer le sujet en acteur, c'est-à-dire une personne qui agit et modifie ce qu'il entreprend, qui exerce une liberté d'action sur la base des valeurs, qui choisit son propre développement et les modes de vie auxquels il aspire.

Le respect du droit à l'identité présuppose un engagement permanent et une responsabilité de chaque personne et de chaque communauté pour arriver à bâtir un nouveau paradigme social, qui favorise l'autonomisation des individus et des groupes. Autonomisation, qui signifie l'accroissement de la capacité des individus à entraîner le changement et à participer aux processus politiques et autres processus de développement, à les façonner et à en tirer des bénéfices au sein des ménages, des communautés et des pays[125].

Le comportement, la langue, la capacité de relations interpersonnelles, de négociation, le respect de soi et la dignité sont autant de facteurs d'influence culturelle dans une société. Ainsi la capacité d'échanges, de tisser des liens sociaux et politiques, de travailler en réseaux, de faire des alliances, de créer des associations sociales, culturelles, linguistiques, économiques change le profil d'une société.

Plus le repère identitaire est maintenu dans le quotidien pour toutes les personnes plus elles s'affirment d'abord en tant qu'êtres humains débiteurs et créanciers de droits et devoirs et, donc en tant qu'acteurs et non spectateurs.

Identité et mémoire collective

Le partage des valeurs culturelles implique le droit de participer à la mémoire collective, à l'interprétation de l'histoire qui s'est déroulée dans des lieux, des écrits, des coutumes mais aussi dans des institutions d'une communauté et d'une nation. Tout appartient au patrimoine de l'humanité qui doit être conservé et respecté parce que sa destruction est une violation de l'identité des personnes et une privation par rapport aux générations futures.

Serons-nous encore capables de fonder la responsabilité individuelle dans un projet collectif, ou les identités individuelles briseront les rapports de citoyenneté et effacerons les liens sociaux ? Oui, sans doute, à condition que, comme dit Levinas l'identité personnelle ne se dissout pas dans sa totalité[126].

---

[125] PNUD, 2010, *La vraie richesse des nations. Les chemins du développement humain*, Rapport mondial sur le développement humain, New York : PNUD. p.21.

[126] Levinas E., *Umanesimo dell'altro uomo*, ed. Il Melangolo, Genova, 1985, p. 134.

La dimension *motrice* de la dynamique de l'identité n'implique pas la nécessité de s'opposer, de se distinguer mais, au contraire, nous porte à nous construire comme unité d'une structure, par une série d'identifications aux autres, ou à des principes, valeurs projets avec les autres. L'identité se construit en interaction avec les autres identités personnelles et des populations et dans la prise de conscience que les autres portent sur elles. Il n'y a pas d'identité sans relation mais aussi pas de relation sans identité. Identité et diversité ne sont donc pas du tout opposées mais nécessairement complémentaires[127].

La recherche de l'identité personnelle procède d'une volonté d'exprimer l'authenticité de la personne et du génie de chaque peuple et de ses valeurs fondamentales.

À côté de l'identité personnelle il faut promouvoir l'identité collective qui permet à un groupe de maintenir son identité particulière et spécifique. Et cette identité collective a été reconnue dans la Déclaration du Mexico sur les politiques culturelles du 1982 selon laquelle il faut « protéger, encourager et enrichir l'identité et le patrimoine culturel de chaque peuple, et à instaurer le respect et l'estime les plus absolus pour les minorités culturelles et les autres cultures du monde. L'humanité s'appauvrit lorsque la culture d'un groupe déterminé est méconnue ou détruite". La culture n'est pas une marchandise et si un État n'arrive pas à valoriser sa culture et à la défendre contre les tentatives d'assimilation, on arrivera à une société complètement uniformisée, standardisée et donc sans identité.

---

[127] Driss, Dadsi M., *Particularismes et universalisme : la problématique des identités*, Conseil de l'Europe, 1995 p. 32-33.

La Déclaration de l'ASEAN[128] sur le patrimoine culturel (2000) reconnaît que « le patrimoine, les identités et les expressions culturels, les libertés et les droits culturels, découlent de la dignité et de la valeur inhérente à la personne humaine, en interaction créative avec les autres personnes, et que les communautés créatives de personnes au sein de l'ASEAN sont les principales concernées et devraient en conséquence être les principales bénéficiaires de ce patrimoine, de ces expressions et de ces droits, et participer activement à leur réalisation ». (Préambule).

Les richesses de chaque peuple se trouvent dans les racines culturelles qui s'expriment dans la mémoire collective des communautés locales et nationales. Et dans ces racines plongent les activités de la coopération internationale. Les peuples de rencontrent pour créer un véritable partenariat, une collaboration, un travail en commun. Ce partenariat entre les États se fonde sur leur égale souveraineté, mais c'est le propre de la souveraineté de s'engager et d'accepter des limites à la souveraineté mais ceci est nœud à résoudre : il est difficile de concevoir une coopération sans réciprocité, faute de quoi il s'agirait d'une forme d'assistance et non d'un contrat sur un pied d'égalité. Chaque État doit être pleinement partie prenante d'une entreprise de coopération, et avoir la responsabilité de la participation et de son *ownership*.

La coopération internationale entre entités de nature différente, comme les organisations internationales et les acteurs non étatiques, implique d'autres formes de partenariat fondées sur la réciprocité et sur le respect des compétences et des responsabilités propres à chacun.

La coopération ne doit pas devenir une fin en soi, un cadre vide ; elle implique une exigence mutuelle, une émulation permanente au service d'un idéal commun.

---

[128] Association of South-East Asian Nations

5. Les acteurs publics d'une démocratie

Il existe trois types d'acteurs : les acteurs publics (les États et leurs institutions), les acteurs privés (entreprises) et les acteurs civils (associations et ONG). Ici, on prend en considération seulement les acteurs publics[129].

Parler d'acteurs publics signifie considérer selon l'article 11 de la Déclaration de Fribourg « *Les États et les divers acteurs publics, dans le cadre de leurs compétences et responsabilités spécifiques qui doivent :*

- intégrer dans leurs législations et leurs pratiques nationales les droits reconnus dans la présente Déclaration ;

- respecter, protéger et réaliser les droits énoncés dans la présente Déclaration dans des conditions d'égalité, et consacrer au maximum leurs ressources disponibles en vue d'en assurer le plein exercice ;

- assurer à toute personne, seule ou en commun, invoquant la violation de droits culturels l'accès à des recours effectifs, notamment juridictionnels ;

- renforcer les moyens de la coopération internationale nécessaires à cette mise en œuvre et notamment intensifier leur interaction au sein des organisations internationales compétentes[130].

Les acteurs publics sont tous ceux qui assument une mission en faveur d'une collectivité publique, du local à l'international.

Selon les contextes on part de la municipalité qui représente le premier échelon des pouvoirs publics et le plus petit maillon de l'activité publique territoriale pour arriver à la région et ensuite à l'État. L'art. 11

---

[129]Communication présentée au colloque *"Sur les libertés et responsabilités des acteurs publics* Université de Fribourg 2016.

[130] Déclaration sur les droits culturels, IIEDH, Fribourg, 2007, p. 82.

de la Déclaration de Fribourg cite aussi les "établissements publics culturels, comme les universités et les établissements scolaires, les musées et les autres institutions culturelles, au niveau national comme au niveau local ».

L'État et les pouvoirs publics, à tous les échelons, sont les garants du bien public. La puissance publique de l'État consiste à agir au nom et en faveur d'une collectivité des citoyens et sa première responsabilité publique est celle de protéger tous les droits de l'homme, et de faire en sorte que les droits soient respectés et effectifs.

Il s'agit pour l'État, et pour les autres acteurs publics, de faire des droits de l'homme et des droits culturels une priorité en reconnaissant la promotion des initiatives sociales et culturelles à tous les niveaux.

Dans tous les systèmes démocratiques la « responsabilité » est la première valeur qui doit être promue et intégrée pour guider une action publique parce que l'exercice de la responsabilité à tous les échelons de la chaîne hiérarchique est au cœur du système public et aussi des comportements de ses acteurs.

Il s'agit d'un principe éthique selon lequel les individus et les acteurs publics doivent être responsables du bon usage des pouvoirs qui leur ont été conférés"[131].

Sur le plan des valeurs et des bonnes pratiques qui en découlent, les rôles assumés par la fonction publique devraient être exercés conformément aux principes éthiques de promouvoir une participation et une solidarité plus efficaces entre les citoyens. Cette dernière n'est réalisable qu'à partir du renforcement de la démocratie et à partir d'un usage approprié des droits de l'homme par tous les citoyens.

Du coté *institutionnel*, les acteurs publics, les processus démocratiques, les systèmes de protection des droits de l'homme constituent les

---

[131] Conseil de l'Europe, Plateforme paneuropéenne sur l'éthique, la transparence et l'intégrité dans l'éducation, Principes éthiques, DGII/EDU/CDPPE (2015) 14, 2015, Strasbourg, p. 6.

supports collectifs de la liberté. Ils se combinent ponctuellement de façon spécifique aux différentes situations historiques et aux contextes géographiques. Une capacité nait, vit et se développe en conséquence toujours en interaction.

L'État est le premier défenseur des droits de l'homme, le premier responsable de la culture de la démocratie qui se réfère à un idéal du partage et de respect de la personne et se fonde sur les valeurs telles que la liberté, la responsabilité, les droits de l'homme, l'égalité, la dignité de chaque personne. Défendre les droits de l'homme signifie agir sur la base du principe de responsabilité en matière d'application des normes relatives aux droits de l'homme. Le devoir de l'État de respecter, promouvoir, protéger et réaliser les droits des citoyens comprend aussi le droit de reconnaitre les violations sur le plan national et de s'abstenir de toute ingérence dans l'exercice des libertés.

C'est à l'État de garantir le droit de recours, le droit de s'adresser aux autorités en cas de violations, droit de justiciabilité des droits fondamentaux. Ces tâches transforment profondément l'État, le faisant évoluer vers une garantie des libertés de ses citoyens et, enfin, vers un État pourvoyeur de droits.

Aujourd'hui on voit se profiler une nouvelle conception du rôle de l'État qui résume assez bien le principe de subsidiarité ; principe qui signifie que l'État intervient à condition de valoriser les acteurs publics, privés et civils des communautés locales qui sont plus proches aux problèmes à résoudre.

Une forte présence de l'État tend à renforcer les pouvoirs déjà en place avec le risque de l'homogénéité ; une forte présence de la société civile tend à élargir les domaines de la participation et de la planification de la future société. Certes, le problème ne peut être abordé séparément ou absorbé par procuration par l'un des deux. L'État ne peut pas retirer sa responsabilité et la société ne peut pas répondre aux déclarations de solidarité en laissant la responsabilité à l'État.

L'État n'est plus un « Tout », mais seulement une « partie », et il est forcé de négocier son propre rôle et son propre pouvoir avec d'autres « parties » sous la forme d'une gouvernance multi-acteurs et multi-niveaux. A quels défis doit faire face un État en mutation, avec des territoires fragmentés et de populations mobiles vivant en diaspora? Le fait est que les États ne sont plus capables d'assurer à leurs citoyens, sur leur propre territoire, les « biens publics » fondamentaux. Il faut garder une continuité du service public ainsi que des modes d'exercice des droits, libertés et responsabilités, impliquant en même temps les valeurs universelles, nationales et locales nourries de la diversité culturelle des personnes et des territoires.

La solution, tout en respectant la subsidiarité des pouvoirs, concerne à la fois l'État qui doit introduire une politique nationale et de coopération internationale qui touche les nœuds du développement et de la sécurité, à la fois les Universités acteurs de la démocratie par transmission et le développement des savoirs et l'interconnexion des autres acteurs de la cité, à la fois la société civile qui doit donner preuve de solidarité en coordonnant énergies, compétences et rôles pour surmonter les replis identitaires et les niches de solidarité dans lesquelles s'emprisonnent certains secteurs.

Il est nécessaire une nouvelle philosophie de l'État dans les relations avec les acteurs académiques et la société civile. L'état est en fait trop petit pour les grandes choses et trop grand pour les petites [132].

L'État, dans la société contemporaine, apparait comme le garant de la cohésion sociale ; en fait sa fonction est de garantir à tous l'accès à certains droits indispensables à la société. La cohésion sociale conduit à une démarche visant à lutter contre les phénomènes d'exclusion et de discrimination et elle devient une garantie que des groupes défavorisés ne seront pas privés de l'accès à des biens jugés essentiels ; elle permet

---

[132] Mendras, H., *L'Europe des Européens*, Gallimard, Paris, 1997 p. 285.

ainsi d'éviter la formation d'une « société duale », caractérisée par l'exclusion des plus démunis.

« La souveraineté d'un peuple constitue la légitimité d'un régime démocratique ainsi que celle de l'État et des institutions chargés de représenter ce peuple. La souveraineté est l'exercice de l'ensemble des droits de l'homme, (avec les libertés et les responsabilités qu'ils impliquent) par des personnes au sein de communautés politiques, qui sont ainsi définies comme démocratiques » .... « La souveraineté conduit les États à sortir de leur propre territoire pour garantir la pérennité de leur territorialité". Il faut que l'État porte son regard au-delà de ses propres frontières, en respectant les orientations des organismes internationaux, pour anticiper les situations et connaître les différents acteurs qui peuvent influencer les choix nationaux. Un État doit être capable de gérer la souveraineté "en situation», une «souveraineté opérationnelle» [133]. C'est la perspective d'un État globalisé: « l'État le plus souverain n'est plus celui qui surplombe le plus les autres mais celui qui s'irrigue le plus intensément de ce qui est extérieur à son propre espace ... La souveraineté est désormais un principe transitif. On n'est plus arbitrairement souverain. On est souverain pour atteindre un objectif"[134].

La définition des obligations des acteurs publics, privés et civils[135] à l'égard des droits de l'homme et le partage des responsabilités des divers types de complémentarité entre tous les acteurs impliquent une subsidiarité mutuelle (subsidiarité horizontale en cas de défaillance de certains) qui change le tissu de l'organisation civile.

---

[133] Meyer-Bisch, P., Balliu, G., Gandolfi, S., *Souveraineté et coopérations*, Globethics,net, Genève, 2016, p. 5.

[134] Zaki, Laidi, Adieu Bodin?, IUED, Genève, 2003, p. 29.

[135] On considère ici les trois typologie d'acteurs: publics : l'État et ses institutions, le privé (les entreprises) et la société civile (les associations, les groupes, les ONG etc.).

La coopération entre pouvoirs permet par ailleurs d'envisager des responsabilités communes pour tout ce qui concerne les activités qu'elle génère, ce qui augmente également les chances d'obtenir des résultats structurels. La connexion *interinstitutionnelle* (entre autorités gouvernementales nationales et entre Institutions scientifiques) encourage « les partenariats public-privé, dès la définition de stratégies pour la conception des projets et de la programmation, afin d'assurer le niveau le plus élevé de coordination et de synergie »[136].

Le rôle de l'Université, en tant qu'acteur public, est celui de s'interroger sur les fondements du *droit au développement* pour chaque personne et chaque pays et sur le rôle de la communauté nationale et internationale. Cet ensemble de questions entrent dans le champ de l'éthique sociale : une éthique qui prend en compte les médiations institutionnelles et les régulations qui déterminent les rapports entre les partenaires. Placer le questionnement éthique à ce niveau nous invite à réfléchir sur la possibilité de voir évoluer le monde vers une coopération qui vise à réaliser plus de démocratie par la mesure concrète de l'effectivité de chaque droit de l'homme.

Un tel objectif implique la construction d'un espace public du jugement et de réflexion théorique dans toute action entreprise, y compris dans une recherche scientifique concernant la coopération internationale. Cet espace public de relations échappe à l'urgence pour inscrire chaque action de coopération dans le long terme. Dans cette perspective l'Université doit se *mettre en mouvement* pour commencer quelque chose qui puisse intégrer la relation entre individus dans un espace public.

L'Université est de plus en plus présente à travers son enseignement couplé à la recherche scientifique. Mais l'Université n'a pas le monopole de la recherche ; elle est toujours plus poussée à se confronter avec

---

[136] Conseil de l'Europe, 2012, *Lignes directrices spécifiques concernant l'utilisation des principes d'interconnexion*, n° 5 et 16.

des institutions et des associations pour construire des partenariats et des alliances qui puissent changer les règles du jeu et augmenter la volonté et l'aptitude à créer des projets. Si les alliances avec les acteurs du marché prévalent, le futur de l'Université sera marqué par la commercialisation et par la privatisation : l'Université exporte ses savoirs, elle vend ou commercialise des produits scientifiques, elle conquiert le marché des étudiants étrangers, elle ouvre des branches étrangères et transforme les étudiants en clients.

Si, par contre, sont les alliances avec la société civile et les institutions internationales qui prévalent, les universités pourront fonctionner comme des vecteurs d'interconnections des sociétés, ayant comme but principal d'organiser l'espace global autour de la notion du bien commun.

Nous sommes confrontés à deux options: on peut se contenter de s'insérer dans l'appareil fonctionnel des acteurs présents et de soutenir, à travers des savoirs disciplinaires spécialisés et parcellisés, des réajustements et améliorations partielles, ou bien décider d'élaborer, avec des acteurs nouveaux, un savoir qui prend en compte la multidimensionnalité des problèmes et qui sache construire des espaces publics de service et de control réciproques.

L'université est « une boussole sociale » qui oriente, forme, mais ne gère pas directement les projets sociaux. Cette fonction appartienne aux autres acteurs. Dans la formation et la recherche, l'accent doit être mis alors sur la notion du bien commun, sur les objectifs d'un État démocratique, sa conception de la justice et du pouvoir, sur les rôles des citoyens et des différents acteurs des projets de la société civile – qui doit être considérée comme acteur fondamentale du système social et, enfin, sur la consolidation de la *communauté internationale.*

Aujourd'hui la réalisation du bien commun devrait être le fondement de la souveraineté de l'État qui implique directement aussi l'Université.

Et l'apprentissage du bien commun se situe à la fois sur le plan culturel, comportemental et éthique; il s'agit de mieux comprendre ce que signifie la mise en œuvre du bien commun pour ceux qui appartiennent à la collectivité.

L'éducation à la démocratie et l'éducation au bien commun interrogent avant tout la responsabilité de chacun de nous qui doit toujours choisir ce qui unit et arbitrer entre les intérêts et les exigences qui s'opposent afin de garder l'intérêt général de toute la collectivité. C'est à l'État de "repenser, refonder la culture du politique. En démocratie le peuple est souverain mais il peut exercer sa souveraineté dans la mesure où il est cultivé, que ses libertés s'exercent et soient instruites de leur responsabilités"[137].

Et justement "le concept de bien commun met l'accent sur le processus participatif, qui est en lui-même un bien commun. L'action partagée est intrinsèque ainsi qu'instrumentale au bien lui-même. L'éducation considérée comme un bien commun nécessite donc un processus inclusif de formulation et de mise en œuvre des politiques publiques"[138]. Et le bien commun, comme les droits de l'homme, est lui-même un principe éthique.

Les normes éthiques se révèlent essentielles pour assurer la pérennité du contrat social à la base de toute société, ainsi que du caractère démocratique de nos systèmes politiques. Elles garantissent également la légitimité de l'action publique et de sa mise en œuvre, de même que la crédibilité des détenteurs de l'autorité publique par rapport à la fonction qu'ils exercent au nom et au service de la collectivité.

Le recours au concept d'éthique questionne la nature de l'articulation entre d'un côté les instruments utilisés dans le cadre de la gestion publique, et de l'autre ce qui constitue l'essence de l'action publique et sa

---

[137] Meyer-Bisch, P., *Introduction aux droits culturels*, Chemins et valeurs de l'identité, 2015, p. 187.

[138] UNESCO, ibidem, p. 87

finalité. La définition de cette relation porte aussi bien sur les objectifs poursuivis par le management public que sur la pertinence des instruments utilisés. Cette pertinence s'évalue au regard du contenu et de la raison d'être de l'objet géré par les instruments, notamment en ce qui concerne leurs effets directs et indirects rapportés aux valeurs qui fondent l'action publique.

Les droits de l'homme sont au centre d'une définition de l'éthique de la coopération et ils conjuguent la dimension de la complexité des domaines et des acteurs et celle de l'effectivité des valeurs et des contrôles politiques, juridiques, sociaux et individuels dans l'échelle temporelle et territoriale en même temps.

Les droits de l'homme deviennent une grammaire de la vie des personnes et des peuples basés sur une éthique démocratique qui vise à répondre à des questions portant sur la façon dont il est juste de vivre ensemble avec une capacité d'interpréter, de clarifier nos buts et nos intérêts différents. Il s'agit d'une éthique qui se fonde sur un projet démocratique capable de définir les principes et les critères de conduite et de choix collectifs et on peut la rejoindre seulement si on fixe comme fin de la communauté politique une éducation plus apte à garantir des capabilités égales pour tous.

Les droits de l'homme constituent le cœur de l'*éthique publique*, parce que d'un côté ils sont appelés à gérer la société du pluralisme avec toutes les organisations et les acteurs, et de l'autre côté ils nous incitent à être dans le monde avec les autres, parmi les autres, un monde où habiter, où nouer des rapports avec tous les autres.

6. Intégration de la dimension culturelle et du droit à l'éducation dans le curriculum de la nouvelle école

Intégrer la dimension culturelle et le droit à l'éducation dans le curriculum de la nouvelle école africaine signifie avant tout impliquer dans le processus éducatif tous les acteurs, publics, privés et civils et les institutions qui ont une finalité pédagogique ou qui sont des parties prenantes ainsi que l'ensemble de la collectivité.

> « C'est à travers cet ensemble qu'apparaît la réciprocité circulaire culture-éducation : la seconde est informée par la première, elle en est l'effet ; mais c'est grâce à elle que les modèles et les significations culturels s'expriment dans les individus et, en ce sens, la culture devient l'effet de l'éducation »[139].

La culture est comme la peau, est un « nœud de connectivité car elle représente la frontière entre les interactions internes et externes ; est ce qui nous permet de toucher et d'être touché ; est notre capacité de présence aux autres, aux choses et à soi[140]. » Elle est le visage du sujet et la peau de tous les systèmes sociaux, et on peut la considérer comme la peau et le visage de l'éducation. Pour cela la transformation structurelle de l'Afrique ne peut que passer évidemment par une éducation axée sur la culture, capable d'intégrer l'éducation et la culture mais aussi l'éducation et la citoyenneté, la politique éducative et la politique éco-

---

[139] Communication préparée pour la "Triennale de l'éducation et de la formation en Afrique" de l'ADEA à Dakar, 2017. Camilleri, C., Anthropologie culturelle et éducation, UNESCO, Paris, 1985, pp. 41-42. La culture recouvre « les valeurs, les croyances, les convictions, les langues, les savoirs et les arts, les traditions, institutions et modes de vie par lesquels une personne ou un groupe exprime son humanité et les significations qu'il donne à son existence et à son développement », Art. 2 Déclaration des droits culturels. Fribourg 2007.

[140] Meyer-Bisch, P., *Introduction aux droits culturels.* Chemins et valeurs de l'identité, p. 2.

nomique et sociale, c'est-à-dire une conception à la fois ascendante et descendante du processus éducatif ; dans cette perspective la nouvelle école africaine non seulement doit assurer une transmission des savoirs mais surtout une transmission des valeurs afin de former des citoyens critiques qui comprennent que chacun de nous n'est pas seul mais qu'il vit grâce et avec les autres.

Le défi est justement celui de réussir à faire le lien entre la nécessité de chaque personne de se construire un savoir critique et le besoin d'appartenir à une communauté culturelle et à une société. Dans ce sens « l'éducation est le principe qui fait la passerelle entre le savoir et le vouloir, entre la connaissance et la responsabilité »[141].

Le droit à l'éducation : un passage obligé pour la nouvelle école

Aucun pays ne peut prospérer sans éduquer son peuple, et pour cela, il est indispensable d'interrompre le cercle vicieux de la pauvreté et des contraintes culturelles en assurant le droit à l'éducation qui constitue un élément central du processus de développement. Or, on ne peut pas réduire l'éducation seulement aux aspects quantitatifs et aux taux de scolarisation mais on doit se concentrer sur la *qualité* reliée d'un côté aux bénéfices réels des populations concernées et de l'autre coté à l'adéquation avec les droits fondamentaux de l'homme, et particulièrement de l'enfant à tous les stades de son évolution et de son insertion sociale.

En fait, si la question de l'accès à l'éducation de base est souvent prise en considération la promotion de capacités individuelles et sociales et l'appréciation des déterminants de la qualité sont souvent négligés. Pourtant la prise en compte de tous ces paramètres et leur analyse permet de disposer de données importantes pouvant aider à la prise de déci-

---

[141] Zermatten, J., *Droit à l'éducation : solution à tous les problèmes ou problème sans solution ?* Institut International des droits de l'enfant, Sion, 2005, p.10.

sion, en termes de planification tant nationale que territoriale, par les responsables des politiques éducatives et par chaque citoyen en tant que débiteur du droit.

Le droit à l'éducation est un droit culturel qui conditionne l'effectivité de tous les autres droits de l'homme. Il est la condition préalable et essentielle à l'égalité et à la dignité parce qu'il touche le cœur de la culture et de l'identité des populations concernées, respecte la diversité des conditions économiques, sociales, politiques et les diverses valeurs religieuses et éthiques, les origines culturelles et les convictions philosophiques de la population. Il s'agit d'un droit transversal, c'est-à-dire un droit civil, politique, économique, social et culturel et, en tant que tel, il est plus qu'un simple droit d'accès à l'école parce que il « touche la capacité du sujet à lier ensemble les différentes composantes de son identité, notamment à faire les liens entre son individualité et les communautés auxquelles il se reconnaît appartenir et la mise en œuvre du droit à l'éducation « suppose une réflexion sur les finalités et les moyens qui prennent en compte les résultats des politiques suivies en la matière »[142].

Le droit à l'éducation présente une dimension individuelle (développement de l'identité culturelle) et une dimension sociale (respect des droits d'autrui et de leur diversité culturelle). Il s'agit de deux dimensions très liées entre elles parce que chaque personne a besoin d'être respectée dans son identité pour être capable de respecter les autres. Il s'agit de deux aspects qui signifient, d'un côté, apprentissage d'autonomie et des libertés, et de l'autre côté, apprentissage de la valeur des liens sociaux.

---

[142] Borghi, M.,-Meyer-Bisch, P., 2001a, *La pierre angulaire. Le flou crucial des droits culturels*, Editions Universitaires, Fribourg, p. 326.

Dans ce sens l'éducation est un droit éthique fondamental parce qu'il touche le caractère inviolable de la personne[143], donne la capacité de vivre la relation comme opportunité de développement personnel et social et de voir les personnes comme ressources les uns pour les autres. Poser le principe éthique qui fonde l'éducation signifie « vivre en prenant en compte ce qui signe notre présence humaine, à savoir le souci de nous-mêmes qui inclut le souci de l'autre et le souci du monde »[144].

Ce droit doit être le levier de la nouvelle école africaine parce qu'il réalise *l'équité et l'inclusion:* donne à chacun les opportunités adaptées à sa situation, ne laisse personne au bord du chemin, contribue à éliminer les discriminations et les barrières qui bloquent le développement personnel pour s'ouvrir aux stratégies spécifiques qui prennent en charge les diversités de chacun pour en faire des richesses, pour comprendre la complexité des situations et des personnes qui vivent à coté de nous. Rendre effectif le droit à l'éducation signifie créer des communautés plus *inclusives*, plus justes et équitables, capables de transformer les écoles afin qu'elles puissent s'occuper de tous ceux qui les entourent pour améliorer les conditions de vie et les occasions d'apprendre de chaque personne. La nouvelle école africaine a la responsabilité de promouvoir les principes et les valeurs de cette *culture de l'inclusion* pour inspirer les politiques et orienter les pratiques afin que le développement de l'éducation soit un processus continu du développement intégral de la personne et de la communauté.

S'interroger sur le droit à l'éducation n'est pas uniquement une affaire de pratiques mais « c'est aussi et surtout un arrêt sur image, un arrêt sur soi et sa relation aux autres. C'est aussi un accord sur un projet

---

[143] Moreau, D., Le droit à l'éducation: en enjeu fondamental de l'éthique applique à la communication, in : M. Pilon, J-Y Martin, A. Carry, *Le droit à l'éducation quelle universalité*, Éditions des archives contemporaines, Paris, 2010, p. 42.

[144] Ibidem, p. 46.

de société et donc un projet éducatif... qui interroge plus que jamais la politique et les valeurs qui sous-tendent une société. Ce ne sont pas les bonnes actions qui valident l'activité, mais au contraire un accord onto-logique, démocratiquement formulé et démocratiquement renouvelé »[145].

Changement du paradigme

Observer un droit culturel c'est partager, vivre et construire la démo-cratie, c'est-à-dire s'inscrire dans un cycle permanent par le moyen de l'analyse contrastée qui permet de percevoir les contrastes et les viola-tions qui ne sont pas perceptibles par des statistiques. Le droit à l'éducation comprend quatre sous points à savoir :

- la connaissance et l'apprentissage des droits,

- la liberté de donner et de recevoir un enseignement,

- la liberté des parents d'assurer l'éducation des enfants,

- la liberté de créer, de diriger et d'accéder à des institutions.

Le droit à l'éducation est *une ressource culturelle qui développe en la personne des libertés*. Mais on ne peut pas concevoir les libertés comme exclusivement individuelles : les libertés sont interconnectées entre elles et se renforcent mutuellement. Il n'y a pas de liberté politique sans des garanties sociales qui ont des implications concrètes sur l'éducation, l'habitat, la santé, l'alimentation, l'emploi etc. Changer le paradigme signifie faire une distinction très nette entre une *approche basée sur les besoins et une approche basée sur les droits (ABDH)*[146]. Une approche basée sur les besoins, compris les besoins inhérents à la

---

[145] Prectceille, Abdallah M. Le droit à l'éducation entre pragmatisme et éthique, Institut International des droits de l'enfant, Sion, 2005, p.21.

[146] Meyer-Bisch, P. Gandolfi, S., Balliu, G., *Souveraineté et coopérations. Guide pour fonder toute gouvernance démocratique sur l'interdépendance des droits de l'homme*, Gobethics.net, Genève, 2016.

condition humaine pour vivre libre et dans la dignité, est en soi légitime. Les besoins sont définis comme des manques uniquement à satisfaire par des transferts (livraison de matériels et de financements liés aux différentes situations). Mais il s'agit d'une approche réductive: en ne répondant qu'à des besoins par des transferts, non seulement on ne développe pas les droits de l'homme par le renforcement des premières capacités, mais on risque de les retarder et de tomber dans des formes d'assistance et de dépendance.

L'approche basée sur les droits augmente en effet les capacités des personnes. Chaque droit de l'homme est une capacité à développer qui rend effectif l'exercice des libertés et des responsabilités incluses dans ce droit ; et une école vise en premier le développement de ces capacités.

La question n'est pas d'intégrer les droits humains dans l'éducation, ou dans les Objectifs du Développement Durable (ODD), mais d'intégrer chaque programme éducatif dans une ABDH.

L'effet de levier de l'éducation sur le développement des personnes et des communautés est très évident : il s'agit d'être éduqué et formé ainsi que de s'éduquer et de se former tout au long de sa vie, de manière formelle et non formelle. Mais encore faut-il que cette éducation et formation, dites « de qualité », soient appropriées dans les deux sens du terme : appropriées par les personnes, et adaptées à leurs droits en situation.

Éducation et droits de l'homme en développement : Le cas du Burkina Faso

L'approche basée sur les droits a trouvé une *première application* dans un projet de recherche réalisé au Burkina Faso à partir de 2001. La construction d'indicateurs a pris en compte les réelles attentes et les demandes des acteurs concernés pour une réelle effectivité du droit. Un tableau de bord, contenant 52 indicateurs a été produit et testé lors de cette première recherche pour une observation à niveau national des écoles primaires et de centres d'alphabétisation pour jeunes et adultes.

Et on trouve maintenant une *deuxième application* élargie dans un nouveau projet de recherche de trois années à partir de 2015 grâce à un partenariat entre l'APENF, l'Association V. Chizzolini coopération internationale – ONG de Bergame (Italie), l'Institut Interdisciplinaire d'éthique et des droits de l'homme d l'Université de Fribourg (Suisse) et la Chaire Unesco de l'Université de Bergame.

L'objectif général de ce projet est de permettre aux acteurs de l'éducation et notamment aux décideurs de disposer d'un argumentaire solide pour un meilleur investissement dans le domaine de l'éducation notamment la qualité et l'adaptation de l'éducation formelle et non formelle, la formation professionnelle et le post-primaire et la construction d'un système permanent d'observation des freins à l'effectivité des droits et des dynamiques qui leur sont favorables. Il a été conçu pour améliorer l'action nationale en faveur de l'effectivité du droit à l'éducation, notamment au niveau des territoires régionaux et locaux en lien avec la politique nationale de décentralisation.

La recherche est basée sur les observations systémiques contrastées à partir d'études de cas significatives d'école, de centres d'alphabétisation, de centres de formation professionnelle et de collèges, conformément à la nouvelle vision élargie du droit à l'éducation de base adoptée par les institutions africaines. Il s'agit de déterminer les écho-systèmes éducatifs dont les composantes sur le plan géographique ne sont pas distantes les unes des autres. L'analyse de ces écosystèmes va aboutir à une cartographie graphique des interrelations au sein d'une communauté constituée autour de la vie éducative.

Jusqu'à présent on a réalisé une enquête pilote qui s'est déroulée dans 6 régions du Burkina Faso (plus précisément dans une commune rurale et une commune urbaine de chaque région). (Cascades, Hautes

Bassins, Nord, Est, Plateau central, Sahel). Elle a testé les outils en prévision de l'enquête principale[147].

La méthodologie est basée sur:

- Une récolte d'indicateurs qualitatifs et quantitatifs des zones concernées élaborés à partir de recherches antérieures au Burkina Faso ;

- une collecte de donnée auprès des institutions ou des communautés (cas d'écoles) ;

- une analyse des informations et la proposition de nouvelles synergies

Le projet a aussi réalisé des *cartes graphiques des parties prenantes* et des *cartes des chaines de valeur* pour chaque cas d'école et on a vu que l'ensemble des cas d'écoles dispose de plusieurs partenaires variant de 2 à 8 qui font la richesse de chaque cas étant donné que chaque partenaire a une mission donnée, joue un rôle particulier, contribue à la réalisation du droit de participer à la vie culturelle et démocratique de l'établissement de formation.

Les premiers résultats de cette enquête pilote nous ont démontré que l'État est le principal acteur dans la dotation des ressources financières et matérielles ; il coordonne la complémentarité des ressources et des acteurs sociaux et culturels qui animent la vie institutionnelle de chaque

---

[147] Effectivité du droit à l'éducation au Burkina Faso au niveau communal: cas des communes des régions des Cascades, de l'Est, des Hauts Bassins, du Nord, du Plateau central et du Sahel. Rapport général de l'enquête pilote, Janvier 2017,

établissement scolaire. Chaque acteur intervient avec un mode de participation propre à lui et adapté à ses capacités et compétences.

En plus de ces acteurs on distingue les producteurs de normes, les collaborateurs, les concurrents et cotraitants, les arrivants et les destinataires.

Pour bien observer la richesse culturelle d'une activité, l'enquête pilote a analysé la dynamique des *interconnexions : entre acteurs, entre disciplines, entre lieux, entre temps, entre économies et entre publics.* De cette observation un certain nombre de considérations et de pistes d'action sont sorties.

L'analyse des cas d'écoles sous le *prisme des interconnexions* laisse percevoir des dynamiques positives telles que la recherche d'un multi-partenariat, des collaborations fructueuses, la création de cadres de concertation, une capitalisation d'expériences, la création d'un cadre de gestions des ressources, la volonté de réduction des discriminations, etc. Cependant, on note la persistance de certains freins tels que l'absence d'une valorisation de tous les acteurs impliqués dans l'acte éducatif, l'absence d'un dispositif cohérent de mobilisation ou de productions des ressources, la possibilité de tous les acteurs d'agir sur les normes et les règles, l'absence d'un dispositif cohérent de production et de circulation de l'information. Au niveau, par exemple de l'inter-discipline, on a noté la persistance d'une conception qui considère certaines disciplines comme fondamentales et véritables sources de savoirs et d'autres moins utiles au développement des capacités des apprenants. Il y a donc la nécessité de déconstruire et permettre à chaque discipline d'occuper la place qu'il faut dans l'acte éducatif.

Au niveau des interconnexions également l'observation contrastée n'a pas pu révéler de grandes différences entre les cas d'écoles. On a constaté qu'il est nécessaire de former d'abord les observateurs à s'approprier des indicateurs d'interconnexions et qu'il faut développer davantage les outils pour oser « tout questionner » sur les pratiques afin de mettre en lumières les contrastes entre les cas d'écoles et de déceler les bonnes pratiques.

L'observation d'un droit porte sur des valeurs associées aux capacités individuelles et aux capacités de réponse des institutions. Ces capacités selon le Conseil économique et social des Nations Unies (Observation n°13[148]), sont définis par rapport aux quatre capacités de toute offre éducative permettant d'évaluer les degrés de l'atteinte du droit: Acceptabilité – Adaptabilité -Dotation Adéquate - Accessibilité. Le comité de pilotage a réexaminé la cinquantaine d'indicateurs pour les adapter au niveau local, qui est l'échelle propre de la présente recherche.

a. L'acceptabilité définit la légitimité démocratique c'est à dire: la pertinence par rapport au droit à l'éducation compris dans l'ensemble des droits humains.

Elle est l'appropriation de valeurs que les acteur(ice)s doivent constamment contrôler et développer au sein d'un espace public auquel ils peuvent tous participer. En quoi le système éducatif contribue-t-il au plein épanouissement de la dignité humaine et au respect des droits fondamentaux de la personne ? Quelles formes et quels contenus éducatifs confèrent aux individus la capacité de jouer un rôle dans une société démocratique ? La structure et le fonctionnement du système comprenant les institutions, les associations, les communautés et les individus répondent-ils aux besoins exprimés ?

En termes *d'appropriation du droit*, l'existence et la prise en compte des questions de l'éducation dans le Plan de développement communal, dénote de l'intérêt que portent les autorités communales à l'éducation, avec une volonté politique de mettre en œuvre le nouveau code des collectivités territoriales, qui leur octroie de larges compétences dans ce domaine. Sur ce point de la *participation*, on peut donc conclure à une

---

[148] Comité des droits économiques sociaux et culturels, Observation N°13. Le droit à l'éducation.

bonne participation dans les deux communes[149], tout en notant qu'il s'agit essentiellement d'une implication en tant qu'acteur communal et/ou communautaire plutôt qu'en tant que contributeur au financement du système (tout en gardant à l'esprit que les coûts d'opportunité que représentent la scolarisation, l'alphabétisation et la formation représentent une grande contribution des familles au départ).

Sur le point de *l'exercice des libertés*, il semble qu'il y a encore un long chemin à faire avant d'arriver à une offre globale d'éducation et de formation, formelle ou non formelle, pouvant répondre à la diversité culturelle et sociale. On notera que sur ce point comme sur les deux précédents relevant de l'acceptabilité, l'observation contrastée urbain/rural ne fait pas ressortir de grandes différences dans les situations

b. L'adaptabilité définit l'adéquation des objectifs et des résultats. C'est ce lien qui définit l'efficacité du système. Cette adéquation a quatre valeurs : l'engagement des acteur(ice)s, la diversité du système, la connaissance des résultats et la circulation d'une information adéquate. Elle peut être également mesurée directement par les capacités réelles acquises par les apprenant(e)s (fonctionnement adapté du système). Elle comprend notamment la prise en compte des besoins des apprenant(e)s à la définition des programmes, l'existence d'une offre éducative diversifiée ou la circulation d'une information adéquate auprès de la population.

Les résultats révèlent sans doute la *faiblesse majeure du système éducatif observé:* les volumes horaires effectifs dans un contexte multilingue sont trop faibles pour permettre à la majorité des enfants d'acquérir les compétences visées par les programmes, et cela ne peut que favoriser un très important échec scolaire. Sur le point de la *diversité du système*, on ne peut que constater que le droit à l'éducation n'est

---

[149] Cas des deux communes de la région de l'Est. Les observations contrastées pour cette enquête pilote portent sur une commune urbaine (Fada N Gourma) et sur une commune rurale (Matiacouali).

pas encore une réalité en tant que système diversifié offrant aux personnes l'accès aux différentes composantes du droit en vue de répondre à leurs besoins éducatifs fondamentaux, tels que prévus dans les traités et réaffirmé lors de toutes les conférences internationales sur l'Education Pour Tous. On a relevé que les *programmes* sont peu pertinents par rapport aux réalités socio-culturelles et aux besoins spécifiques des populations.

Des résultats significatifs du système, des investigations plus poussées et fiables sur les données statistiques nationales offrent une documentation cruciale sur le primaire et le post-primaire, afin de mesurer de l'état d'effectivité du droit à l'éducation, au niveaux régional et provincial, par sexe et par milieu.

La nouvelle école africaine ne peut pas se contenter d'ouvrir les portes de l'école. Il faudrait que les programmes répondent aux attentes des familles et des communautés, et pour cela, il est convient une plus grande flexibilité dans les modalités d'organisation et dans les contenus. Ceci vaut également pour les méthodes et dans le suivi, ce qui permettrait de ne pas réduire les chances de développement de la personne mais, au contraire, servirait à utiliser ses compétences au service du développement. Il est urgent donc que l'éducation soit capable de transformer les ressources en résultats qui pourraient induire une évolution des mentalités. « L'éducation est incomplète si elle apprend à l'homme à développer de sages projets de paix universelle, sans lui donner les moyens de nourrir convenablement sa famille et lui-même. Elle est également incomplète et stérile si elle se limite à lui apprendre à fabriquer des outils et à les utiliser en oubliant habilement sa personnalité et ses relations avec ses semblables »[150].

c. La dotation adéquate met l'accent sur la diversité des ressources humaines et non humaines, afin de repérer la diversité interactive et la

---

[150] Nyerere, J., L'éducation pour la libération en Afrique, Perspectives, n. 1, Unesco, 1975, pp. 4-5.

capacité de personnes et des institutions à rassembler les ressources diverses et nécessaires. La variété, la qualité et le montant de la dotation en ressources bien utilisées définissent l'efficience du système. Les ressources humaines sont très variées : non seulement les apprenant(e)s, les enseignants et les formateurs/trices mais les parents, familles et communautés sont appelés à collaborer. Les dotations touchent en premier lieu la santé et la nutrition des apprenant(e)s qui conditionnent leur accès à l'école ou au centre d'alphabétisation et leur capacité d'apprentissage. Elles concernent ensuite le statut, la formation et les conditions d'exercice des enseignant(e)s et des formateurs/trices. Enfin, il est important de réaliser une combinaison des ressources humaines et non humaines.

Sur le point des ressources humaines, on note une situation plutôt satisfaisante à partir des données disponibles, mais il faut bien estimer les limites de celles-ci, qui sont très partielles et ne mesurent pas certains phénomènes, régulièrement dénoncés, mais dont on ne peut objectivement connaître l'ampleur tels l'absentéisme des enseignants ou la faible conscience professionnelle.

d. L'accessibilité décrit la disponibilité réelle des ressources en fonction de la diversité de situations des apprenant(e)s. Elle permet l'adéquation des moyens aux droits et définit une cohérence. On distingue l'accessibilité :

- *sociale et culturelle* : il s'agit d'assurer l'accès de toutes et de tous quelles que soient les conditions sociales et les appartenances culturelles ;

- *géographique* : il convient de prendre en compte les obstacles liés aux distances ;

- *économique* : interviennent à ce niveau les coûts effectifs de l'éducation et les coûts d'opportunité (manque à gagner).

Sur le point de *l'accessibilité spatiale*, en l'absence de données démographiques sur les hameaux d'habitation qui peuplent ces zones « vides », on ne peut en tirer de conclusions sur la proportion *d'enfants exclus de fait du droit à l'éducation*, faute de structure de proximité fréquentable sans recours à des solutions de substitution non généralisables (transport des enfants, etc.).

L'ensemble des cas d'écoles dans les *communes rurales* disposent de partenaires variant de deux partenaires à huit partenaires et chaque partenaire joue un rôle particulier.

En termes de partenaires techniques et financiers et/ou d'intervenants directs, l'observation montre que l'État, les mairies des différentes communes, l'UNICEF, le Plan Burkina, les parents d'élèves (APE), le Comité de gestion (COGES) occupent cette place dans la plupart des cartes graphiques des cas d'écoles. Chaque acteur a une mission donnée, contribue à la réalisation du droit de participer à la vie culturelle et démocratique de l'établissement de formation.

Les acteurs locaux tels que l'APE/COGES ont plusieurs missions : ils sont à la fois collaborateurs et intervenants. La présence de ces acteurs locaux comme tous les autres acteurs, contribuent à la réalisation de la « vie » de l'école et surtout de l'intégration de l'école dans la communauté. Chaque acteur intervient avec un mode de participation propre à lui et adapté à ses capacités et compétences.

En termes de besoins non satisfaits, on note que l'absence de cantine, de clôtures, et le manque d'équipements ou de subvention chez certains partenaires influencent négativement l'effectivité du droit à l'éducation.

Cependant, malgré ces difficultés, on souligne quelques bonnes pratiques. Par exemple au niveau du cas d'école de Niangologo, le taux satisfaisant de recouvrement des frais lié à l'entretien des enfants du Bissongo[151], permet de prendre en charge les moniteurs volontaires. Les

---

[151] Centres d'encadrement intégré de la petite enfance. Les Bisongo sont des espaces familiers, voire familiaux pour les enfants. À travers les Bisongo, qui

enfants en fin de cycle du Bissongo sont inscrits prioritairement en classe de CP1.

Ces études de cas ont permis d'établir les cartes graphiques d'interrelations entre les activités des cas d'écoles et :

- les partenaires financiers (collectivités publiques et privés, les mécènes et les donateurs)

- les acteurs du débat public et producteurs de normes (presse, média, institutions nationales et internationales, associations, organes de surveillance)

- la direction et les collaborateurs

- les communautés locales

- les acteurs culturels

- les confrères, les concurrents et les cotraitants

- les arrivants et les fournisseurs

- les destinataires

L'observation des cas d'écoles a été fait en deux étapes. La première étape pour identifier le cas selon une analyse préliminaire avec les communautés locales et les acteurs et la seconde étape pour administrer des entretiens (auprès des parents, des enseignants, des élèves, et des autres acteurs).

Une première conclusion

Un certain nombre d'indicateurs quantitatifs et qualitatifs, construits sur la base des quatre capacités, a permis d'identifier les obstacles clés

---

sont tenus par des « petits papas et des petites mamans », les parents développent ainsi des espaces de solidarité et de soutien mutuel dans l'éducation des enfants.

de l'effectivité du droit à l'éducation ainsi que les dynamiques favorables.

Sur la base des résultats on a vu que l'éducation n'est pas conçue partout comme droit de tous les enfants. Adopter l'approche basé sur les droits signifie voir les enfants comme des êtres libres et considérer un enfant pauvre comme un enfant riche de vie, de capacités, mais aussi d'héritage et du témoignage de cette humanité nouvelle qui est en lui. Chaque enfant a le potentiel pour se redresser et dépasser d'une façon constructive les nombreux défis, agressions et violences que la vie lui réserve.

La *nouvelle école africaine* doit s'enraciner sur cette approche qui change l'observation de l'enfant qui devient un sujet de savoir, un acteur social et un acteur de sa liberté d'expression et d'association. La première condition pour rendre effectif le droit à l'éducation est celui d'offrir à tous les enfants un accès égal selon leurs caractéristiques spécificités avec des écoles performantes et sans discrimination d'aucune sorte. On a vu aussi que, dans certains cas, même si les écoles existent, plusieurs facteurs économiques, culturels, sociaux se conjuguent pour tenir souvent les enfants hors de l'école.

Une approche de l'éducation fondée sur les droits doit pouvoir rendre des comptes aux parties prenantes qui ont un effet de levier dans l'éducation. L'engagement actif des communautés locales en tant que partenaires qui participent à la mise en place du droit à l'éducation est un aspect crucial. Cet engagement assure la responsabilité et la gouvernance démocratique des systèmes éducatifs, qui passent par le respect et par l'éducation aux droits de l'homme, tout en reconnaissant que les droits ne peuvent être enseignés dans un contexte où ils sont violés. L'éthique dans l'éducation devrait imprégner l'éthique de l'école et le comportement des enseignants, qui devrait être conforme aux droits qu'ils enseignent.

Il existe une relation étroite entre les droits et les responsabilités et une dimension fondamentale à une approche fondée sur les droits consiste à travailler avec les acteurs qui font obstacle au droit à l'éducation des enfants, qui soient leurs parents, ou des membres de la communauté, ou d'autres membres de la famille élargie.

Les organisations de la société civile jouent aussi un rôle central non seulement parce qu'elles sont des sources d'expertise, mais aussi et surtout pour leur responsabilité, et pour leur capacité de localiser et de combler les lacunes du service public. Ces organisations s'engagent souvent auprès des groupes vulnérables d'une communauté et elles contribuent à développer leurs capacités afin d'identifier des points de contact avec les détenteurs de devoirs pour réaliser leurs droits.

Ces organisations ont un rôle de *demande* et *d'offre*; de demande pour faire du lobbying en contrôlant la mise en œuvre du droit, la responsabilité et la transparence des détenteurs de devoirs et du côté de l'offre elles ont un rôle de renforcement des capacités par la formation des communautés, des parents, des chefs traditionnels et des fonctionnaires.

7. Éducation à la citoyenneté démocratique

La notion de citoyenneté est polysémique et n'est pas facile à définir parce qu'elle oscille entre la dimension normative, la participation civique et l'analyse critique des problèmes de société ; elle associe la réflexion à la recherche, la théorie à la pratique, les concepts à l'action. On peut définir la citoyenneté comme l'ensemble des pratiques et des activités destinées à rendre les personnes aptes à participer activement à la vie démocratique par l'exercice de leurs droits, libertés et responsabilités[152,153]. La citoyenneté met en jeu une meilleure qualité de la vie basée

---

[152] Communication présentée au Séminaire d'étude international *"Democrazia e implicazioni educative»* de la Fondation *Gravissimum Educationis,* Vatican,

sur le respect de l'identité, de la dignité de chacun et pour cela elle demande nouveaux instruments conceptuels et nouvelles formes de jugement et de comportement parce qu'elle se caractérise comme la manifestation de l'appartenance de la personne à une communauté politique.

Une autre définition, plus opérationnelle, de la citoyenneté se construit à partir d'un « déplacement fondamental de l'attention du sujet à l'acteur collectif, de la citoyenneté juridico-formelle à la dynamique des rapports sociaux »[154]. Il s'agit d'une approche institutionnelle de la citoyenneté entendue comme lien politique qui se déploie dans l'espace public. Parler de citoyenneté, en ce cas, signifie parler des fondements mêmes de chaque société car elle touche au statut et à l'action des membres d'une communauté dans la vie politique de celle-ci.

Charnière entre droits de l'homme, démocratie et société civile, la citoyenneté a toujours été vue comme un principe qui légitime la conquête de nouveaux droits ou comme un principe qui légitime l'extension du statut du citoyen aux personnes qui encore sont exclus. Comme espace unificateur le concept de citoyenneté fonde la nature même des droits de l'homme et la démocratie ; en fait, si les droits ne convergent pas vers 'un espace de citoyenneté' la démocratie même deviendrait une formalité.

La citoyenneté est à la fois un statut juridique et politique et un rôle social. En tant que statut est l'ensembles des droits et des libertés que l'État reconnaît à ses citoyens, une sorte de contrat civique entre l'État et la personne, sujet de droits ; elle comprend des règles juridiques qui définissent l'appartenance à un corps social, implique un équilibre entre

---

2018.

[153] Birzea, C., Education à la citoyenneté démocratique. Conseil de l'Europe, Strasbourg, 1996, p. 36.

[154] Cavalieri, S., *La citoyenneté. Un outil analytique pour l'étude de la gouvernance*, IUED, Genève, 2007, p. 25.

les droits et les responsabilités et constitue une sorte de face interne de la nationalité.

Comme rôle social la citoyenneté est l'une des identités de la personne, liée au contexte politique auquel se rapporte et présuppose certaines compétences et un savoir civique permettant à chacun d'exercer son statut de citoyen. En d'autres termes elle représente le sens culturel et l'identité civique de la personne[155].

Cadre conceptuel d'analyse de la citoyenneté

Il s'agit d'un cadre qui vise à circonscrire les multiples dimensions et composantes sur lesquels reposent les approches contemporaines de la citoyenneté au sein des sociétés démocratiques. Il schématise la citoyenneté en utilisant des macro-concepts et des concepts de second niveau nécessaires à capter la signification globale de la citoyenneté à partir des différentes conceptions.

La citoyenneté est rarement abordée dans une perspective qui vise à couvrir l'ensemble de ces aspects; on choisit souvent un aspect particulier tels que, par exemple, les inégalités sociales et économiques ou les violations, ou les identités en fonction, en certains cas, des intérêts et des préoccupations du moment et de la situation en présence.

Ce cadre repose sur quatre macro-concepts mis en réseau: *identité nationale, appartenance sociale, culturelle et supranationale, régime effectif des droits, participation politique et civile* dont le but n'est pas de théoriser la citoyenneté mais d'englober les variations de signification dont les concepts sont l'objet pour se rendre compte de l'interrelation entre les différentes composantes[156]. Ce cadre constitue une sorte de carte montrant l'organisation logique des concepts qui doi-

---

[155] Birzea C., Ibidem, p. 35.

[156] Gagnon, F., Pagé, M., Cadre conceptuel d'analyse de la citoyenneté dans les démocraties libérales, Direction de la participation des citoyens, SRA-366a-f, Montréal, 1999, pp. 5-8.

vent eux-mêmes se décomposer en concepts particuliers qui précisent la signification et qui constituent des grappes de sous-aspects des macro-concepts.

1. Identité nationale

4. Participation politique et civile

Citoyenneté

3. Régime effectif des droits

2. Appartenance sociale, culturelle et supranationale

Au centre il y a la citoyenneté caractérisée par l'apport des quatre macro concepts situés sur deux axes: la représentation perpendiculaire montre qu'ils interagissent entre eux, par exemple, les appartenances culturelles peuvent avoir un impact sur la participation politique, ou encore l'identité nationale peut déterminer la manière selon laquelle les appartenances sont reconnues dans la société. Ce cadre ne correspond à aucun modèle idéologique de la citoyenneté mais il permet de décrire les différentes approches et de caractériser les polarités politiques qui s'expriment dans les sociétés.

En fait selon la déclination de chaque macro concept et de ses inter-relations on arrive à identifier les différents modèles de citoyenneté qui passent du *modèle de l'exclusion différentielle* (qui préconise, par exemple, que les migrants sont intégrés dans le marché du travail alors qu'ils se voient refuser l'accès à la participation politique), vers un *mo-dèle d'assimilation* (qui préconise une politique d'intégration à travers un processus d'adaptation unilatéral à la culture dominante) pour ensuite évoluer vers un *modèle de société pluraliste* (caractérisé par le respect de valeurs fondamentales, de droits égaux dans toutes les sphères de la société sans leur demander de renoncer à leurs appartenances diverses)[157]. Par rapport à ces modèles

> « l'éducation à la citoyenneté doit (ré)concilier deux approches, celle de l'attachement et de la fidélité qui ne serait être confondue avec le simple conformisme, d'une part, et celle de la créativité critique d'autre part. Cette tension exprime le double ancrage de la citoyenneté sur la reconnaissance et la prise en compte de la société dans laquelle chacun vit et sur la formation à la responsabilité et à l'exercice de la liberté »[158].

L'éducation à la citoyenneté nécessite au moins de trois ordres de compétences : 1) les compétences cognitives et civiques (juridiques, politiques, historiques, culturelles), 2) celles éthiques qui se réfèrent aux valeurs de la démocratie, des droits de l'hommes, du respect de l'autre, et enfin 3) sociales ou la capacité de vivre ensemble, de coopérer, d'être responsables (de résoudre des conflits sur la base des principes démocratiques). Sont des compétences qui se complètent et constituent les trois angles   de la vie de chaque personne. Leur valeur est indicative et non normative.

Éduquer à la citoyenneté signifie apprendre tout au long de la vie, dans tous les domaines et les situations de l'activité humaine et les compétences acquises garantissent un apprentissage organisé, proposé simultanément par l'éducation formelle, non formelle et informelle qui peut,

---

[157] Castels, S., Multicultural Citizenship: the Australian Experience, in: *Citizenship and Exclusion*, MacMillan Press, London, 1977, p. 117.

[158] AA.VV., L'éducation à la citoyenneté en milieu scolaire au Canada, aux États-Unis et en France: des orientations aux réalisations, 1997, p. 58.

en même temps être enrichi par les possibilités d'apprentissage qui viennent de l'expérience quotidienne.

Éducation à la citoyenneté démocratique

L'éducation à la citoyenneté démocratique (ECD) est une nouvelle perspective d'éducation pour un nouveau modèle de société. Elle utilise la réflexion et l'action: ce sont deux aspects qui s'enrichissent réciproquement, car ils ne sont dans une relation hiérarchique ni appartiennent àdeux sphères indépendantes. Chaque action est soutenue par la pensée ainsi que toute réflexion se nourrit des actions et prend du sens de l'expérience. Elle implique que tous les habitants aient la possibilité de participer à une dynamique qui relient les différents niveaux de responsabilités publiques et les secteurs de la vie sociale.

Dans les textes internationaux les termes comme « personne » ou « individu » sont préférés à celui de citoyen et ceci souligne la priorité des droits individuels par rapport aux droits collectifs. La personne est l'objectif de la société et, selon la conception des droits de l'homme, les États ont le devoir de respecter les droits définis, partagés et ratifiés par la communauté internationale. L'utilisation du terme « citoyen », relativement récente, introduit le problème du 'vivre ensemble" fortement ressenti aujourd'hui à cause du racisme, de la xénophobie, de l'exclusion sociale qui touchent nombreux Pays du Nord comme du Sud.

L'ECD inclue l'éthique et le fonctionnement politique, les droits de l'homme, la dimension interculturelle et le développement durable dans tous ses aspects. À un citoyen défini par rapport à sa communauté politique d'appartenance on remplace un citoyen conçu comme une personne qui vit en société avec les autres.

Il en va de même pour la notion de citoyenneté qui, d'une conception d'appartenance et de soumission aux règles collectives évolue vers un concept qui accentue la personne et ses droits. Éduquer un citoyen, c'est éduquer une personne qui vit dans une société où les diversités culturelles et politiques constituent la trame même de la vie collective. L'éducation à la citoyenneté s'efforce de transmettre et de construire une culture commune qui, en respectant les diversités, se base en conséquence sur des valeurs partagées.

La culture commune rend concrète la citoyenneté et ne peut pas être conçue comme le déduit d'une histoire mais comme la construction d'un rapport qui surgit du débat politique, de l'espace public, un espace pluriel, enrichi aussi des diversités culturelles des migrations. C'est du dialogue entre les diversités que nait la dimension culturelle de notre citoyenneté[159].

Le point de rencontre entre les droits (aspect civile) et la participation, (aspect civique) est le fruit de l'intervention des acteurs sociaux qui font d'un citoyen un concitoyen, c'est-à-dire une personne qui vit avec les autres, qui détient des droits et des devoirs dans une société démocratique. Éduquer à la citoyenneté c'est éduquer avant tout au changement pour rendre intelligible une réalité qui est toujours en mouvement et qui assume des aspects différents selon les situations et les contextes. Selon le Rapport Delors de l'Unesco, toujours très actuel, l'éducation doit "fournir les cartes d'un monde complexe et perpétuellement agité et la boussole qui permet de naviguer "[160].

Et juste l'idée du contexte, avec ses inégalités, instabilités, discriminations multiples, marginalisations, conflits, violences, peut ouvrir à une meilleure compréhension de la citoyenneté et de ses déclinations dans la vie quotidienne des personnes.

---

[159] Thériault, J.Y., Citoyenneté, espace public et identité, Options, n° 11, 1994, p. 51.

[160] Delors, J., L'éducation, un trésor est caché dedans, UNESCO, Paris, 1996, pp. 91.

La citoyenneté mondiale

Quand on parle de citoyenneté on pense toujours au contexte national c'est-à-dire à un contexte lié à une communauté politique qui a des implications avec des droits, des devoirs et des responsabilités précises[161]. Et même si les Nations Unies au milieu du vingtième siècle ont commencé à parler de citoyenneté mondiale la personne reste toujours un sujet au centre de son entité politique. Aujourd'hui « l'appartenance des individus à une entité n'est plus fondée uniquement sur la nationalité. Leur appartenance et leurs droits sont légitimés par la référence aux droits de l'homme au niveau mondiale. Ainsi l'individualité universelle remplace la nationalité et les droits universels de l'homme remplacent les droits nationaux. La justification des obligations d'un État à l'égard des populations étrangères est à chercher au-delà de l'État nation lui-même. Les droits et les revendications des individus sont légitimés par des idéologies trouvant leur origine dans une communauté transnationale, par le recours à des codes, des conventions et des textes internationaux relatifs aux droits de l'homme et indépendants de leur appartenance à tel ou tel État-nation. Il en ressort que l'individu transcende le citoyen »[162].

Si on examine le concept de citoyenneté utilisée par le Conseil de l'Europe on voit qu'il est basé sur « une définition plus large du champ de l'intégration politique et sociale qui excède le strict domaine juridique et législatif »[163]. Cette conception nationale de la citoyenneté se transforme à cause des changements de la globalisation, du marché du

---

[161] Davies, L. "Global Citizenship: Abstraction or Framework for Action", Educational Review, Nà 1, 2006, p. 7.

[162] Soysal Y.N., "Changing Citizenship in Europe. Remark on Post national Membership and the National State". In Cesarani, D., Fulbrook, M., *Citizenship, Nationality and Migration in Europe*, London, 1996, p. 18.

[163] Breidbach S., Le pluralisme, la citoyenneté démocratique en Europe et le rôle de l'anglais, Conseil de l'Europe, Strasbourg, 2003, p.10.

travail, du commerce, de la technologie, des médias mais surtout des flux migratoires.

L'appellatif mondiale souligne, d'un côté, l'ouverture à la mondialisation dans tous les domaines mais, de l'autre côté, ouvre à un concept d'éducation entendue comme processus de socialisation basé sur la transmission des savoirs et des valeurs auxquels sont appelés les acteurs publics, privés et civils. Les approches à cette éducation sont plusieurs : il y a une approche plus conservatrice et une autre plus progressiste. La plus conservatrice, connue comme éducation civique, est centrée sur la transmission de connaissances. La plus innovatrice est, quant à elle, plus connue comme éducation à la citoyenneté démocratique ; elle est centrée sur le développement des savoirs faire, des compétences et des valeurs comme ce schéma le met en évidence[164] .

Approche conservatrice	*Approche progressiste*
Instruction civique	Education à la citoyenneté
Education à propos de la citoyenneté	Education à travers/pour la citoyenneté
Reproduction de l'ordre social	Adaptation au changement-transformation de l'ordre social
Conformisme	Action et engagement civique
Définie par le contenu	Définie par le processus
Basée sur les connaissances	Basée sur les principes
Transmission didactique	Approches interactives- Interprétation critique

Mais les orientations de l'éducation à la citoyenneté restent toujours liées à la situation politique, à la dynamique des acteurs qui participent au dialogue politique et éducatif et influencent les décisions et l'engagement civique des citoyens.

---

[164] Tawil, S. « Le concept de citoyenneté mondiale: un apport potentiel pour l'éducation multiculturelle », Revue internationales de Sèvres, 63, 2013, p.6.

Dans les pays, au Nord et au Sud, les nationalités sont plusieurs, diverses et reconnues ou non comme telles ; généralement une nationalité est dominante, une autre est minoritaire ce qui pose le problème des droits spécifiques à leur reconnaitre. Les sociétés sont divisées en groupes d'appartenance, entre peuples autochtones et étrangers, entre minorités culturelles et migrants, demandeurs d'asile et réfugiés. Très souvent « se profilent les assimilations nationalité-minorité-culture, assimilations qui portent à la fois à la reconnaissance des diversités mais également aux risques d'enfermement[165] ». La diversité remet en cause les identités et les binômes tels que « je, nous, les autres » dont on tente toujours de se distinguer. Levinas nommait « l'Autre le tiers, l'horizon de la justice, de l'altérité générale qui ne nivelle pas tous les hommes dans un impersonnel, mais qui est le commun de leurs personnalités, l'autre commun qui polarise la relation sociale[166]. » Cet Autre, ce tiers doit être inclus dans toute relation sociale. C'est le visage de *l'Autre qui me commande*[167].

Ces phénomènes présentent des défis à toutes les sociétés et à tous les pays mais plutôt qu'utiliser la notion de citoyenneté mondiale qui peut devenir ambiguë il est « plus opportun et moins controversé de parler d'éducation à la citoyenneté locale et globale ou encore plus simplement d'éducation à la citoyenneté en contexte de mondialisation. En effet l'éducation à la citoyenneté mondiale n'est rien d'autre que la tentative d'enrichir et de renforcer la pertinence de l'éducation à la citoyenneté locale ou nationale » …. « La notion d'Education à la citoyenneté mondiale est de toute évidence un cadre d'ensemble ou un nouveau paradigme qui exprime une fonction collective de l'éducation… lié à la

---

[165] Audigier, F., « L'éducation à la citoyenneté dans ses contradictions », *Revue internationale d'éducation de Sèvres*, N° 44, 2007, p.4.

[166] Meyer-Bisch, P., « De ce Dieu qui vient à l'idée », *Hermès*, 1996, n°19, p. 9.

[167] Ibidem, p. 10

formation de la citoyenneté dans un monde de plus en plus interconnecté et interdépendant[168]. »

Dans la perspective de la citoyenneté mondiale, l'éducation à la citoyenneté démocratique devient une partie essentielle du droit à l'éducation, qui doit être comprise comme une des premières conditions pour réaliser les objectifs du développement et des libertés. L'éducation a une « double fonction individuelle et sociale, de promotion et de développement :

- du droit de chacun à l'exercice de la citoyenneté dans toutes les dimensions civile, culturelle, économique et sociale ;

- du niveau de culture démocratique, largement dépendant du rôle de l'apprentissage que les acteurs de la formation ont à jouer[169]. »

Mais à la question *à quoi on doit éduquer* ? Certainement non à une transmission des connaissances parce que cette éducation serait apolitique, adaptée à la réalité, au statu quo, mais à une l'éducation qui, en montrant nouveaux comportements éthiques, forme la conscience des jeunes et contribue à une transformation de la société.

Cette éducation doit promouvoir l'éthique de la démocratie et contribuer à une démocratisation de la société à travers un exercice des libertés et des responsabilités ; *la démocratie n'est pas un modèle qui s'applique mais une valeur à vivre.* L'espace des libertés se dessine entre la démocratie comme valeur et les voies de la démocratisation. Nos libertés s'exercent dans cette distance entre l'idéal et le réel c'est-à-dire interpréter une valeur pour conduire sa propre action. Toute démo-

---

[168] Tawil, S., « Le concept de citoyenneté mondiale: un apport potentiel pour l'éducation multiculturelle », *Revue internationales de Sèvres*, 63, 2013, p.8

[169] Meyer-Bisch, P., « L'école sociale de la citoyenneté », in *Vivre la démocratie, apprendre la démocratie, Conseil de l'Europe*, 2005, p.37.

cratisation est alors à comprendre comme capacité d'interprétation, et donc de liberté et de dialogue[170].

La tâche de l'ECD est celle d'apporter dans la société un égard critique et une capacité de rénovation capable de modifier la conscience et les comportements. L'objectif consiste à apprendre à se situer par rapport aux savoirs et par rapport à Autrui, qui sont à la base du dialogue citoyen et des droits de l'homme. Selon Paul Ricœur, l'Autre est nécessaire pour exister et pour nous construire.

Enseigner les droits de l'homme c'est monter un fil rouge qui constitue la force du lien social ; l'ECD commence avec l'interprétation de ce fil rouge à partir duquel s'esquissent les différentes compréhensions de la société. Et c'est ça sa fonction principale.

Mais qu'est-ce que l'ECD peut apporter à la démocratie ? Prendre conscience de sa propre citoyenneté c'est prendre conscience de son appartenance, de ses droits et responsabilités ; nous ne pouvons être citoyen qu'avec les autres, ce qui place les droits de l'homme au cœur de l'ECD car ils sont une pratique de la démocratie.

Le sujet, acteur et auteur de l'ECD

Selon Touraine le sujet est « la construction de l'individu comme acteur, par l'association de sa liberté affirmée et de son expérience vécue assumée et réinterprétée. Le sujet est l'effort de transformation d'une situation vécue en action libre ; il introduit de la liberté dans ce qui apparaît d'abord comme des déterminants sociaux et un héritage culturel[171]. » Le sujet devient acteur et auteur de sa propre éducation, de sa vie, de ses droits et par ce moyen il est appelé à réparer, à réinventer, à renouveler la démocratie en sachant que l'ECD n'est pas l'éducation de la neutralité mais elle est la rationalisation des relations entre les sujets qui rend possible l'exercice des vertus civiques en développant en même

---

[170] Meyer-Bisch, P., « De ce Dieu qui nous vient à l'idée », op. cit. p. 11.
[171] Touraine, A. *Qu'est-ce que la démocratie?* Paris Fayard, 1994, p. 23.

temps la réalisation sociale des libertés. C'est aux sujets, seuls ou en commun, qui revient la responsabilité de les revendiquer et de participer aux responsabilités qu'ils impliquent.

Deux sont les axes sur lesquels l'ECD s'appuie: le respect de la norme éthique fondamentale et le développement des procédures démocratiques qui traversent les sociétés. Cela signifie que le pouvoir se partage, « la personne reste citoyenne multiforme[172] » qui exerce ses droits sans les déléguer et l'enjeu de l'éducation est la mise en rapport des pouvoirs et des savoirs par le dialogue qui s'engage à traduire les droits de l'homme. L'efficacité de ce dialogue requiert que le pouvoir corresponde à un savoir pour élaborer des normes et rendre effective l'action.

Cette éducation se construit sur *l'inclusion du tiers*[173], principe qui justifie la mise en relations des sujets et la force de la démocratisation qui signifie faire interagir les diversités en permettant leur un développement qui forme un tissu et une systémique sociale cohérente sans aucune exclusion.

Transformer le sujet en *acteur*[174] signifie concevoir les droits de l'homme comme une grammaire de la vie des personnes et des peuples basée sur une éthique démocratique qui vise à répondre à des questions portant sur la façon dont il est juste de vivre ensemble avec une capacité d'interpréter, de clarifier nos buts et nos intérêts divergents. Il s'agit d'une éthique publique qui se fonde sur un projet démocratique capable de définir les principes et les critères de conduite et de choix collectifs et on peut la rejoindre seulement si on fixe comme fin de la communauté

---

[172] Touraine, A., *Critique de la modernité*, Paris, Fayard, 1992, p. 376.

[173] Serres, M. *Le Tiers-instruit*, Paris, Bourin, 1991.

[174] Touraine A., « Des mouvements sociaux à l'acteur », in *Les penseurs de la société*, Paris, 2013.

politique une éducation plus apte à garantir des *capabilités*[175] égales pour tous[176].

Identifier les acteurs comme sujets signifie avoir une attitude péda-gogique continue pour conjuguer libertés et responsabilités, pour identi-fier leurs connexions, pour les inscrire dans les actions sociales, dans les réseaux d'appartenance et dans l'histoire quotidienne de chacun. En ce sens chaque acteur remplace les distances par des connexions spatiales et temporelles nouvelles, par des interrelations, et cette régulation de-vient la force de l'éducation.

> « Le terme *d'interrelation* est essentiel à notre propos. Les identi-tés ne peuvent plus être conçues en termes d'exclusion, ou seu-lement de relations, mais d'interrelations: ensembles de relations qui font système. Nous avons trois niveaux d'analyse, eux-mêmes en interaction: le point ou nœud (personne ou commu-nauté, sujet et/ou débiteur du droit), la relation ou connexion (ligne, arc, boucle), l'interrelation ou interconnexion, dont l'ensemble constitue un maillage. Le nœud (le sujet) ne peut être appréhendé dans la puissance ou l'amplitude de sa subjectivité si l'on fait abstraction des relations et interrelations qui contribuent à son identité, et réciproquement[177]. » Le nœud est la personne

---

[175] Sen, A., *L'idée de justice*, 2009.

[176] Le concept de *capabilités* pour A. Sen signifie les diverses combinaisons de modes de fonctionnement que la personne peut atteindre. L'ensemble des com-binaisons de modes de fonctionnement reflète la liberté qu'a la personne de choi-sir tel ou tel type de vie, une combinaison de modes de fonctionnement pouvant être assimilée à un type d'existence.

[177] Meyer-Bisch, P., « La notion de démocratisation au regard des droits cultu-rels », *Hermès*, 1996, p. 252

qui vit dans un tissu composé des relations. « Sans les nœuds le tissu se défait mais sans le tissu les nœuds n'existeraient pas[178]. »

Aujourd'hui, alors que de plus en plus d'acteurs se réfèrent aux droits de l'homme pour définir leurs droits, leurs libertés et leurs responsabilités, il est nécessaire que le système universel de normes fondamentales remplisse sa fonction de « grammaire politique » des relations entre tous les acteurs, publics, civils et privés, une grammaire qui devient un paradigme social s'il passe par la réalisation et l'effectivité des droits de l'homme, qui sont évolutifs selon les progrès de chaque société, mais qui vont toujours dans le sens du renforcement et de l'extension des *capabilités* de chacun. Cette perspective incite l'acteur à entreprendre, à exercer une liberté d'action sur la base des valeurs qu'il choisit et des modes de vie auxquels il aspire.

La culture de la démocratie se réfère à un idéal du partage et de respect de la personne qui a besoin des autres pour réaliser le bien commun. Et l'apprentissage du bien commun se situe à la fois sur le plan intellectuel, comportemental et éthique ; il s'agit de mieux comprendre ce que signifie et implique la mise en œuvre du bien commun pour ceux qui appartiennent à la collectivité qui s'ouvre elle-même à la dimension mondiale. « Le concept de bien commun concerne aussi les générations futures. Le citoyen d'aujourd'hui doit être solidaire avec ses contemporaines et avec les futurs citoyens de la planète... Il faut construire des leaderships qui tracent des chemins, en cherchant à répondre aux besoins des générations actuelles comme en incluant tout le monde, sans nuire aux générations futures[179]. »

L'ECD doit être alors une éducation ouverte, sans exclusions, une éducation herméneutique de l'altérité, lorsqu'elle permet un dialogue

---

[178] Pannikkar, R., E' universale il concetto di diritti dell'uomo? In Volontari e terzo mondo, Focsiv, 1990, p. 37.

[179] Congregazione per l'Educazione cattolica, Educare all'umanesimo solidale, 2017, n° 21.

interculturel entre différentes formes de vie. Il ne s'agirait de permettre un mieux-être aux personnes grâce à la distribution de biens auxquels on pense qu'ils ont droit mais de permettre à l'humanité d'assumer et de préserver sa différenciation culturelle comme assurance pour faire face à ses problèmes.

La vraie ECD est sans frontières, est avant tout un lien politique qui se déploie dans un espace public, un espace créé par les citoyens, qui, selon Habermas « accomplit une fonction d'intégration sociale et constitue le lieu de la génération démocratique de l'opinion et de la volonté publiques. Situé entre la sphère privée de l'État, il fonctionne comme une caisse de résonance des problèmes qui doivent être traités par le système politique[180]. »

Une éducation dynamique qui, en devenant un registre de restructuration des territoires, donne un nouveau regard à la société. Elle est le résultat d'une action collective des groupes, des communautés et des acteurs qui discutent pour redéfinir, avec des règles partagées, l'espace public dans lequel ils agissent tous ensemble, comme citoyens, sans distinction entre autochtones et migrants, en vue de bâtir une communauté démocratique régénérée autour des valeurs communes. L'enjeu est celui de la participation de tous aux choix collectifs qui les concernent.

Le caractère central de l'éducation est évident dans ce processus. Une éducation qui part du principe que la culture doit être le lieu de l'éthique : elle désigne une qualité d'intégration dans le lien politique des différents acteurs et de leurs fonctions. Mais la légitimité de chaque acteur, qu'il s'agisse de l'État, des entreprises, des ONG ou du citoyen en général, est en débat permanent. Ce sont les libertés qui ne vont pas de soi. Les conditions de leur exercice sont à redéfinir constamment pour améliorer la capacité de mise en œuvre des droits de l'homme dans un dialogue interculturel qui touche la capacité du sujet à lier ensemble

---

[180] Cavalière, S., 2007, *La citoyenneté, un outil analytique pour l'étude de la gouvernance*, p. 27.

les différentes composantes de son identité, à faire les liens entre son individualité et les communautés auxquelles il se reconnaît appartenir, « à être une personne avec des racines très profondes et des antennes bien développées[181]. »

Si l'ECD s'appuie sur le dialogue entre les diversités il faut que les migrants se perçoivent comme citoyens à plein titre sans discrimination et exclusions ; cette action donne un nouveau visage à la société, fruit d'un tissage de liens sociaux et culturels, une société dans laquelle chacun a le désir de créer une nouvelle communauté où la responsabilité de chacun est de créer les conditions pour faire avancer tous les autres.

> « Les migrants et les réfugiés… n'arrivent pas les mains vides : ils apportent avec eux un élan de courage, leurs capacités, leurs énergies et leurs aspirations, sans compter les trésors de leurs cultures d'origine. De la sorte, ils enrichissent la vie des nations qui les accueillent[182]. »

Sur cette base on ne peut pas se limiter à faire découvrir l'altérité et la diversité conçues comme rapport à l'autre, il faut apprendre une capacité d'agir et de combattre contre toute forme de discrimination sur la base des valeurs démocratiques et des droits de l'homme. Ceux-ci constituent la référence fondamentale qui peut orienter notre recherche sur l'homme et la rencontre avec l'Autre dans son universalité.

---

[181] Perotti A., *Plaidoyer pour l'interculturel*, Conseil de l'Europe, Strasbourg, 1994

[182] Message du Pape François pour la journée mondiale de la paix, 2018, n. 3.

C.

IL PRIMATO DELL'EDUCAZIONE

1. La educación en el siglo XXI

Para afrontar este tema, la primera pregunta que debemos responder es: ¿educación para qué modelo de sociedad[183]? ¿Cómo las sociedades contemporáneas se construyen teniendo en cuenta sus identidades nacionales y un destino compartido? Y, ¿Cómo la educación contribuye a crear un sentimiento de identidad respetuosa de la diversidad?

Si prevalece una política que implica una desigualdad de derechos y estatutos, una política que trata de borrar las diversidades, es la democracia que está en peligro porque cada modelo democrático debe ser inclusivo y la inclusión debe ser ejercida por todos. Cuando el derecho a la educación no es efectivo se generan disparidades regionales y desigualdades sociales que se reproducen al interior de la escuela la cual corre el riesgo de responder más a las leyes del mercado que a aquellas de servicio público.

La inclusión en la sociedad pasa a través de la inclusión en la educación y, a la vez, la inclusión en educación es un aspecto de la inclusión social. Por esto es necesario crear una cultura de la educación mediante la construcción de una comunidad acogedora, colaborativa y estimulante

---

[183] Informe presentado en el Congreso Internacional de Educación Superior en La Habana, 2012.

en la cual todos son considerados "sujetos" y en la cual los valores son compartidos por todos los componentes de la escuela. Es un proceso que debe acrecentar continuamente la participación de todos los alumnos... La inclusión se realiza cuando hay un proceso de participación activo. Una escuela inclusiva es una escuela en movimiento.

Cada alumno es portador de una cultura, de una historia, de valores concretos, de un proyecto de vida y la educación no puede hacer tabla rasa en nombre de la igualdad y las oportunidades. La igualdad de las oportunidades no pueden tener el mismo significado para todos: ésta significa lo mejor y lo más apropiado para cada uno.

Responder a esta necesidad significa valorizar las diversidades, sostener el derecho de todos a la libertad, la cual es la capacidad de crear y de re-crear a sí mismo, de construir la propia autonomía, de interpelar y de interpelarse, de buscar lo permanente en lo contingente, el orden en el caos[184]. Se puede añadir que, la inclusión, sólo superando las fragmentaciones y educando a un pensamiento libre puede resistir a la discriminación y a la opresión en cuanto éste es un camino interior, una necesidad ontológica. Yo no soy libre contra alguien, sino soy libre con el otro y esta co-libertad es la base del desarrollo y de la democracia entendida como realización de la igualdad en el ejercicio de la libertad.

Es reductivo, sin embargo, pensar que el pluralismo educativo se limite al respeto del derecho a la diferencia bajo la mirada de los derechos del hombre; se trata más bien de elaborar políticas y estrategias adaptadas a los diversos contextos para preparar a los alumnos provenientes de culturas mayoritarias o minoritarias, de contextos urbanos y rurales, de diversas clases sociales a vivir armoniosamente en el ámbito de las propias sociedades siempre más plurales y en un mundo más integrado.

---

[184] Kamto, M.,1993, *L'urgence de la pensée*, Éd. Mandara, Yaoundé, pp. 40-43.

Para declinar sobre el aspecto educativo es necesario adoptar una pedagogía de la deconstrucción, la cual reconoce que cada identidad personal se forma a partir de una identidad cultural, histórica y social. *De construirse y reconstruir* la cultura y las instituciones no significa alienarse, sino encontrar posibilidades originales de encuentro con el otro, "verlo a partir de él mismo o sea, verse como otro"[185]. El proceso de deconstrucción y de recomposición es un nuevo paradigma que opone a una cultura de ruptura, la cultura de la complementariedad y de la convergencia que permite pasar de una lógica mono cultural a una lógica intercultural fundada sobre la relación, en otros términos, "de la lógica de la identidad aislada a la lógica de la diferencia relacional"[186].

Uno de los deberes de la educación del siglo XXI consiste en tomar conciencia que detrás de una alteridad multiforme existe la dimensión ontológica de la persona que vive su universalidad y su plenitud en las relaciones con los otros; esto no excluye conflictos o malentendidos, sino que constituye una condición preliminar de modo que las incomprensiones no se transforman en ruptura de comunicación.

La inclusión es un problema político y cultural que demanda a la capacidad política e institucional de "recrear comunidades en la sociedad, en la cual la diversidad es percibida todavía como un elemento perturbador de la cohesión social"[187]. Es decir, si hay cohesión, hay consenso sobre los elementos que constituyen un *pacto social,* o sea sobre los derechos y deberes reconocidos a todos. Y como esfera social que reconoce a la persona como sujeto de soberanía capaz de "reconfigurar el espacio público sea reconociéndose como actor o ampliando las fronte-

---

[185] Ibídem, p. 105

[186] Ibidem, p. 125

[187] Lorcerie, F., 2006, Politique scolaire et intégration: bonnes intentions et piètres résultats", Fondazione Agnelli, Torino, p.2.

ras de este espacio nacional cada vez que se ponen en juego los bienes públicos mundiales"[188].

Los retos de la educación

¿Cuál es la tarea que los diferentes actores de la sociedad civil tienen hacia una educación inclusiva? ¿Qué puede hacer cada actor? Esencialmente dos cosas: movilizar a los padres y a sus redes asociativas para crear nuevos dispositivos de participación, y favorecer en la elaboración de políticas pertinentes, poniendo siempre atención a su realización. Esto presupone la capacidad de intervenir contemporáneamente en el ámbito escolar y extraescolar para construir un diálogo entre enseñantes y animadores sociales. La ciudad se convierte en un espacio "de cultura que educa la escuela y la escuela educa la ciudad en un intercambio de saberes y de competencias"[189].

El derecho a la cultura es el motor del diálogo que vivifica una sociedad, que la lleva a la autonomía y a la autodeterminación. Es uno de los retos que la humanidad hoy es llamada a acoger y consiste en encontrar nuevas formas de pensamiento, nuevas modalidades de acción, nuevos modelos organizativos, nuevos estilos de vida y nuevos procesos educativos. Cada persona debe reconocer no solo la alteridad en todas sus formas sino también la pluralidad de las identidades en el ámbito de sociedades así mismo plurales.

Si de un lado, la diversidad es percibida como patrimonio común que debe ser valorado; del otro, la diversidad implica complejidad de relaciones y de interacciones que vivifican y no mortifican la cooperación interinstitucional entre los diversos actores de la escuela a favor del pleno desarrollo de todos. En este modo, el territorio se convierte en un

---

[188] Zadi, Laidi, 2003, « Adieu Bodin, souveraineté et mondialisation », *Itinéraires*, IUED, Genève, p.21.

[189] Moacir, Gadotti, 2005, La question de l'éducation formelle/non formelle, Sion, p.103.

lugar de educación para todos, o sea, el ambiente cultural y social de vida en común, una realidad plural y un lugar de educación para la ciudadanía compartida.

La solución más apropiada es, por tanto, aquella de abrir las instituciones a las necesidades de la sociedad introduciendo en los mecanismos internos de la gestión educativa algunos factores de dinamismo que favorezcan la capacidad de reacción y de respuesta a las demandas sociales. Para responsabilizar a la sociedad, de hecho, es oportuno recordarle la posibilidad y la autoridad de definir las propias orientaciones, finalizar la propia educación e involucrar a sus protagonistas en las decisiones.

Las comparaciones internacionales demuestran que uno de los tratos más innovadores de las tendencias actuales es el rol activo acordado a la demanda social. Es una tendencia que expresa tanto a través de medidas como dando más poder de participación y de decisión a los usuarios (autonomía institucional, privatización), mediante programas que mejoran la calidad de la demanda educativa (mejor información de los sujetos, formulación de nuevas propuestas).

El cambio en la educación tiene un carácter sistémico en cuanto depende de la interacción de múltiples factores como los contenidos, las estructuras, la formación de los enseñantes, las reformas administrativas entre otros. Sin embargo, no se trata de realizar todo e inmediatamente, sino de establecer prioridades a partir del nivel local para llegar al nivel central con innovaciones planificadas y concordadas entre ellas.

Actuar en la óptica de la innovación significa por tanto devolver la escuela a la sociedad y, al mismo tiempo, trabajar para un conglomerado social que supere divisiones y conflictos y cohesione a la comunidad. Cada innovación tomará aliento desde el conjunto de objetivos negociados con las comunidades implicadas no solamente legándolas al aspecto teórico de los conocimientos sino a las particularidades culturales, sociales y lingüísticas de los diferentes países. Solo así la innovación volverá capaz a la escuela de conducir una sociedad intercultural.

Se trata de devolver a cada uno aquello que le es debido construyendo una correspondencia entre el derecho personal y la organización social (en particular movimientos sociales, asociaciones, categorías profesionales) y una corresponsabilidad de cada uno en los encuentros de la colectividad.

Aquello que une las organizaciones sociales es la capacidad de combinar la unidad de la sociedad con la diversidad de intereses, valores, opiniones, historias de sus componentes. Si la democracia no está legada estrechamente a los movimientos sociales, si no es garante de las solicitudes y de las protestas de aquellos que están en los márgenes, si no se garantiza un atento control social vigilante de la actividad económica para impedir que un sistema de medios se transforme en un sistema de fines, ésta pierde toda su fuerza y se reduce a un puro instrumento de gestión.

Militar para la democracia así entendida, significa adoptar la dialéctica del uno y del múltiple, del similar y del diferente y, sobre el plano institucional y político, apalancar sobre las relaciones entre identidad nacional y cooperación planetaria.

Cada educación debe tender a la apertura, debe ayudar a cada uno a situarse culturalmente respecto a los otros y, también a abrirse hacia otras culturas; ésta no es una elección neutra, ni un ejercicio inofensivo porque se corre el riesgo de convertirse uno entre los otros, o, peor, de disolverse en los otros. Y el conocimiento de los otros se vuelve aún más difícil si se sale de espacios definidos, circunscritos en los cuales hasta ahora han oscilado tantos contenidos escolares, aquellos históricos y geográficos que han comprimido la diversidad al interior de algunos límites.

La educación inclusiva debe transmitir un modo de ver, de pensar, de vivir, de referirse, de problematizar y de interpretar el hecho social en sus expresiones más vitales, en la infinita diversidad de sus prácticas que confieren riqueza vivacidad y regeneración. Éstas deben crear un sentido de pertenencia, transmitir y educar a una función interpretativa de los hechos.

Es una educación que debe colocarse entre la historia y la ética para ayudar a leer los hechos dentro del pluralismo de la historia, a comprender al otro en su pasado y en su presente. "Más presente que nunca, más cerca que nunca, el otro es paradojamente más oscuro que nunca. Esta alteridad estrecha corre el riesgo de ser una alteridad artificial, una alteridad apantallada"[190].

Una educación centrada sobre la cultura y sobre los valores sociales capaz de dar realce e importancia específica a las diversidades de la historia, de la cultura y al reconocimiento del otro, es una educación orientada hacia la libertad del sujeto, una educación que se refiere a la dimensión dialógica de la cultura contemporánea que hace que la escuela se transforme en una realidad socialmente y culturalmente heterogénea alejándose en lo posible de una escuela que se definía solo mediante la pertenencia de todos al mismo conjunto social, cultural y nacional.

La escuela de hoy debe por tanto ser consciente de la pluralidad de sus funciones en cuanto está arraigada en la sociedad, pero "no debe ser hecha por la sociedad, no debe darse o sea por misión fundamental aquella de formar unos ciudadanos o unos trabajadores, sino de acrecentar la capacidad de los individuos de ser sujetos"[191].

Es la escuela del vivir juntos que sabe dar importancia a las vivencias, a los mensajes, a la comprensión de eso que cada uno piensa y dice para entender al otro en su singularidad. Si la escuela pone el acento en la formación de la persona, dándole tiempo y espacio necesarios para construirse como sujeto, para reflexionar sobre la propia vida, sobre la

---

[190] Pretceille, Abdallah M., Porcher, L., *Éducation et communication interculturelle*, PUF, Paris, 1996, p. 96.

[191] Touraine, A., *Pourrons-nous vivre ensemble ?* Paris, Fayard, 1997, p..334.

propia experiencia y para pensar en sus propias elecciones, ésta podrá además volverse más independiente del ambiente social de proveniencia de los alumnos y trabajar eficazmente para combatir las discriminaciones sociales.

La educación como medio para aprender la democracia

La democracia es un proceso y un principio en movimiento que se construye continuamente y evoluciona mientras emergen las reivindicaciones de los movimientos sociales con el objetivo de cambiar el marco institucional.

En las sociedades democráticas el poder público es siempre emanado por los ciudadanos y, en cuanto tal, está a su servicio y bajo su control, por esto el acceso a los servicios como la educación, el trabajo, la salud debería realizarse en un régimen de igualdad. "La crisis de la política en nuestras democracias es una crisis del proyecto de igualdad debida al poder siempre creciente que adquieren las grandes fuerzas económicas"[192].

Sin embargo, prioritariamente, los derechos son la libertad y la capacidad de actuar: dimensiones que se conjugan con otros de tipo económico, cultural y social, por lo cual, los derechos sociales y políticos constituyen las guías para los derechos económicos.

El aprendizaje de la democracia es conducido directamente hacia la persona, pero aquello debe interesar e implicar también a las instituciones. De hecho, "una institución que aprende es una organización que facilita el aprendizaje de todos sus miembros y no para nunca de transformarse"[193].

---

[192] Thériault, J.Y., Citoyenneté, espace public et identité, in *Options*, n° 11, 1994, p. 17.

[193] Birzea C., L'éducation à la citoyenneté démocratique: un apprentissage tout au long de la vie,

Es una educación que pone en juego la responsabilidad social, la participación comunitaria, la cultura política. Como sostiene Meyer-Bisch, su prioridad principal es aquella de los vínculos sociales y "de los ciclos de responsabilidad. No existen lugares de responsabilidad a identificar como habitualmente se hace en las declaraciones (los Estados, los medios, las empresas, etc.), sino *las vías de acceso* que, considerando cada actividad como una cadena, identifican las responsabilidades a cada eslabón. No es sólo una responsabilidad de los actores, sino es aquella que existe entre más actores, muy diversos entre ellos, en el perseguir objetivos comunes, en el funcionar como grupo social y en el inscribir en el tiempo cada acción suya" [194]

De este modo, la educación inclusiva crea cohesión en cuanto, por un lado, reúne a las personas, los grupos y las comunidades en torno a un proyecto político común y a los valores compartidos, y, del otro, funge de taller de reparación de las fracturas sociales, de la desilusión política, de la alienación y de la indiferencia de los ciudadanos en las discusiones de un compromiso político.

Más allá de esto, la educación realiza también una política de prevención apuntando sobre la convergencia de valores, sobre la relación cívico y su repartición de responsabilidades, una suerte de gestión compartida que hace de embalse a los empujes y contra fuerzas de la fragmentación social.

En cuanto instrumento de cohesión social se validan dos estrategias específicas que se sostienen y se completan recíprocamente y resultan eficaces solo si se aplica al mismo tiempo:

- "una medida inclusiva que pone el acento sobre el interés común, sobre el significado de la adhesión, sobre la pertenencia y sobre la convergencia de valores;

---

[194] Meyer-Bisch, P., La responsabilisation. Rapport final, Strasbourg, Conseil de l'Europe, 1999, doc. CDCC/Delphes, p. 4.

- Una medida de diversificación mediante la promoción de las diferencias, de las particularidades y de las necesidades específicas de los diferentes grupos"[195]

Para educar a la democracia, la escuela no debe reducirse a un servicio social: debe ser la escuela de todos y de cada uno, compensar las desigualdades sociales, haciendo elecciones de discriminación positiva a favor de los más débiles. Así, aunque al frente de fenómenos de violencia que penetran en la escuela desde lo externo o que se nutren en el interno, ésta alcanzará a resistir, a absorber las agresividades y las reacciones de defensa.

Actualmente, las formas más graves y más evidentes de desintegración son aquellas que descomponen la personalidad del hombre, le impiden unir su pasado con su futuro, su historia personal con la historia colectiva, de ser precisamente sujeto de la propia vida, capaz de administrar los cambios, de combinar lo universal con lo particular, la racionalización burocrática con la subjetividad.

Es contra estas formas que un proyecto de democracia del futuro debe combatir, partiendo siempre del presupuesto que en las sociedades modernas el sujeto se afirma en dos modos complementarios y opuestos. Por un lado, él "es libertad, lo opuesto de determinismos sociales y creación personal y colectiva de la sociedad; del otro, es resistencia del ser natural y cultural al poder que dirige la racionalización. Él es individualidad y sexualidad, familia y grupo social, memoria nacional o cultural, pertenencia religiosa, moral o étnica"[196].

---

[195] Birzea, C., *L'éducation à la citoyenneté démocratique*, op. cit. p. 72.

[196] Touraine, A., *Qu'est-ce que la démocratie?* Fayard, Paris, 1994, p. 198.

2. Desigualdad en el acceso a la educación y exclusión social: un círculo vicioso

La mayoría de los autores están de acuerdo en pensar que la exclusión es un fenómeno social estructural, dinámico y dependiente de múltiples factores, ya que surge de un conjunto de circunstancias negativas ligadas entre ellas[197]. Esos factores son de orden estructural, dado que la exclusión hace referencia a las desigualdades sociales acumuladas y provocadas a través de la historia, y dinámicas particulares, dado su carácter cambiante con respecto a los individuos y a los grupos sociales.

De hecho, hoy en día, la exclusión es un concepto ambiguo con características relativas, ya que asume significados diferentes: algunas veces es sinónimo de explotación, otras de alienación, otras tantas de violencia, de incompatibilidad y de negación.

> «¿De qué estamos excluidos? ¿Con respecto a qué dentro – a qué fuera?. Excluir es encerrar en lugares menos cercanos. Es expulsar al extranjero con el pretexto de que él mismo se volvió extraño, incomprensible, amenazante. Excluir es expulsar, rechazar, cerrar la puerta, despedir ».[198]

La exclusión es también sinónimo de incompatibilidad, ya que imposibilita cualquier tipo de integración, toda coexistencia del *Otro* hasta cuando sigue siendo *Otro* sin convertirse en un semejante.

La sociedad actual crea nuevas personas excluidas o personas vulnerables, de acuerdo a las condiciones de vida, de aprendizaje y de educación. Paralelamente a los sentidos clásicos de la exclusión, en términos estructurales, que son irrefutables, debemos tener en cuenta los significados asociados con el perfil cognitivo y ético del sujeto. La vulnerabi-

---

[197] Communication présentée au colloque à l'Université Catholique de Tegucigalpa, 2011.

[198] Natanson, J., L'école facteur d'exclusion ou d'intégration ? [La escuela factor de exclusión o de integración] *Le Portique*, n. 3, Paris, 2006, p.2.

lidad también afecta a aquellos que están integrados en la sociedad y a aquellos que tienen trabajo pero que tienen un perfil personal que no les permitirá superar las condiciones adversas o de fragilidad en su ámbito profesional.

Esta vulnerabilidad en aumento afecta a las personas que estaban previamente integradas, pero también a aquellos que aún no han comenzado su proceso de integración social y profesional. Afecta, por ejemplo, a los jóvenes que buscan su primer empleo o que desean continuar sus estudios después de la escuela obligatoria.

La exclusión social también puede concebir la vulnerabilidad como un concepto relativo a los espacios y a los ambientes de desarrollo y de educación que promueven o limitan la optimización de la persona. La vulnerabilidad puede llevar a la desafiliación[199] que se caracteriza por la falta de participación en la vida productiva y a la ausencia de relación.

El papel central que los procesos educativos juegan en los cambios sociales actuales, se explica principalmente por su capacidad para construir identidades. Identidades que, lejos de constituirse a partir de un solo eje dominante y excluyente, reúnen sentimientos de pertenencia y solidaridad en entornos muy variados.

La exclusión se convierte en una forma de protección del grupo y de sí mismo para salvaguardar su propia identidad. « Es distinguir en su espacio -el fuera y el dentro- y llevar a cabo movimientos de apertura y cierre de ese espacio de recepción en relación de los que estaban fuera, de expulsión de algunos de los que estaban dentro »[200].

Entendemos que la exclusión puede generar ansiedad, inseguridad y llevar a la agresión. Sin embargo, cada persona sólo puede existir en su relación con el *Otro*, con él, con su ayuda a volverse sí mismo, para

---

[199] Castel, R., « De l'indigence à l'exclusion: La désaffiliation » [De la indigencia a la exclusión : la desafiliación] in « Face à l'exclusion : le modèle français, Éditions Esprit, Paris, 1991.

[200] Natanson, J., L'école facteur d'exclusion ou d'intégration ? op. cit. p.3.

mantener su propia identidad, para fortalecer sus raíces, su cultura, su idioma, su religión y sus derechos fundamentales.

Excluir es negar los derechos humanos y si se trata de educación, se viola un derecho cultural que no puede ser transgredido y que afecta a la inviolabilidad de la persona.

Educación y exclusión constituyen un círculo vicioso, dos aspectos de una misma moneda porque, si una persona está excluida de la estructura social, no tiene vínculos con otros miembros de la sociedad, está apartada del contexto económico y político, entonces está marginalizada debido a su cultura despreciada, su identidad es violada; no tiene acceso a la educación, sus derechos son violados y el derecho a la educación no es efectivo, este tipo de violación genera automáticamente una exclusión.

Educación: un derecho ético fundamental

La educación es un derecho ético fundamental porque incumbe la inviolabilidad de la persona[201]. Ofrece la posibilidad de vivir la relación como una oportunidad de desarrollo personal y social, y ver a la gente como recursos *de unos para otros*. Plantear el principio ético que funda la educación significa "vivir teniendo en cuenta lo que marca nuestra presencia humana, es decir, la preocupación de nosotros mismos que incluye la preocupación del otro y la preocupación por el mundo"[202].

Educar es favorecer la afirmación de una persona, liberar valorando el pasado, la historia y la memoria para valorar las raíces y aprovechar lo que se ha hecho por nosotros. Educar es también interpretar la realidad y comprenderla gracias a lo que hemos aprendido de aquellos que

---

[201] Moreau, D., « Le droit à l'éducation: en enjeu fondamental de l'éthique applique à la Communications » [El derecho a la educación: un factor ético fundamental aplicado a la Comunicación], M. Pilon, J-Y Martin, A. Carry, *Le droit à l'éducation quelle universalité*, Éditions des archives contemporaines, Paris, 2010, p. 42.

[202] Ibidem, p. 46.

nos precedieron, para encontrar nuevas respuestas; educar es transmitir los conocimientos, aprender a colaborar y a ser autónomo; se trata de un proceso continuo que debe "enseñarnos a dudar, a cuestionarnos y a aprovechar oportunamente las ocasiones para ser capaz de descifrar nuevas pistas"[203].

> "La educación es doblemente hermenéutica. Su tarea es permitir tomar decisiones cuyas consecuencias no pueden ser conocidas científicamente por la interpretación que ésta hace de un Todo, que le permite anticipar a partir de lo que el pensamiento planteó. Es en ese sentido, que la educación prepara al futuro, no tratando de asimilarse a todo precio al presente. Sin embargo, la educación es al mismo tiempo la hermenéutica de la alteridad, cuando permite un diálogo intercultural entre diferentes formas de vida [...] No se tratará de permitir un mayor bienestar a los individuos gracias a la distribución de bienes a los que creemos que tienen derecho, sino permitir a la humanidad de asumir y mantener su diferenciación cultural como una forma de seguridad para hacer frente a problemas resultantes de las consecuencias de la ciencia y de la implementación de la tecnología"[204].

El punto neurálgico de la educación es la educación del pensamiento, porque es a través del pensamiento que nos alimentamos de ciertas ideas y de ciertos principios, formamos deseos y proyectos; es a partir de nuestros pensamientos que dirigimos nuestra conducta y nuestro comportamiento, que desarrollamos nuestros hábitos, nuestras capacidades, nuestras libertades. La educación del pensamiento es la base del respeto a los derechos del *Otro*.

---

[203] Haddad, Georges, Les défis de la créativité. ERF, Note de discussion, Unesco, 2011, p.1.

[204] Martin, A. Carry, *Le droit à l'éducation quelle universalité*, Éditions des archives contemporaines, Paris, 2010, p. 47.

Garantizar el derecho a la educación significa luchar por una visión más amplia de la educación que no puede limitarse a una cierta *edad* escolar ni a una categoría especifica de niños; sería una manera reductiva y minimalista de aplicación del principio de efectividad, además de que anula la verdadera universalidad de este derecho.

Todos tienen derecho a la educación y la "efectividad programática de este derecho podría dar lugar a la adecuación de la realidad sobre el terreno a través de estrategias apropiadas que incorporen todos los datos (incluidas las macroeconómicas y políticas)"[205].

La educación puede convertirse en un verdadero medio de promoción social y también puede serlo para las familias más pobres, pero su escolarización a menudo se fragiliza, ya que viven en un entorno que carece de todo: electricidad, materiales necesarios, tiempo para estudiar, estos factores dificultan la posibilidad de tener una educación de calidad. En este caso, el sistema escolar formal sólo prolonga las desigualdades sociales ya existentes.

Por un lado, esta situación engendra las disparidades en el país y, por otro sólo incrementa el fracaso de la generalización de la educación primaria, a la que los grupos sociales marginados y las minorías étnicas no pueden acceder.

Estas desigualdades se reproducen dentro de la escuela, que ya no es un servicio público y no responde a las necesidades de la población. "El concepto de servicio público tiende a desaparecer, al igual que el de educación pública a los que se sustituye por sistemas semi-privados o

---

[205] Dalbera, C., Lange, M.F., « Critique d'une représentation réductrice du droit à l'éducation au regard des pratiques d'acteurs et des attentes des publics concernés », in *Le droit à l'éducation, quelle universalité ?*, Archives Contemporaines, Paris, 2010, p. 88.

semi-comunitarios donde reina una confusión propicia a la negación del derecho a la educación que sólo los Estados pueden garantizar"[206].

El riesgo hoy es aún grave, debido porque el derecho a la educación, que es ante todo un derecho cultural, es decir, un derecho de acceso al proceso de identidad, corre el riesgo de desaparecer en beneficio de valores de la competencia económica internacional.

La demanda de educación no es sólo una solicitud de acceso a la escuela o de integración en el sistema educativo, sino que es principalmente una demanda de *capital social* adquirido por la apropiación del capital escolar. El significado y el valor de esta demanda de educación no está relacionada con la ganancia, ya que no se trata de ganar una promoción social a través de los estudios, sino más bien de estar socialmente integrados.

Incluso, actualmente en muchos países, ser alumno sigue siendo un privilegio debido a las condiciones de vida, del trabajo doméstico al cual no pueden escapar los estudiantes, al trabajo productivo (tales como el comercio, la artesanía, la agricultura, la ganadería, la pequeña empresa, etc.) en el que los estudiantes están involucrados: se trata de un trabajo que no les deja mucho tiempo para estudiar y limita las oportunidades de inversión de los jóvenes. Además, hay que tener en cuenta la situación de las familias, sin libros, sin documentos escritos, algunas veces sin luz, sin un espacio para la lectura, sin material didáctico.

A todo esto, se añaden factores estructurales tales como la estructura familiar, como el modo de reproducción social que ejerce una influencia importante a la hora de inscribir o no un niño en la escuela; y aun cuando la familia escoge la escuela, ésta última no representa el sitio de socialización más importante del niño, porque no lo exenta del traba-

---

[206] Lange, Marie France (2000), Dynamiques scolaires contemporaines au Sud, *Autre Part*, n° 17, p. 7.

jo doméstico que a menudo, tiene prioridad sobre el estudio y los tiempos escolares.

Las desigualdades en el acceso a al conocimiento

¿Cómo puede la educación oponerse a este aumento de desigualdades y, a favorecer la inclusión?

La educación formal es necesaria pero no suficiente. Por lo tanto, conviene que la educación no formal complemente la educación formal. Sin cooperación entre el sector público y el sector sin fines de lucro/no mercantil, este objetivo no podrá lograrse.

> «La concretización del derecho a la educación es un proceso continuo. Los progresos pueden describirse como dos círculos concéntricos que vienen y se ensanchan ; el primero, muestra la extensión progresiva del derecho a la educación y el segundo, una inclusión gradual de aquellos que previamente estuvieron excluidos»[207].

El derecho debe comprenderse también como un compromiso colectivo de una sociedad para crear condiciones para que cada uno tenga, no solo acceso a la escuela sino para que las competencias adquiridas le permitan su plena realización.

Hoy existe una verdadera necesidad de renovación educativa hacia una educación de calidad que se apoye en ejes fundamentales tales como: aprender a comprender, aprender a compartir, aprender a comunicar, a participar, a hacer y a producir, a transformar, a anticipar, a ser autónomo y a vivir juntos.

Toda política nacional que tenga como propósito la calidad debe saber instaurar una cultura capaz de promover una educación animada por una serie de valores ampliamente compartidos y que conciernan el pro-

---

[207] Tomasevski, K., 2003, Rapport à la Commission des droits de l'homme (E/CN. 4/2003/9), p. 14.

ceso de educación y de aprendizaje. Debe planificarse con las diversidades culturales y sociales que son a su vez estratégicas y operativas dado que éstas, implican la elaboración, la aplicación y la evaluación de una política. Se trata, en especial, de saber cómo *aprender a aprender* de manera autónoma y continua, adaptarse a los cambios.

Educar, es crear condiciones. « Para medir la efectividad de la educación es necesario considerar simultáneamente la cobertura escolar y la calidad de la educación [...] Utilizando un indicador que combina las dos dimensiones : la tasa de conocimiento de base, es decir, considerar el objetivo de aprendizaje mínimo por el nivel correspondiente y ver la proporción de niños que llegan a este objetivo »[208].

La calidad no puede existir sin la igualdad cuando un sistema tiene una pequeña minoría de alumnos que aprenden y que obtienen buenos resultados y otros que no aprenden nada, no podemos hablar de calidad. «Las investigaciones muestran que las desigualdades sociales se agravan con los sistemas educativos. Un niño de clase media posee mucho más conocimiento escolar al entrar a la escuela que un niño de familia pobre. La escolaridad primaria permite raramente la reabsorción de esta diferencia de conocimientos y de capacidades de razonamiento entre estos dos grupos»[209].

La calidad al nivel de la escuela, supone un entorno escolar favorable al aprendizaje tal como podría serlo, por ejemplo, el consenso sobre el sentido de la educación, la participación de la comunidad, de los educadores, de los padres de familia y de los dirigentes del país, una planificación correcta, un currículo pertinente y que se formulen principios

---

[208] Bernard, Jean-Marc (2004), « Scolarisation primaire universelle et pilotage par les résultats dans le contexte africain : quels indicateurs ? » Colloque international, Le droit à l'éducation : quelle effectivité au Sud et au Nord ?, Ouagadougou, Archives contemporaines, Paris, p. 5.

[209] Caillods, F., (2006), Qualité et égalité, *Lettre d'information de l'IIPE*, N° 1, Unesco, Paris, p. 2.

directores en vista de integrar en la educación a todos los niveles, los conocimientos y las competencias indispensables para una cultura de la paz, un desarrollo sustentable, una comprensión intercultural, un respeto de la diversidad cultural, de las lenguas y de los sistemas de creencia diferentes, el respeto de los derechos humanos y de la defensa de los principios cívicos y de las prácticas democráticas.

No es suficiente abrir las puertas de la escuela, es necesario que los programas respondan a las expectativas de las familias y de la comunidad. Mayor flexibilidad en las modalidades de organización, en los contenidos, en los métodos y en el seguimiento, para no reducir las oportunidades de las personas a desarrollarse y a utilizar sus competencias al servicio del desarrollo y del crecimiento. Para esto, es urgente que la educación sea capaz de transformar los recursos en resultados, que puedan inducir una evolución de las mentalidades, las cuales ayudarían a los actores de la educación y acordarían una misma importancia al contenido de la educación y a las adquisiciones efectivas de los alumnos.

> «El derecho a una educación «adecuada» es un derecho que da acceso al ejercicio de libertades y responsabilidades; es una forma lógica de definir la calidad de la educación en el seno del conjunto indivisible e interdependiente de los derechos humanos. La calidad de la educación puede entonces comprenderse de manera universal, relativa a la realización de cada derecho humano, y ser respetuosa de la diversidad cultural (las libertades fundamentales son idénticas, pero se despliegan diferentemente según los medios culturales) »[210].

---

[210] Meyer-Bisch, P., La qualité de l'éducation : l'accomplissement d'un droit culturel dans l'indivisibilité des droits de l'homme [La calidad de la educación: cumplimiento de un derecho cultural en la indivisibilidad de los derechos humanos]. Document de synthèse, n.17, Observatoire de la diversité et des droits culturels, IIEDH, 2009, p. 6.

Cuestionarse sobre el derecho a la educación no es únicamente un asunto de prácticas «es también y, sobre todo, un alto sobre la imagen, un alto sobre si y su relación con los demás. Se trata también de un acuerdo sobre un proyecto de sociedad y, por lo tanto, un proyecto educativo [...] que interroga más que nunca, a la política y a los valores que subyacen de una sociedad. No son las buenas acciones que dan validez a la actividad, sino de lo contrario, un acuerdo ontológico, democráticamente formulado y democráticamente renovado»[211] .

Educación y pobreza: cuál es la relación, ¿cuál es el impacto?

Entre la educación y la pobreza existe una relación de causa y efecto: la educación es una relación constante de la persona, de su saber, de sus aptitudes para su plena participación en la vida. La educación es un derecho y como todos los derechos, libera a la persona a través del desarrollo de su creatividad individual, de su participación en las funciones económicas, culturales y sociales; si la educación no puede garantizarse, la persona es penalizada y envilecida, y cae en el círculo de la pobreza.

La lucha contra la pobreza fundada en el respeto de los derechos se basa en la noción de derecho y de obligación. «La lucha contra la pobreza y la defensa de los derechos humanos no son dos proyectos distintos sino dos enfoques del mismo proyecto que se refuerzan mutuamente. ... La pobreza es la falta de realización de los derechos humanos, sin olvidar la relación con las dificultades económicas»[212]. El enfoque de Amartya Sen ve la pobreza como la privación de las capacidades, de las libertades humanas fundamentales. La pobreza puede ser considerada como un nivel reducido de posibilidades y como la imposibilidad de

---

[211] Pretceille, Abdallah M., 2005, Le droit à l'éducation entre pragmatisme et éthique [El derechos a la educación entre pragmatismo y ética], Institut International des Droits de l'Enfant, Sion, p. 21.

[212] Haut Commissariat des Droits de l'Homme, Les droits de l'homme et la lutte contre la pauvreté [Derechos humanos y lucha contra la pobreza], Cadre conceptuel, Genève, 2004, p. 3.

llegar a un nivel mínimo aceptable de capacidades esenciales.[213] Entonces, la pobreza es una amenaza a ejercicio de todos los derechos humanos, derecho de libertad de pensamiento, de expresión, de salud, de educación, etc.

El Informe mundial del desarrollo redefine la pobreza a través de las nociones de riesgo, de vulnerabilidad, de falta de capacidad, de posibilidad de expresión que puede resumirse con el concepto de impotencia, es decir la falta de medios para satisfacer las necesidades básicas para la integración social, para participar a la vida cultural y económica. « El pobre siempre está siempre en busca de *Otro*, cerca de los demás, es aquel que trabaja por *Otro* [...] Pobre es aquel que está solo, que no se siente involucrado por nada, es aquel a quien no se le consulta [...] El pobre es aquel que no tiene derecho a la palabra, que es incapaz de decidir, de tener una iniciativa propia [...] Se es pobre cuando hay falta de educación, pero porque aquel que no estudió avanza en la obscuridad »[214]. En dos lugares diferentes la pobreza no tiene la misma cara : en algunas culturas uno nace pobre, no se vuelve uno pobre, en otras la educación recibida de la madre da al hijo la capacidad de comprender y de vivir el mundo ; es una educación que « fomenta las actitudes y los valores más adecuados para la seguridad humana con el fin de volver a la persona digna de su humanidad »[215]. La exclusión se manifiesta cuando una persona pobre ya no pertenece a ningún proceso de intercambio social o cultural, cuando perdió sus relaciones, entonces se convierte en marginada, no está sujeto a la consideración de nadie. La exclusión se traduce en ese momento como la imposibilidad de acceso a los servicios

---

[213] Sen, A., *Un nouveau modèle économique: développement, justice, liberté*, Odile Jacob, Paris, 2000.

[214] UNESCO, La pauvreté, une fatalité? Promouvoir l'autonomie et la sécurité humaine des groupes défavorisés, Kartala, Paris, 2002, p. 181-84.

[215] Ibidem, p. 185

públicos y de defensa de sus derechos ya que son demasiado inaccesibles[216].

La pobreza no es siempre la misma porque, cuando las poblaciones son vulnerables basta de un cambio en el contexto, económico o natural, o la partida de un o más miembros de la familia para cambiar el equilibrio que a menudo tiene como efecto la desescolarización de los niños. Entre la educación y la pobreza, existe una relación causal: el progreso de la educación reduce la pobreza y tiene un papel central en la integración social y económica de las familias, pero si la escuela no ofrece las condiciones adecuadas para el aprendizaje, los niños caen en un fracaso escolar a pesar de que tengan muy buena capacidad de aprendizaje.[217]

Luchar contra la pobreza significa hacer que los pobres sean autónomos, es decir, aumentar su libertad de elección y de acción para que pueda estructurar sus propias vidas. « Si la característica común de los casos de pobreza es la impotencia, también podemos decir que los derechos humanos responsabilizan a las personas y a las comunidades, dándoles los derechos que dan lugar a obligaciones jurídicas hacia los demás»[218].

Educación y contexto: una sinergia necesaria

Educar es crear condiciones: es una tarea compleja y difícil que debe involucrar a todos los medios, según se mezclen a la pobreza extrema y una gran riqueza. Es urgente que todos puedan comprometerse para convertir los territorios en la gestión de la transición de contextos de desigualdad a contextos entornos de inclusión respecto a todos los ciu-

---

[216] Raynaut, C., Pauvreté et développement dans les pays tropicaux, Les Cahiers d'Outre-Mer, Bordeaux, 1989.

[217] Lange, M.F., Henaff, N., « Accès à l'éducation et pauvreté au Vietnam », in Akkari, A. et Payet, J-P-, *Transformations des systèmes éducatifs dans les pays du Sud*, De Boeck, Bruxelles, 2010, p. 274.

[218] Haut-Commissariat des Droits de l'Homme, Les droits de l'homme et la lutte contre la pauvreté, Cadre conceptuel, Genève, 2004, p. 14.

dadanos de cualquier origen o procedencia. Y para ello, debemos desarrollar una educación que significa ayudar a los jóvenes a transformar su violencia en energía capaz de mejorar sus vidas y las de los demás.

Debemos trabajar para garantizar que todos los lugares sean inclusivos y que, gracias a la educación, sean capaces de crear vínculos de proximidad, de pertenencia, de comunidad, lugares *de la ciudadanía* donde cada uno tenga condiciones de vida conformes a los derechos humanos.

La contribución que la escuela puede dar a la inclusión es muy importante, pero para lograr este objetivo, es necesario una fuerte interacción entre los actores institucionales y sociales, además de una red de acción que no sólo involucre únicamente a grupos de escuelas, sino que se transforme en una relación continua entre escuelas, asociaciones e instituciones[219].

El modelo escuela–contexto, incluye a la escuela en el contexto y al contexto en la escuela. Del mismo modo, todos los alumnos tienen los mismos derechos y deberes: su identidad singular, plural e interactiva. En este modelo la comunidad educativa recupera la escuela en el área cultural del contexto y, adaptándose en la vida del contexto, la escuela gana un nuevo papel, ya que se convierte en una zona de construcción de ciudadanía.

Operativamente, se actúa de tal modo que los lugares comunes se convierten realmente en lugares de todo mundo y los lugares, las personas, las acciones, los objetos puedan expresar, en su conjunto, el sentido de las comunidades y sus aspiraciones para el futuro.

El territorio es el espacio de las diferencias. Hoy en día, necesitamos una *pedagogía del territorio* para que se convierta en un ejemplo de inclusión, gracias a un trabajo que combine las distintas contribuciones; esta inclusión esboza una sociedad que de *global* (por incluir a todos en un solo sistema) se convierte en el nodal, ya que se articula y se expresa

---

[219]Galioto, 2008, Stranieri in classe, le vie dell'integrazione, Aggiornamenti sociali, maggio, Milano, p.366.

en redes de pertenencia que refieren a su vez, a diferentes visiones de la vida[220].

3. Diversité religieuse et laïcité de l'État

Le rapport entre diversité religieuse et laïcité de l'État constitue l'un des axes les plus importants de notre recherche, une sorte de « fil rouge » qui a guidé toutes nos enquêtes et nous a permis d'un coté de mesurer la place que l'école accorde à la diversité religieuse et de l'autre côté d'identifier les moyens et les approches pédagogiques dont en se dote en ce sens[221].

En 1989 a été affirmé par la Cour Constitutionnelle italienne que le principe d'égalité et le droit à la liberté religieuse, portent à concevoir le principe de laïcité comme « *un principe suprême* » du système juridique. La Cour a précisé que dans le système juridique italien le principe de laïcité n'implique pas une indifférence de l'État par rapport au phéno-mène religieux mais représente une « *garantie de l'État pour la sauve-garde de la liberté religieuse dans un régime de pluralisme religieux et culturel*[222]. » Dans le système juridique italien, « *l'attitude laïque de l'État-communauté ne répond pas aux postulats idéologiques et abs-traits d'extranéité, d'hostilité ou de confession de l'État-personne ou de ses groupes dirigeants par rapport à la religion ou à une croyance par-ticulière, mais se pose au service des instances concrètes de la cons-*

---

[220] Perotti, A., 1994, Plaidoyer pour l'interculturel, Conseil de l'Europe, Stras-bourg, p. 29.

[221] Relation à la Conférence finale du projet *"Education et diversité religieuse"* avec Espagne, Italie, Maroc et Algérie, coordonné par A. Akkari de l'Université de Genève et par le Conseil de l'Europe, 2012.

[222] Cour Constitutionnelle, arrêt 203 de 12 avril 1989, point 4 du Considéré en droit.

cience civile et religieuse » des personnes[223]. La Cour Constitutionnelle a abordé spécifiquement la question du rapport entre l'ERC[224] et le principe de laïcité en mettant en évidence « *la valeur formative de la culture religieuse*[225] » et l'importance jouée par le catholicisme dans le patrimoine historique du peuple italien et les fondements qui justifient la présence de l'ERC dans l'école publique.

Dans un système où le principe de laïcité implique que l'État se met au service des besoins religieux de toutes les personnes, l'ERC « *n'est pas en contradiction avec le principe suprême de la laïcité de l'État* », mais, au contraire, il en représente « *une forme de manifestation*[226]. »

Les rapports avec les confessions religieuses différentes de la catholique sont réglementés par l'article 8 de la Constitution italienne qui vise à garantir la liberté à toutes les confessions religieuses et reconnaît le droit des confessions religieuses d'adopter un statut qui réglemente leur fonctionnement avec pour seule limite de respecter les dispositions du système juridique italien.

Les ententes garantissent donc aussi l'autonomie et l'indépendance de chaque confession religieuse, et confirment le principe de bilatéralité comme principe qui fonde le cadre des rapports entre l'État italien et les confessions religieuses.

Même les Ministres européens de l'Education ont souligné, lors de la Conférence d'Istanbul en 2007, que la prise en compte de la dimension religieuse surtout dans le milieu scolaire n'est ni en conflit ni en contra-

---

[223] Cour Constitutionnelle, arrêt 203 de 12 avril 1989, point 7 du Considéré en droit.

[224] Éducation Religieuse Catholique

[225] Cour Constitutionnelle, arrêt 203 de 12 avril 1989, point 7 du Considéré en droit.

[226] Cour Constitutionnelle, arrêt 13 du 14 janvier 1991, point 3 du Considéré en droit.

diction avec le principe de laïcité[227]. Ce dernier n'implique pas non plus une indifférence de l'État à l'égard des sensibilités religieuses et n'empêche pas la présence dans le milieu scolaire d'un enseignement de nature religieuse. Au contraire, il doit y être admis en raison de sa valeur culturelle et du rôle qu'il joue pour assurer une formation complète des individus. Il s'agit bien sûr d'une laïcité d'ouverture, d'intégration de « *reconnaissance [...] et de dialogue*[228]. » Si l'éducation interculturelle « *implique une reconnaissance réciproque des cultures, de leurs valeurs et de leurs interactions* »[229], l'ouverture à la diversité ne doit pas amener à oublier sa propre identité pour valoriser d'autres identités. Quelquefois, la préoccupation de sauvegarder les cultures et les différentes religions conduit à négliger sa propre culture. Certes, il s'agit de comprendre et de s'ouvrir à l'identité des autres et de dialoguer avec eux en tenant compte du fait que le dialogue est possible seulement entre des identités définies.

Il y a une différence entre la laïcité et la neutralité. Une école neutre devient l'école de « l'information » et donc elle est l'école de la *mutilation*, une école aride, réductrice et une école qui est en contradiction avec elle-même et avec ses objectifs éducatifs. La neutralité en effet

---

[227] Conférence permanente des Ministres européens de l'Education, 22e session « Construire une Europe plus humaine et plus inclusive : contribution des politiques éducatives », Istanbul, Turquie, 4-5 mai 2007, *Résolution sur les résultats et conclusions des projets terminés 2003-2006. Dans le domaine de l'éducation interculturelle, de la diversité religieuse et du dialogue en Europe*. Disponible sur le site : www.coe.int/t/f/coop%E9ration_culturelle/education/conf%E9rences_permanentes/d.22esessionistanbul2007.asp#P79_8610,

[228] Rey, Micheline, *Pistes de réflexion en matière de politique éducative, de formation et d'éducation interculturelles*, p. 17.

[229] *Ibid.*, p. 6.

n'est pas neutre parce qu'elle est déjà une conception « d'intentionnelle a-religiosité et irréligiosité »[230].

La recherche a mis en évidence que la gestion de la diversité religieuse requiert un État laïque qui assure un respect égal de chaque confession. Au lieu d'une neutralité indifférente d'un État qui ignore la religion et qui espère qu'avec la disparition de la diversité religieuse disparaitront également les difficultés d'intégration des migrants, il est opportun de repenser la laïcité non pas comme une dimension vidée du religieux mais comme un espace vital où croyant et non croyants, dans le respect de leurs propres convictions et motivations, peuvent discuter et rechercher ensemble, sans faire acte de prévarication et sans discrimination les principes fondateurs de la cohésion sociale et de la cohabitation, la recherche et la sauvegarde du bien commun.

Si on analyse les résultats on se rend compte que soit l'école comme espace institutionnel privilégié de l'éducation dans ses multiples articulations (curricula, disciplines, approches) que les différents acteurs (parents, élèves, enseignants) sont tous d'accord à affirmer que l'ouverture à la diversité religieuse est un élément déterminant dans la construction de l'identité, est ce qui donne un sens au lien social et à l'identité individuelle et collective parce qu'elle incite à repenser les contenus qui définissent l'identité : en ce sens l'ouverture à la diversité religieuse oblige en quelque sorte à repenser le rôle de la religion, dans sa dimension individuelle et collective et représente un laboratoire de changement et d'adaptation dans le sens que elle structure la perception du monde et fournit les motivations qui incitent à agir. Et ceci en Italie grâce d'un côté à reconnaissance de la part de l'État, de la « *valeur de la culture religieuse* » et de l'autre coté au système juridique italien qui assigne une valeur culturelle à la religion et reconnaît l'importance et la

---

[230] Agazzi, A. *Perché l'insegnamento della religione nella scuola*, 1985, Bergamo.

nécessité que la formation des jeunes comprenne aussi une réflexion sur le phénomène religieux.

La tâche de l'école est de s'ouvrir à la diversité religieuse ; elle demeure l'unique lieu où les élèves en parlent souvent. En dehors de l'école, dans la rue, dans les groupes associatifs, on n'en parle que très peu. Mais on doit aussi remarquer que l'école, selon les professeurs, est aussi très préoccupée de ne pas heurter la sensibilité des élèves d'autres religions; et cela, selon les parents, porte quelques fois à négliger l'approfondissement de l'histoire et de la culture locales, ce qui est susceptible de faire perdre aux élèves leur propre identité.

Si l'école veut éduquer elle doit offrir aux élèves la possibilité de manifester, de raconter et d'expliquer leurs propres identités en leur offrant, en même temps, l'occasion de se connaître de manière approfondie. L'école doit devenir un véritable « *espace de circulation et de croisement de savoirs*[231] » où les convictions religieuses ou non-religieuses des élèves s'expriment et, en s'exprimant, peuvent se rencontrer, se confronter et se développer de manière de plus en plus mûre et consciente.

La recherche nous montre aussi que la *responsabilité de l'école* passe par le biais du respect de la diversité culturelle en général et de la diversité religieuse en particulier, une responsabilité qui se concrétise dans la lutte contre l'exclusion, thème qui touche en pratique *l'éthique du sujet. Exclure*, c'est rejeter, fermer la porte, renvoyer, ne pas comprendre, ne pas accepter. Exclure, c'est aussi synonyme d'incompatibilité considérée comme impossibilité de toute intégration, de toute cohabitation avec l'Autre tant qu'il continue à être Autre et à ne pas devenir semblable. Et, à ce niveau, la centralité de l'école est évidente : elle s'explique surtout par sa capacité à construire des identités qui puissent recueillir les sentiments d'appartenance et de solidarité dans des milieux très divers, s'explique aussi par sa capacité de tenir compte

---

[231] Meyer-Bisch, P., Bidault, M., *Déclarer les droits culturels. Commentaire de la Déclaration de Fribourg*, Schulthess, Bruylant, Zurich, 2010, pp. 88-89.

de la diversité des besoins de tous les apprenants et à y répondre par une participation croissante à l'apprentissage, aux cultures et aux collectivités. S'il prévaut une politique qui implique une inégalité de droits et de statuts, qui essaye d'effacer les diversités c'est la démocratie qui est en danger parce que tout modèle démocratique est inclusif et l'inclusion doit être apprise ensemble.

Une *école inclusive* qui suppose la modification des contenus, des approches, des structures et des stratégies avec la conviction qu'il est de la responsabilité du système éducatif général d'éduquer tous les enfants. Sur cette base l'inclusion devient la stratégie capable de faire évoluer l'éducation et la société, et elle constitue la clé de la citoyenneté tout en étant un élément essentiel de la politique sociale.

L'école doit respecter chaque personne dans la communauté en valorisant et non en minimisant la culture et la religion dont elle est porteuse et en proposant une réflexion critique sur l'apport que celles-ci donnent à la matrice de la modernité.

Quelles approches ? Quels curricula ? Quelles disciplines ?

L'analyse des programmes et des manuels scolaires et les entretiens avec des acteurs scolaires, démontrent que l'enseignement de la religion vise à promouvoir l'ouverture au dialogue et la valorisation de la diversité religieuse. Conformément à la nature laïque de l'État italien, l'ERC est offert à tout le monde comme une « *opportunité précieuse pour la connaissance du christianisme, comme source d'une grande partie de la culture italienne et européenne*[232]. » Dans les buts de cet enseignement on lit que l'élève doit être capable d'interagir avec des personnes de

---

[232] Décret du Président de la République 11 février 2010, Traguardi per lo sviluppo delle Competenze e Obiettivi di Apprendimento dell'insegnamento della religione cattolica per la scuola dell'infanzia e per il Primo Ciclo d'istruzione, Primo ciclo, Religione Cattolica.

religion différente en développant une identité disponible à l'accueil, à la confrontation et au dialogue.

Les décrets ministériels plus récents établissent les dotations horaires des différentes disciplines sans rentrer dans les détails des contenus spécifiques tels que les heures consacrées aux croyances non religieuses, aux autres religions etc.

Face à la diversité religieuse il ne s'agit pas d'améliorer ou d'enrichir les contenus ou d'ajouter des disciplines en plus mais plutôt de changer l'approche pédagogique de l'enseignement et à ce niveau la politique et les stratégies de formation des enseignements deviennent prioritaires.

Tous les manuels examinés dans notre recherche contiennent des ouvertures aux autres religions mais ils se limitent à présenter une juxtaposition des éléments qu'elles ont en commun. Un seul manuel contient une comparaison entre le Christianisme, l'Islam et le Judaïsme[233] et ceci nous démontre qu'on utilise encore une approche 'classique' qui doit être amélioré pour permettre une analyse et une étude comparatives.

L'éducation à la citoyenneté est considérée une discipline transversale qui éduque à une citoyenneté « unitaire et plurielle » lié aux valeurs qui fondent la tradition italienne et ouvre aux autres cultures. Un autre décret en 2009 articule cet enseignement en quatre secteurs à savoir : *dignité humaine, identité et appartenance, altérité et relation et participation.* Et dans le volet identité et appartenance on insiste sur l'importance d'explorer les appartenances multiples de chacun en tant qu'étudiant, fils, frère, ami, citoyen, habitant de sa région, de sa nation, de l'Europe et du monde, de définir les éléments des entités qui contribuent à définir l'identité et les stratégies pour harmoniser les contrastes éventuels qui peuvent les caractériser.

---

[233] Bresich G. et Fiorio C. *op. cit.*, vol.1, p. 162-163.

Une citoyenneté conçue comme une capacité et non seulement comme un statut ou une appartenance, comme citoyenneté sociale, principe d'égalité effective entre les citoyens des différentes religions, et comme rapport politique qui représente l'identité civique de chaque personne capable de faire du citoyen une personne politique qui participe au processus de construction du tissu social.

Une autre caractéristique mise en évidence dans les manuels est le lien entre le christianisme et la culture. En effet, le christianisme est présent dans l'histoire, dans la littérature, dans la musique, dans l'architecture et dans l'art. Même dans les religions antiques, la relation entre la culture et la religion est forte : « *La culture, la civilisation et la religion sont inextricablement liées. Il n'est pas possible d'affirmer connaître un peuple et son histoire si on n'étudie pas sa religion*[234]. »

En synthèse on peut dire que tous les manuels mettent l'accent sur l'universalisme du sentiment religieux de l'homme de toutes les époques : l'homme s'est toujours interrogé sur l'existence, l'origine et le sens de la vie et de la mort et les religions donnent des réponses que la science n'est pas capable de donner. Pour cela la rencontre entre croyants n'est pas seulement le lieu de la manifestation de la dignité humaine mais aussi la découverte d'une différente manifestation de Dieu à l'homme. Le thème de la tolérance est présenté et interprété comme une ouverture à la différence et comme le respect de l'originalité des autres personnes, religions et cultures,

Les acteurs de l'école, élèves et les parents sont très ouverts, ils apprécient le travail de leurs professeurs qui leur offrent beaucoup d'occasions de parler de la diversité religieuse. Toutefois, ils pensent qu'il faudrait favoriser d'autres approfondissements et une plus grande attention à l'égard de ce thème.

En général les entretiens montrent que tous les acteurs reconnaissent la valeur de la diversité religieuse dans la société actuelle parce que,

---

[234] Di Luca, G. et al., op. cit., vol. 1, p. 53.

pour eux, elle est considérée comme une ressource, une opportunité d'enrichissement pour le développement de chacun et l'ouverture à d'autres religions.

On peut dire qu'il y a une bonne disponibilité, un intérêt et une ouverture à la diversité religieuse, malgré la présence des préjugés suscités par la diversité dans la société. Les préjugés traduisent la préoccupation, la peur et le manque de sécurité de la société actuelle.

Dialogue interculturel : comment ?

Un point qui ressort de cette recherche est que l'école italienne est encore trop autoréférentielle. Il est donc nécessaire de construire un projet de société où activités scolaires et extrascolaires constitueraient deux volets complémentaires et indissociables, deux formes d'apprentissage collectif où des projets individuels et communautaires contribuent à élargir les espaces de participation et de dialogue dans le respect de chaque diversité et de chaque identité culturelle et religieuse.

Cela signifie légitimer la présence de chaque personne dans la communauté en proposant une réflexion critique sur l'apport que chaque culture et religion fournit à la matrice de la modernité.

Il se pose en effet, ici, un problème philosophique qui constitue le nœud de la problématique de l'interculturel : il ne s'agit pas, en effet, de se contenter de demander à l'école d'assurer l'intégration scolaire des élèves d'origine étrangère, mais d'avoir une vision plus large de l'éducation interculturelle, au niveau de la société dans son ensemble. Les questions de la diversité et de la citoyenneté requièrent de fait un travail de sensibilisation et d'éducation à entreprendre aussi bien au niveau des autochtones, des étrangers et des parents d'élèves, que des représentants de l'éducation informelle.

Le Ministère de l'instruction publique italien, déjà en 1990, avait élaboré les grandes lignes des politiques éducatives en matière d'éducation interculturelle définie comme « condition structurelle de la société multiculturelle » et ayant pour objectif primaire la promotion des capacités de cohabitation constructive dans un contexte culturel et social multiforme. Cette stratégie éducative est prévue pour toutes les classes « même pour celles sans élèves étrangers » afin de « prévenir la construction des stéréotypes et des préjugés » envers les personnes et les cultures et d'éviter toute forme de vision ethnocentrique. Cet agir éducatif trouve ses racines dans les droits humains, la compréhension et la coopération entre les peuples en vue d'une commune aspiration au développement et à la paix.

Le respect de la diversité religieuse à l'école assure non seulement une transmission des savoirs mais surtout une transmission des valeurs telles que le respect des droits et de la liberté de chacun afin de former des consciences critiques qui comprennent que chacun de nous n'est pas seul mais qu'il vit grâce et avec les autres. Le défi est de réussir à faire le lien entre la nécessité pour chaque personne de se construire et de voir respecter son identité et le désir d'appartenir à une communauté, c'est-à-dire, de réussir à faire que chaque personne se voit acceptée et reconnue par les autres et par la société. Dans ce sens, l'éducation est une passerelle entre le savoir et le vouloir, entre la connaissance et la responsabilité.

Une des leçons qu'on tire de cette recherche est que l'école doit être en quête permanente de signification : la signification du social et du personnel parce que cette quête est une garantie pour la démocratie et pour la sauvegarde des diversités de chacun... Lorsque l'école s'ouvre à la diversité, elle se montre plus attentive et elle occupe une place privilégiée dans la socialisation de la connaissance et dans la construction d'une citoyenneté communautaire

Et, encore, le respect de la diversité religieuse et culturelle a ses racines dans l'effectivité des droits de l'homme dont la perception est évolutive, selon les progrès de chaque société, mais qui vont toujours dans le sens du renforcement et de l'extension de la liberté de chacun.

Il faut créer les conditions pour un partenariat effectif qui suppose une coordination entre acteurs de l'école et du milieu, entre les institutions et la société civile, entre le politique, le social et l'éducatif. Il est important d'identifier les compétences et le rôle de chacun pour créer un lien et un dialogue entre système éducatif et institutions publiques, entre culture scolaire et extrascolaire, entre enseignement à l'école et formation tout au long de la vie.

4. Laudato si: un défi pour surmonter la crise écologique et la crise de la pensée

La *Laudato Si* (*LS*) du Pape François est un texte très riche de contenus, de réflexions et de propositions qui ne concernent pas seulement le respect de la nature, le changement climatique ou l'écologie mais constitue une étape nouvelle dans la Doctrine sociale de l'Église[235] . Le document nous propose un changement de nos pensées, nous demande de bâtir de nouveaux modèles de développement et de bien articuler les relations fondamentales entre les personnes et les sociétés.

On peut lire ce texte en utilisant différentes approches. Mon propos ici est de me concentrer sur les rapports entre crise écologique et crise de la pensée, autrement dit sur les liens entre la nature, la personne et Dieu.

La Laudato Si nous montre que l'écologie touche en profondeur nos vies, nos actions, nos attitudes et nos rapports avec la nature et les sociétés. Il serait réductif et myope la considérer comme une simple exhortation écologique; au centre il y a une grande attention à toute la création et une invitation à la respecter. Repenser la création signifie changer notre regard sur la réalité et considérer la connexion entre les différentes parties qui la composent. Dans le texte tout est en relation et tout est connecté.

---

[235] Relation présentée au colloque *"Laudato si: une trilogie de relations"* à l'Université de Takeo, en 2016

Le Pape nous parle *d'écologie intégrale* qui place la personne dans le monde afin de surmonter les séparations qui nous menacent et qui caractérisent notre vie quotidienne.

L'encyclique nous invite à repenser les rapports entre les personnes et avec tout ce qui compose notre société pour agir autrement, avec une prise de conscience de nos droits et nos libertés pour nous rendre autonomes par rapport aux postulats économiques qui nous rendent passifs et obéissant aux lois du marché. On peut dire que l'Encyclique devient un nouveau paradigme de la justice sociale.

Aujourd'hui nous vivons dans une époque où la pensée est morcelée, n'a aucune vision de la complexité du problème, une pensée qui risque de perdre de vue ce que le Pape appelle « *la maison commune* » où tout est en relation et c'est à nous d'envisager la façon de traiter les rapports entre chaque partie pour les remplir du sens et de contenu.

Le Pape insiste beaucoup sur les liens qui existent entre les problèmes environnementaux et les problèmes sociaux, familiaux, du travail, et ceux humains ou interpersonnels. Ces liens qui devraient marquer nos attitudes et nos comportements pour trouver des solutions afin de « *faire interagir les systèmes naturels d'abord entre eux et après avec les systèmes sociaux: il n'y a pas deux crises séparées, l'une environnementale et l'autre sociale, mais une seule et complexe crise socio-environnementale* » (139). Une approche écologique ne peut que devenir une approche sociale où la justice sociale doit occuper une place centrale: une justice qui écoute le gémissement de la terre et le cri des pauvres.

Le nœud pour le Pape est qu'il ne peut y avoir aucune relation avec l'environnement isolée de la relation avec les personnes et avec Dieu. Le Pape pense la politique à partir des relations entre les personnes parce que chacun de nous est sujet de droits et de dignité et donc sujet d'action, de liberté, de responsabilité et de relations avec les autres.

« *La crise écologique est la manifestation extérieure de la crise éthique, culturelle et spirituelle de la Modernité* » (*LS*, 119). Dans ce cadre, dit-il, « *nous ne pouvons pas prétendre soigner notre relation à la nature et à l'environnement sans améliorer toutes les relations fondamentales de l'être humain, autrement dit, sa* « *dimension sociale et sa dimension transcendante* » (119). Et la cause principale de cette crise vient du paradigme technocratique qui fait que l'homme se croit le principe qui avec sa propre puissance peut soumettre et dominer la nature. Dans la maison commune ne peut pas exister la domination et la consommation du monde, mais l'ouverture et la fraternité.

Actuellement dans le monde il y a un *progrès qui libère* et un *progrès qui asservit*, qui a comme conséquence la capacité d'autodestruction de l'homme par l'homme. On assiste à une véritable puissance du progrès technique qui ne s'exprime plus en termes de liberté pour le bien commun, mais seulement en termes d'utilité et de sécurité qui signifie seulement défense des intérêts personnels et fermeture des frontières, et non pas partage des valeurs qui fondent la sécurité comme une garantie de l'égalité et une promotion de tous les droits de l'homme. En fait la première cause de la crise écologique est le subjectivisme de la modernité avec ses idoles : l'argent, le progrès, la puissance.

Le dialogue est la voie obligée et la réponse intégrale que l'Encyclique nous présente: un dialogue entre science et religion « *qui propose des approches différentes de la réalité et qui peut être fécond pour toutes les deux (n° 62) ; entre foi et raison (n° 63) ; entre croyants de différentes traditions et confessions religieuses (n° 64) ; entre le langage scientifique et technique et le langage populaire (n° 143) ; entre politique et économie (n° 189) ; entre disciplines (n° 197) et entre sciences (n° 201) ; entre les différents mouvements écologistes, « où les luttes idéologiques ne manquent pas* » (n° 201)...

Le Pape insiste également sur la qualité et la transparence du dialogue dans les processus de négociation au niveau international pour obtenir un consensus.

> « L'impact sur l'environnement des initiatives et des projets requiert des processus politiques transparents et soumis au dialogue, alors que la corruption conduit habituellement à des accords fallacieux au sujet desquels on évite information et large débat » (n° 182).

Dialoguer signifie refuser les postures idéologiques et la défense des intérêts particuliers. Dans l'Encyclique, le Pape nous montre l'exemple quand il abandonne les données scientifiques pour interroger la foi chrétienne. Il nous invite à emprunter un chemin de conversion qui doit conduire à un renouvellement de nos relations avec le monde qui nous entoure, avec les autres et avec Dieu.

L'Encyclique est imbibée de cette anthropologie de la relation: relation de l'homme avec le monde, avec l'univers, avec la création, avec les autres et tout autre ; relations entre les organismes vivants, entre les choses ; relation entre Dieu et les créatures, entre Jésus et le monde ; relation de l'homme avec lui-même.

Le Pape résume cela ainsi :

> « L'existence humaine repose sur trois relations fondamentales intimement liées: la relation de l'homme avec lui-même, avec les autres et avec l'environnement » et la protection authentique de notre propre vie comme de nos relations avec la nature est inséparable de la fraternité, de la justice, ainsi que de la fidélité aux autres » (70).

Il ne peut donc pas y avoir de

> « sentiment d'union intime avec les autres êtres de la nature si en même temps il n'y a pas la préoccupation pour les autres êtres

humains" (91). " L'indifférence ou la cruauté envers les autres créatures de ce monde finissent toujours par s'étendre, d'une manière ou d'une autre, au traitement que nous réservons aux autres êtres humains" (92).

Dans cette anthropologie de la relation_deux exemples sont à retenir pour montrer le caractère très original et novateur de cette Encyclique : l'importance de la ville et la valeur de la culture.

La ville est présentée comme un lieu de communion et d'échange entre les hommes. L'objectif, dit le Pape, n'est pas

« de créer de nouvelles villes soi-disant plus écologiques », au contraire, « il faut prendre en compte l'histoire, la culture et l'architecture d'un lieu, en maintenant son identité originale » (143).

Certes, ajoute-t-il, il existe une « sensation d'asphyxie, dans des résidences et dans des espaces à haute densité de population », mais ce sentiment peut être « contrebalancé si des relations humaines d'un voisinage convivial sont développées, si des communautés sont créées, si les limites de l'environnement sont compensées dans chaque personne » (148)

L'Encyclique dit que la ville « nous héberge et nous unit » (151), la ville doit être « un espace vraiment partagé avec les autres » « sont belles les villes qui, même dans leur architecture, sont remplies d'espaces qui regroupent, mettent en relation et favorisent la reconnaissance de l'autre (25) » (152).

Le Pape cite comme exemple les favelas d'Amérique latine et montre que,

« dans ces conditions, beaucoup de personnes sont capables de tisser des liens d'appartenance et de cohabitation, qui transforment l'entassement en expérience communautaire où les murs du moi sont rompus et les barrières de l'égoïsme dépassées. C'est cette expérience de salut communautaire qui ordinairement suscite de la créativité pour améliorer un édifice ou un quartier (24) » (149).

Cet exemple nous incite à agir afin que les endroits communs deviennent vraiment des endroits de tous et à faire en sorte que les endroits, les personnes, les actions, les objets expriment, dans leur ensemble, le sens des communautés et leurs aspirations pour le futur.

Chaque ville, comme chaque territoire, est l'espace des diversités. Aujourd'hui nous avons besoin d'une pédagogie du territoire afin qu'il devienne un exemple d'inclusion grâce à un travail de tissage des différentes contributions.

Pour le Pape l'écologie intégrale exige également de prendre soin des richesses culturelles de l'humanité dans leur sens le plus large et il insiste pour que le fait culturel soit compris surtout dans le *« sens d'une vie de relation entre les êtres humains et leur environnement » (§ 143).*

> Il ne faut pas « homogénéiser les cultures [ni] affaiblir l'immense variété culturelle, qui est un trésor de l'humanité. C'est pourquoi prétendre de résoudre toutes les difficultés à travers des réglementations uniformes ou des interventions techniques conduit à négliger la complexité des problématiques locales » (§ 144).

Une culture recouvre les valeurs, les croyances, les convictions, les langues, les savoirs, les traditions, les institutions et modes de vie par lesquels une personne exprime son humanité et les significations qu'il donne à son existence et à son développement. Ainsi conçue la culture nous aide à sortir d'une logique de consommation au profit d'une compréhension des droits, libertés et responsabilités de toute personne de participer au développement de toutes les ressources culturelles. En plus cette approche respecte les droits de l'homme et les responsabilités que chacun est appelé à exercer pour un accomplissement de la citoyenneté, fondement de nos démocraties dans l'exercice de responsabilités collectives, partagées qui sont à la base d'une reconnaissance réciproque de la dignité de chacun.

En dépit de tous les obstacles dénoncés, le Pape n'est pas résigné. Il dit que *"L'espérance nous invite à reconnaître qu'il y a toujours une voie de sortie, que nous pouvons toujours repréciser le cap, que nous pouvons toujours faire quelque chose pour résoudre les problèmes »* (n° 61). Il nous indique le type de changement dont l'humanité a besoin pour faire face au défi actuel qui consiste dans un autre style de vie qui dépasse l'individualisme dans un monde où *« le marché tend à créer un mécanisme consumériste compulsif pour placer ses produits »* (n° 203).

Et cette espérance trouve un levier dans l'éducation qui doit aussi cultiver *« de solides vertus »*, condition du *« don de soi dans un engagement écologique »* (n° 211).

Une éducation qui nous aide à embaucher un chemin ouvert, solidaire avec une responsabilité accrue et une préoccupation renouvelée pour notre prochain. Il s'agit d'une éducation capable de bâtir des communautés plus élargies, justes et équitables, capables de s'occuper de tous ceux qui les entourent pour améliorer les conditions de vie et les occasions d'apprendre de chaque personne. Une éducation qui assure non seulement une transmission des savoirs mais surtout une transmission des valeurs tels que le respect des droits et de la liberté de chacun afin de former des consciences critiques qui comprennent que chacun de nous n'est pas seul mais il vie grâce et avec les autres. Le défi de l'éducation est de réussir à faire le lien entre la nécessité de chaque personne de se construire un savoir critique et, en même temps, d'appartenir à une communauté et à une société. Dans ce sens l'éducation est donc ce principe qui fait la passerelle entre le savoir et le vouloir, entre la connaissance et la responsabilité.

Une éducation inclusive donc qui est possible à deux conditions : premièrement s'il y a un processus qui transforme les institutions afin qu'elles modifient le regard sur les autres, les étrangers, les pauvres, les exclus, les marginalisés, les sans droits, et deuxièmement s'il y a un partenariat entre tous les acteurs de la société.

Une inclusion conçue comme stratégie capable de faire évoluer l'éducation et la société qui constituent la clé de la citoyenneté tout en étant un élément essentiel de la politique sociale.

5. Éducation et culture de la démocratie: que peut l'enseignement supérieur?

L'hypothèse de travail du projet "Education et culture de la démocratie" est la suivante : la qualité de l'éducation de l'enseignement supérieur dépend étroitement de la transparence des systèmes d'enseignement supérieur[236]. Pour répondre à ce besoin de transparence, des informations accessibles et fiables doivent être disponibles tant pour les parties prenantes que pour la société en général.

L'objectif stratégique est celui d'analyser la participation de tous les acteurs publics, privés et civils aux processus démocratique de la société.

Pour faire cela on s'est penché sur le niveau et sur la qualité de la participation et d'accès à une éducation de qualité de l'enseignement supérieur basé sur les droits de l'homme qui constitue une condition préalable de la culture de la démocratie.

On est parti de ces questions de recherche : dans quelle mesure l'enseignement supérieur et la culture de la démocratie peuvent se renforcer réciproquement pour répondre à un modèle de société inclusive et

---

[236] Relation présenté à la Conférence finale du projet : « Education et Culture de la Démocratie (ECUD) »   avec Italie, Albanie Algérie et coordonné par Fernandez A. de l'Oidel et par le Conseil de l'Europe, 2016.

pour éduquer à l'engagement citoyen ? Et comment l'enseignement supérieur remplit-il sa mission démocratique ?

Les trois équipes impliquées dans le projet ont examiné les rôles des différents acteurs pour bien comprendre le fonctionnement démocratique des institutions et leur transparence. Si les institutions deviennent des lieux d'expérimentation de la démocratie, elles devraient être en mesure de permettre un accès équitable, une prise de décisions, une promotion des valeurs et des compétences civiques, qui font avancer la démocratie. Ce processus se réalise à travers une participation active et inclusive, en réduisant les clivages culturels, ethniques, religieux, linguistiques et sociaux. On a examiné aussi la façon de l'enseignement supérieur de contre balancer les inégalités sociales et politiques et de former des citoyens actifs avec une attention particulière aux migrants et aux personnes issues de milieux sociaux défavorisés. Dans le « Rapport mondial de suivi sur l'éducation pour tous 2015 » on affirme que l'accès inégal à une éducation de qualité mène à une intégration inégale dans la société et dans le processus démocratique ; tout le système éducatif mais aussi l'enseignement supérieur sont fortement interpellés et impliqués parce qu'ils ont une responsabilité publique vis-à-vis de chaque citoyen et de la société en général.

La Recommandation Rec (2007)6 du Comité des Ministres du Conseil de l'Europe relative à la responsabilité publique pour l'enseignement supérieur a fait observer que

> « la question des normes, notamment pour la reconnaissance et la garantie de la qualité, est une priorité dans ce domaine et que cette responsabilité devrait incomber aux pouvoirs publics »…. et elle a souligné que « la responsabilité des pouvoirs publics

s'étend à tous les objectifs de l'enseignement supérieur et de la recherche »[237].

Il s'agit d'une responsabilité qui couvre le financement et la gestion des établissements mais qui concerne aussi les moyens d'action à disposition des pouvoirs publics.

Responsabilité qui s'applique à l'ensemble des acteurs de l'éducation, institutionnels et individuels et qui est définie par le *Comité directeur pour les politiques et pratiques éducatives* comme un "principe éthique selon lequel les individus et les entités (publiques, privées ou civiles) doivent être responsables du bon usage des pouvoirs qui leur ont été conférés"[238].

À côté du principe de la r*esponsabilité*, le projet a considéré d'autres principes éthiques en plus de la transparence, tels que la *gouvernance* et la *gestion démocratique et éthique du système éducatif et des établissements d'enseignement* [239].

Le principe de transparence dans ce même document est défini comme « le fait, pour des administrations, entreprises, organisations, ou individus, de communiquer de manière ouverte et claire les informa-

---

[237] Exposé des motifs de la Recommandation Rec (2007) 6 du Comité des Ministres aux États membres relative à la responsabilité publique pour l'enseignement supérieur et la recherche, Conseil de l'Europe, 2007, pp. 2-3.

2. Conseil de l'Europe, Plateforme paneuropéenne sur l'éthique, la transparence et l'intégrité dans l'éducation, Principes éthiques, DGII/EDU/CDPPE (2015) 14, 2015, Strasbourg, p. 6.

[239] Les 14 principes éthiques élaborés par la Plate-forme paneuropéenne sur l'éthique, la transparence et l'intégrité dans l'éducation (ETINED), sont: *Intégrité, Honnêteté, Vérité, Transparence, Respect d'autrui, Confiance, Responsabilité, Impartialité, Equité, Justice et Justice sociale, Gouvernance et Gestion démocratiques et éthiques du système éducatif et des établissements d'enseignement, Education de qualité, Développement personnel et Amélioration des systèmes, Autonomie/indépendance institutionnelle, Coopération internationale.*

tions, les règles, les plans, les processus et les actions en cours[240]. » Ce principe ne concerne pas seulement l'accès et la visibilité mais inclut toutes les informations sur les politiques, les procédures et les opérations qui expliquent bien le fonctionnement de chaque établissement. Il ne s'agit pas d'un principe réservé seulement aux institutions mais concerne tous les acteurs, le personnel académique, les étudiants, les gestionnaires du système éducatif, les responsables politiques et les représentants de la société civile.

Le principe de *Gouvernance et gestion démocratiques et éthiques du système éducatif et des établissements d'enseignement* « suppose la reconnaissance, par tous les acteurs de l'éducation, du fait que la gouvernance et la gestion du système éducatif en général et des établissements d'enseignement qui le composent devraient reposer sur la participation démocratique de tous les acteurs concernés ainsi que, de la part des dirigeants, sur une gestion de leur leadership de manière éthique[241]. » Une mauvaise gouvernance détruit les résultats du système éducatif en créant au sein d'une Université des standards et des normes très éloignés des principes d'intégrité [242].

Et la gouvernance est devenue une caractéristique de l'Université de Bergame, qui passe par des collaborations et des partenariats avec les principales institutions de la province et de la région et avec une ouverture très vaste sur le monde associatif. Cette ouverture et ce choix nous démontre que la formation et la recherche sont une valeur de partage et de solidarité au bénéfice de tous, personnes et institutions, capable d'offrir les moyens pour comprendre les phénomènes sociaux et les relations toujours plus complexes qui existent dans les sociétés. Et les applications de la formation et de la recherche ont en réalité des retombées

---

[240] Etined, pp. 28.

[241] Etined, p. 32.

[242] Hallak, J., Poisson, M., Écoles corrompues, Universités corrompues, IIPE, UNESCO, 2007.

directes sur les politiques sociale et éducatives, sur la croissance économique, sur le développement durable, et sur beaucoup d'aspects qui intéressent la vie quotidienne des personnes, des institutions et du monde associatif parce que la recherche constitue l'une des meilleures forces capables de nous interroger sur le modèle de société que nous vivons.

Le partenariat entre scientifiques et acteurs de la société civile devient lui-même un objectif de production de savoir : un partenariat fort, de long terme, respectueux de l'identité de chacun et fondé sur les principes de coopération pour le développement. Mais il faut voir quel type de partenariat la société civile met en place avec l'Université pour faire face à l'hétérogénéité de la demande sociale de la ville et pour aider le système éducatif à s'ouvrir à des perspectives inclusives. Et pour cela il est nécessaire de mettre en évidence les relations, ou bien les corrélations entre plusieurs situations du contexte sociale et politique pour établir l'existence de liens entre les efforts de la société civile et les réponses ou bien les résultats obtenus du partenariat avec l'Université.

S'ouvrir aux partenaires signifie adopter une gouvernance partenariale qui, non seulement répond aux besoins des étudiants, des professeurs et de la société civile à travers les différentes activités, scientifiques, culturelles, sociales, mais qui crée également des canaux de communication internes et externes et favorise la culture de la concertation et de la participation de toutes les parties prenantes à la gestion de l'Université.

Il est sorti dans les entretiens avec plusieurs acteurs qu'un projet éducatif doit être coopératif, ce qui suppose une coordination entre les institutions et le monde associatif, entre le politique, le social et l'éducatif. Il s'agit d'identifier les compétences et les rôles de chacun pour créer un lien, un dialogue entre culture universitaire et contexte sociale.

Le monde universitaire et le monde social ne peuvent plus être deux univers séparés mais ils ont besoin de plus en plus de travailler dans la complémentarité. L'Université, pour sa part, soucieuse de mieux répondre aux besoins de la société civile est demandeuse d'une ouverture que le monde professionnel peut lui fournir pour intégrer un apprentissage expérientiel et prendre conscience des réalités du terrain. Et cela a été bien souligné par les trois équipes. En Algérie, par exemple, « l'Université travaille conjointement avec les syndicats des enseignants et les organisations estudiantines afin de rester informée des besoins et des préoccupations de la communauté universitaire tandis que pour les organisations nationales, il y a une participation de la part du personnel intervenant auprès de la faculté de droits et des sciences politiques vu la spécialisation dans le domaine des droits de l'homme[243]. »

Et une des recommandations de l'équipe albanaise souligne de

> « développer un savoir-faire de l'Université à tisser des liens de collaboration réciproque avec les entreprises, les pouvoirs publics, les ONG, les associations etc. ; créer des conditions pour des actions de compréhension et d'intervention sur des questions qui inquiètent la société afin d'éduquer le volontariat et la solidarité entre les acteurs[244]. »

La recherche a marqué la relation entre l'Université et la société comme un processus de reconstruction permanente à l'intérieur d'un dialogue qui s'appuie sur la conviction que l'éducation, en tant que *bien commun*, conçoit la *société comme école* pour former des citoyens capables non seulement de s'adapter aux changements mais de produire des changements et de lutter pour eux. Cela implique la capacité non seulement de lancer des idées mais de les créer et de les recréer en permanence.

---

[243] Abdellatif, Mami N., Rapport n. 1 du projet, Université Mohamed Lamine Debaghine, Setif 2.

[244] Rapport de l'équipe Albanaise concernant la phase 2 du projet, Recommandation n. 8.

L'Université dans ce processus devient une sorte de scène de participation, de démocratie et de solidarité où *l'objectif éducatif assume le caractère d'un acte politique* qui fait de l'exercice de théorisation pédagogique une réflexion critique et non une justification ou une rationalisation des modèles existants.

Les entretiens des acteurs tendent à identifier deux directions : d'un côté la capacité d'adéquation de l'Université aux nouvelles demandes sociales et de l'autre coté la capacité de développer et de promouvoir une participation et une solidarité plus efficaces entre les citoyens, à partir du renforcement de la démocratie et d'une insertion plus ferme de l'Université dans l'avenir de la société.

L'attention à la demande sociale est une préoccupation générale de toutes les Universités italiennes qui démontrent, avec des modalités différentes et appropriées au contexte, une sensibilité et un engagement directe. Et cette préoccupation est particulièrement forte aujourd'hui parce que on sort d'une période plein d'incertitudes, tant sur les moyens alloués aux Universités que sur les objectifs à poursuivre; la question que les Universités italiennes se posent est la suivante : dans quelle mesure sommes-nous capables de faire évoluer la société et par quels moyens?

La recherche a souligné que plusieurs Universités italiennes sont déjà engagées dans une telle démarche et formalisent leur responsabilité sociale en définissant le périmètre de leur responsabilité : identifier leurs partenaires, mesurer les impacts de l'Université, rendre compte et engager un dialogue sur leurs attentes. Il s'agit d'une sorte de « contrat social » entre l'Université et la société soit au niveau du fonctionnement interne et soit dans ses relations avec le monde du travail, les collectivités territoriales et les autres composantes de la société. Assumer la responsabilité sociale signifie pour l'Université adopter un code de conduite transparent et éthique, refuser toutes les pratiques de discriminations, exclusions et s'engager en faveur de la qualité, de la transparence, de l'auto-évaluation.

On voit que justement l'Université est toujours en quête de signification : la signification du social et du politique et de l'excellence scientifique parce que cette quête est une garantie de démocratie qui nous aide à savoir qui nous sommes, où nous allons, ce que nous cherchons et quels sont nos engagements communs. Lorsque l'Université étend son service à la société civile, elle occupe une place privilégiée dans la socialisation de la connaissance et dans la construction d'une citoyenneté active dans une double perspective : la construction d'une société interculturelle et d'une éthique de la coopération internationale basée sur l'effectivité des droits de l'homme.

Les perspectives de la recherche ont toujours besoins d'être articulées à un projet de société qui respecte les valeurs démocratiques pour permettre à chaque personne l'accès à l'éducation comme bien commun.

Les cours universitaires

Notre projet à travers les enquêtes aux étudiants, aux professeurs, aux acteurs publics, privés et civils qui interagissent avec les Universités a essayé de trouver un lien étroit entre principes éthiques et comportements éthiques des acteurs pour voir jusqu'où l'enseignement supérieur est en mesure de bâtir une culture de la démocratie.

Les acteurs interviewés ont souligné que plusieurs enseignements en principe peuvent permettre d'approfondir les thématiques de la démocratie et des droits de l'homme ; il s'agit des cours concernant les domaines pédagogiques (pédagogie interculturelle, pédagogie sociale, éducation des pays arabo-islamiques), économiques (gestion de l'entreprise, éthique économique, économie du développement, économie sociale, gestion des ressources humaines), juridiques (droit public et constitutionnel, droit international et de l'Union Européenne, législation sociale), philosophiques (philosophie morale, philosophie politique), historiques (histoire des institutions politiques, histoire moderne, histoire contemporaine), sociologiques (sociologie des processus culturels), littéraires (littérature postcoloniale, théories de la culture) et politologues (doctrines politiques). Il reste à voir quel est le résultat que ces enseignements produisent sur le comportement des jeunes et quelle est la retombée directe sur les valeurs et les principes sur lesquels se greffe leur vie.

Et la majorité des acteurs démontrent une bonne connaissance de ces enseignements qui, à leur avis, abordent les thématiques de la démocratie et des droits de l'homme mais avec une perception un peu différente pour les acteurs externes qui déclarent de ne pas être au courant de cet aspect parce que leurs points de vue dépendent souvent de l'information qu'ils reçoivent des médias et des étudiants.

En fait l'engagement direct de l'Université pour éduquer ses étudiants à la solidarité et au volontariat est évident. Mais les répondants ont souligné que les cours de l'Université ne doivent pas être finalisés seulement à la solidarité et au volontariat mais ils devraient avoir une perspective bien plus ouverte dont le but est la coopération internationale entre peuples, systèmes, institutions, nations avec une attention particulière à l'intégration des immigrés.

Cette recherche nous permet d'affirmer que l'Université de Bergame pourrait renforcer et améliorer les compétences qui permettent d'acquérir une culture de la démocratie en développant certains enseignements concernant l'éducation aux droits de l'homme et à la démocratie avec une approche transversale et globale. L'éducation aux droits de l'homme et à la démocratie risque, d'un côté, d'être relégués aux seuls enseignements juridiques et de l'autre côté d'être laissés à la sensibilité de certains professeurs à cet égard.

Il serait aussi nécessaire que les cours et les séminaires puissent devenir effectivement *interdisciplinaires* pour promouvoir un dialogue et un échange entre savoirs, points de vue et disciplines.

A la base de la culture de la démocratie il faut considérer la diversité culturelle afin qu'elle puisse se concrétiser à travers des enseignements spécifiques, des séminaires, de projets de recherche et de bonnes pratiques pour éduquer à la responsabilité et à la compréhension critique du monde. Par contre les acteurs interpellés ont souligné que souvent l'interculturel et le partenariat scientifique sont réduits à une « internationalisation » qui se limite aux cours en langue anglaise et aux programmes d'échange avec les Universités étrangères.

Bien qu'il y ait plusieurs enseignements permettant en principe d'approfondir les thématiques de la démocratie et des droits de l'homme et dans la perspective du bien commun, les acteurs remarquent qu'il faudrait promouvoir une effective éducation à la démocratie, à la responsabilité et aux devoirs civiques et à la coopération. La question de l'interdisciplinarité se révèle bien complexe parce que si d'un côté les acteurs soulignent qu'il n'est pas facile de la réaliser, de l'autre côté ils remarquent que l'interdisciplinarité concerne certains cours mais seulement d'un point de vue formel.

La démocratie n'est pas une étiquette, elle est une réalité dynamique, toujours en mouvement, qui assume des aspects particuliers selon les situations et les contextes. La démocratie devient une réalité seulement si elle est pratiquée concrètement dans tous les lieux de la vie des personnes et, dans notre cas, principalement dans les institutions universitaires qui sont les endroits les plus appropriés à connaitre et identifier les comportements les plus conformes à la démocratie.

La culture de la démocratie se réfère à un idéal du partage et de respect de la personne et se fonde sur les valeurs telles que la liberté, la responsabilité, les droits de l'homme, l'égalité, la dignité de chaque personne qui a besoin des autres pour réaliser le bien commun. Et l'apprentissage du bien commun se situe à la fois sur le plan intellectuel, comportemental et éthique ; il s'agit de mieux comprendre ce que signifie et implique la mise en œuvre du bien commun pour ceux qui appartiennent à la collectivité qui s'ouvre elle-même à la dimension mondiale.

Le bien commun est « constitué par des biens que les êtres humains partagent intrinsèquement, et communiquent entre eux tels que les valeurs, les vertus civiques et un sens de la justice[245]. »

Le bien commun se comprend à trois niveaux interdépendants d'analyse:

- « *micro* : la dignité fondamentale, propre à chaque personne ; cette dignité est à la fois propre et commune car elle est universelle et ne peut s'exercer que dans la reconnaissance mutuelle.

- *meso*: l'équilibre dynamique des grands systèmes (culturels, écologiques, économiques, politiques et sociaux), avec les ressources qu'ils développent et qui les constituent, est un bien nécessaire au respect de la dignité de chacun.

- *macro* : la gouvernance politique elle-même, en tant que culture démocratique partagée, est constitué des biens que les êtres humaines partagent intrinsèquement et communiquent entre eux tels que: les valeurs, les vertus civiques et le sens de la justice »

L'éducation à la démocratie et l'éducation au bien commun interrogent avant tout la responsabilité de chacun de nous qui doit toujours choisir ce qui unit et arbitrer entre les intérêts et les exigences qui s'opposent afin de garder l'intérêt général de toute la collectivité.

Et justement « le concept de bien commun met l'accent sur le processus participatif, qui est en lui-même un bien commun. L'action partagée est intrinsèque ainsi qu'instrumentale au bien lui-même. L'éducation considérée comme un bien commun nécessite donc un pro-

---

[245] UNESCO, Repenser l'éducation, vers un bien commun mondial ?, Paris, 2015, p. 86.

cessus inclusif de formulation et de mise en œuvre des politiques publiques[246]. »

La valeur démocratique

La valeur démocratique questionne l'enseignement supérieur et le propos de notre projet a été justement celui de voir l'enjeu de l'enseignement supérieur dans nos sociétés pour favoriser l'éducation démocratique. Mais on peut aussi se demander : l'enseignement supérieur et le système éducatif en général qui sont les fondements de la démocratie ne sont pas aujourd'hui les malades de la démocratie?[247].

« Être citoyen, non seulement s'apprend, mais doit être aussi un désir partagé pour assurer la pérennité d'une communauté de destin[248]. » Devenir citoyen suppose de prendre conscience de l'existence d'une pluralité de formes politiques et sociales, de cultures et de religions, ainsi que d'apprendre comment se construisent et se croisent les savoirs : il s'agit de raconter l'histoire en s'appuyant sur des preuves et en croisant les sources et les cultures. C'est grâce à l'empathie et à la défense de l'intérêt commun que nous sommes capables de nous mettre à la place d'autrui, de nous identifier à une personne sans droits au lieu de la stigmatiser, de développer du respect à la place de l'agressivité et de la peur.

Aujourd'hui le grand enjeu de l'éducation à la démocratie, et on l'a bien constaté dans nos enquêtes, concerne les comportements, les savoirs et les compétences à promouvoir aussi que les moyens de la mise en œuvre qu'il faut maitriser pour exercer et agir dans la démocratie.

En se référant encore aux trois principes pris en considération (responsabilité, transparence, gouvernance et gestion démocratiques et

---

[246] UNESCO, ibidem, p. 87

[247] Panassier, C., Pugin, V., Éducation et démocratie, Millénaire, le Centre Ressources Prospectives du Grand Lyon, 2004, p.11.

[248] Éducation et démocratie, Millénaire, p.4.

éthiques) et en réfléchissant sur les comportements qui en découlent on voit que les membres du personnel académique,

> « en fonction des rôles qui leur sont dévolus, devraient contribuer à la compilation et à la présentation d'informations précises… et ceux responsables de la nomination et de la promotion d'autres membres du personnel devront garantir la transparence des procédures dans la matière[249] » et ceci pour rejoindre une intégrité académique réelle capable de lutter contre « l'opacité des règles… le népotisme et la fraude dans la nomination et le déploiement du personnel universitaire[250]. »

Pour tous les acteurs il est nécessaire d'acquérir les compétences pour une culture de la démocratie qui se définissent comme « la capacité de mobiliser et d'utiliser des valeurs, des attitudes, des aptitudes, des connaissances et/ou une compréhension pertinentes afin de réagir de manière efficace et appropriée aux exigences, aux enjeux et aux possibilités que présente un contexte donné[251]. » En partant de ce concept, notre recherche s'est penchée sur le socle qui est à la base des contenus pour l'éducation à la démocratie qui est l'éducation aux droits de l'homme. « L'exercice des droits de l'homme constitue la grammaire d'une gouvernance démocratique dans tous les domaines. …La réalisation de chacun de ces droits, avec les libertés et les responsabilités qui y sont associées, définit une relation authentique, dans l'édification d'une meilleure culture démocratique[252]. »

---

[249] Conseil de l'Europe, Etined, *Comportement éthique de tous les acteurs de l'éducation*, DGII/EDU/CDPPE (2015) 13, 2015, Strasbourg, p. 31.

[250] IIPE, *Planifier l'intégrité de l'enseignement supérieur*, Paris, 2015, pp. 3-4

[251] Conseil de l'Europe, *Compétences pour une culture de la démocratie*, Strasbourg, 2016, p.23.

[252] Meyer-Bisch, P., Gandolfi, S., Balliu, G., *Souveraineté et coopérations*, Globethics.net, 2016, p. 41.

Même les représentants des étudiants devraient être responsables envers l'ensemble de la communauté estudiantine sur le fonctionnement de la gouvernance de l'enseignement supérieur et devraient voir leur progression comme un investissement personnel avec l'engagement de leur Université pour l'éducation à la démocratie sociale et participative[253].

Le manque d'intérêt que montrent souvent les étudiants pour accéder aux associations de représentation devient un indice de la culture de l'individualisme qui entrave le développement de l'institution même. La force que les associations des étudiants peuvent avoir est directement proportionnelle à la force de la dynamique universitaire et aux réseaux qu'elle met en place avec les acteurs externes qui donnent un potentiel civique et un exemple de participation effective.

La charte éthique de l'Université de Bergame est un bon instrument qui fait référence aux valeurs fondamentales qui fondent l'intégrité de l'institution, mais même si les étudiants sont obligés de la signer elle n'agit pas sur leurs choix et sur leur vie. Le contenu reste au niveau formel parce que se limite au devoir du respect ces valeurs ; ceci n'assure pas son appropriation par les étudiants. Il faudrait adopter une démarche participative avec des débats et des séminaires publics autour des rôles de chacun et de la mise en œuvre de ces valeurs dans la pratique quotidienne.

Une culture démocratique nous apprend à vivre l'appartenance commune qui donne un nouveau visage à la société, fruit d'un tissage de liens sociaux et culturels, une société dans laquelle chacun a le désir de créer une nouvelle communauté où la responsabilité de chacun ne se limite pas à faire découvrir l'altérité et la diversité conçues comme rapport à l'autre, il faut apprendre une capacité d'agir et de combattre contre toute forme de discrimination sur la base des valeurs démocratiques et des droits de l'homme. Ceux-ci constituent la référence fonda-

---

[253] Ibidem, p. 45.

mentale qui peut orienter notre recherche sur l'homme et qui nous permet la rencontre avec l'Autre dans son universalité, originalité et singularité.

L'éducation aux droits de l'homme

L'éducation aux droits de l'homme englobe les connaissances, les compétences les valeurs, les attitudes et les comportements qui orientent la vie de chacun. La *grammaire de la démocratie* est une *grammaire des droits*, des libertés et des responsabilités communes et concrètes qui nous permet de construire une culture partagée, non seulement comme une base commune, mais comme une passion, une foi dans la nécessité d'un dialogue démocratique.

Les droits de l'homme deviennent une grammaire de la vie des personnes et des peuples basés sur une éthique démocratique qui vise à répondre à des questions portant sur la façon dont il est juste de vivre ensemble avec une capacité d'interpréter, de clarifier nos buts et nos intérêts divergents. Il s'agit d'une éthique publique qui se fonde sur un projet démocratique capable de définir les principes et les critères de conduite et de choix collectifs et on peut la rejoindre seulement si on fixe comme fin de la communauté politique une éducation plus apte à garantir des capabilités égales pour tous. « Aujourd'hui, alors que de plus en plus d'acteurs se réfèrent aux droits de l'homme pour définir leurs droits, leurs libertés et leurs responsabilités, il est nécessaire que le système universel de normes fondamentales remplisse sa fonction de « grammaire politique » des relations entre tous les acteurs, étatiques, civils et privés.

L'éducation à la démocratie devient un paradigme social s'il passe par la réalisation et l'effectivité des droits de l'homme, qui sont évolutifs selon les progrès de chaque société, mais qui vont toujours dans le sens du renforcement et de l'extension des capabilités de chacun. Cette perspective transforme le sujet en acteur, c'est-à-dire une personne qui agit et modifie ce qu'il entreprend, qui exerce une liberté d'action sur la base des valeurs, qui choisit son propre développement et les modes de vie auxquels il aspire.

Il est temps que les trois principes, énumérés ci-dessus soient considérés comme des critères contraignants pour toute politique de développement de la démocratie, qu'il s'agisse de l'épanouissement de chacun, du développement des institutions, des communautés ou des organisations civiles, économiques et publiques.

Et les Universités sont les premières institutions appelées à cela pour une formation de tous les éducateurs basés sur une commune volonté de se respecter et de coexister. Et quand on parle d'éducateurs on inclue toutes les personnes qui, d'une manière ou d'une autre, ont un rôle à jouer dans l'éducation des jeunes. « Il revient aux droits et aux devoirs de *normer* la coexistence dans la mesure où ils constituent l'expression la plus achevée et universelle du bien commun qui devient une composante essentielle pour assurer la coopération sociale et la solidarité entre les membres d'une même communauté »[254].

Une définition similaire est incluse dans le plan d'action pour l'Education aux droits de l'homme de l'Unesco qui a consacré la deuxième phase (2010-2014) à l'enseignement supérieur et à la formation aux droits de l'homme des enseignants et des éducateurs en général, fonctionnaires, responsables de l'application des lois et personnel militaire. La troisième phase (2015-2019) a été planifiée à partir des suggestions et des avis des États, des institutions nationales des droits de l'homme et d'autres parties prenantes sur les secteurs cibles, les domaines d'intervention, les questions thématiques.

Ici l'éducation aux droits de l'homme est définie comme l'ensemble des activités d'apprentissage, d'éducation, de formation et d'efforts d'information visant à promouvoir une culture universelle des droits de

---

[254] Giroux, G., Cullen, C.A., *Éthique et politique contemporaines*, Éd Fides, Quebec, 2001, p.154.

l'homme pour participer activement au fonctionnement d'une société libre et démocratique et pour promouvoir un développement et une justice sociale centrés sur l'homme.

Le plan d'action vise à réaliser des objectifs précis à savoir :

- De promouvoir une culture des droits de l'homme ;

- De dégager un consensus à partir des instruments internationaux sur les méthodes et principes fondamentaux d'éducation aux droits de l'homme ;

- De faire de l'éducation aux droits de l'homme une priorité aux niveaux national, régional et international ;

- D'offrir un cadre d'action commun aux différentes parties prenantes ;

- De renforcer le partenariat et la coopération à tous les niveaux ;

- D'examiner, d'évaluer et d'appuyer les programmes d'éducation aux droits ;

- De promouvoir la mise en œuvre de la Déclaration des Nations Unies sur l'éducation et la   formation aux droits de l'homme[255].

Parmi les politiques et les mesures pour la mise en œuvre on trouve le respect de l'autonomie des institutions et de la liberté d'enseignement et l'importance d'une approche participative, impliquant soit les associations du personnel enseignant soit les autres parties prenantes.

Mais avec quel degré de professionnalité l'Université assure-t-elle une formation aux droits de l'homme ? Avec quelle représentation de la profession et des finalités de la formation, avec quels modèles de pro-

---

[255] Nations Unies, Plan d'action pour la troisième phase (2015-2019) du Programme mondial en faveur de l'éducation aux droits de l'homme, Rapport du Haut-Commissariat des Nations Unies aux droits de l'homme, Genève, 2014, pp. 4-5.

cessus et de pratiques et avec quelle culture de l'apprentissage, quelle définition des rôles ? Il est urgent de développer une véritable pédagogie universitaire capable non seulement d'aborder la diversité et l'hétérogénéité des étudiants mais aussi capable de repositionner l'Université par rapport à une société du savoir sous l'angle des valeurs, de la construction du sens et de celle des citoyennetés.

À l'Université, très souvent, il y a trop d'enseignement et pas assez d'apprentissage, et pour cela, l'enseignant est obligé de se repositionner pour aider l'étudiant à construire sa connaissance, et non seulement à la réceptionner pour la restituer aux examens le plus fidèlement possible. Autrement dit, l'enseignant doit renforcer sa mission éducative axée sur l'éducation aux droits de l'homme pour transmettre une vision à long terme en vue de l'épanouissement de chaque homme dans toutes ses composantes, et de leur contribution au développement des personnes et des sociétés.

La préoccupation répandue pour une éducation aux droits de l'homme et à la démocratie concerne presque toutes les Universités du monde parce que elles sont bien conscientes que « la valeur de la démocratie comprend son importance intrinsèque dans la vie des hommes, son rôle instrumental qui permet de générer des incitations politiques et sa fonction constructive dans la formation des valeurs[256]. »

L'Université nationale du Mexico (UNAM, par exemple, insiste sur une profonde réflexion sur la nature des liens et des valeurs qui existent entre étudiants, professeurs, fonctionnaires, parce que c'est à partir de là qu'on devient capables de répondre ensemble aux défis communs. En d'autres termes entre démocratie et éducation il y a un cercle vertueux : la démocratie favorise l'éducation qui à son tour permet à la démocratie d'avancer[257].

---

[256] Sen, A., *La démocratie des autres*, Ed. Payot, Paris, 2003, p. 80.

[257] Ramirez, G. (Dir.), La educación superior en derechos humanos: una contribucion a la democracia, Catedra Unesco en derechos humanos, Mexico, 2007.

Aux éléments clés d'une culture démocratique pour les établissements d'enseignement supérieur, qui concernent les mécanismes de transparence, les principes éthiques, les comportements et les compétences qui en découlent, il faut ajouter la valeur de la confiance dans les institutions. Le climat de confiance est une forme de « *capital social... un attribut collectif* ...qui plutôt que de continuer à produire des individus centrés sur leur propre intérêt et sur le profit personnel », travaille en faveur des conduites morales en vue de promouvoir le capital social[258]. Il s'agit de bâtir une société dans laquelle les normes et les règles sont claires et où « les citoyens sont émotionnellement et rationnellement enclins à agir de façon morale, à s'abstenir d'actes de corruption et à ne pas servir leurs propres intérêts »[259]. Cette confiance est essentielle pour promouvoir la coopération soit entre citoyens soit entre sociétés et institutions.

L'originalité de ce projet et de l'approche utilisée consiste dans la valorisation et la connexion de tous les acteurs, l'institution et la société ; il s'agit d'une approche qui conjugue le respect de la personne à la réalisation de la démocratie et de la justice sociale et en liant trois pôles : un pôle individuel, un pôle social et un pôle institutionnel pour favoriser une coordination des synergies et des potentialités.

---

[258] Déclaration de Poznan, Mainstreaming ethics and anti-corruption in higher education. (controllare citazione), 2014, dans IIPE-Unesco, Planifier l'intégrité dans l'enseignement supérieur, op. cit. p. 3.

[259] Ibidem.

Conclusions

1. La centralité de l'éducation est évidente dans ce processus. Une éducation qui part du principe que la culture doit être le lieu de l'éthique : elle désigne une qualité d'intégration dans le lien politique des différents acteurs et de leurs fonctions. Et cela est une garantie de la légitimité de chaque acteur, qu'il s'agisse de l'État, des entreprises ou du citoyen en général. Ce sont les libertés qui ne vont pas de soi. Les conditions de leur exercice sont à redéfinir constamment pour améliorer la capacité de mise en œuvre des droits de l'homme dans un dialogue interculturel qui touche la capacité du sujet à lier ensemble les différentes composantes de son identité, à faire les liens entre son individualité et les communautés auxquelles il se reconnaît appartenir. En ce sens, l'éducation constitue une condition indispensable à la promotion de la liberté individuelle et elle joue un rôle essentiel pour aider les personnes à accéder à leurs droits et à exprimer toute leur richesse.

2. Il est très important d'assurer la transparence pour accéder aux informations et suivre l'évolution des institutions. Le Rapport Planifier *l'intégrité dans l'enseignement supérieur* souligne que la corruption qui peut affecter tous les échelons des systèmes d'éducation et de recherche à partir du recrutement des enseignants, du népotisme pour arriver à la distorsion des résultats des recherches pour des intérêts personnels. Le *Rapport Global Corruption Report*[260] montre aussi que la corruption dans l'éducation devienne un obstacle énorme non seulement à un enseignement de qualité mais aussi au développement économique et social de chaque collectivité et de chaque pays. Être capables de planifier l'intégrité de de chaque institution d'enseignement supérieur au-

---

[260] Rapport mondial sur la corruption: l'éducation. Transparence International, Traduit de l'ouvrage original en anglais intitulé *Global Corruption Report*, 2013, Éd. Earthscan by Routledge.

jourd'hui peut devenir un obstacle à la corruption et aussi un moyen pour la diagnostiquer.

3. Préoccupation commune aux institutions de l'enseignement supérieur c'est l'adaptation à des besoins nouveaux qui émergent de la part des jeunes et d'un contexte toujours en évolution. L'enseignement supérieur aujourd'hui doit être plus attentif à la vie et à tous les besoins des jeunes. Les jeunes aujourd'hui présentent une diversité des profils, des intérêts et des besoins qui exigent une réponse de l'Institution. Il y a un besoin de relations, de conseils, d'un environnement sécuritaire, de définir ses propres valeurs, de se fixer des objectifs sur le plan de la carrière, de vivre des expériences et d'expérimenter des rôles pour acquérir l'autonomie. Il est urgent de les accompagner dans leur lecture et et diagnostique de la société, afin qu'ils puissent choisir les meilleures réalisations personnelles et professionnelles.

4. Les enseignants sont une ressource fondamentale mais actuellement on assiste à une déprofessionnalisation diffusée, une sorte d'érosion qui nous renvoie à l'idée d'une transformation de leur rôle qui menace non seulement la qualité de l'éducation mais toute la gestion des établissements de l'enseignement supérieur. Il est avisé de revitaliser le projet politique et de repenser une stratégie plus transparente de carrière et de travail des enseignants, qui assurent l'intégrité de l'enseignement supérieur. La formation des professionnels ne peut pas reposer seulement sur l'acquisition des connaissances spécialisées qui visent avant tout à renforcer les apprentissages intellectuels. Il ne s'agit pas de *'former pour former'* mais de concevoir une formation capable de conjuguer la préparation scientifique avec le témoignage des valeurs démocratiques. Former des cadres signifie les professionnaliser à des pratiques complexes, avec « une alternance entre des moments de théorie et d'autres de confrontation avec des problèmes pratiques réels, qui

devrait jalonner tout parcours de formation avec une mise en responsabilité croissante, mais aussi un retour réflexif constant sur les expériences faites en pratique et leurs rapports avec une connaissance plus théorique »[261].

5. Les principaux défis rencontrés par l'éducation en manière de gouvernance démocratique se situent dans le manque d'inclusion, d'équité et de responsabilité publique. Aujourd'hui, une bonne gouvernance est un prérequis essentiel pour améliorer l'efficacité des services éducatifs. Les difficultés se situent si démocratie et gouvernance utilisent deux approches différentes par rapport aux principes qui fondent la démocratie; démocratie et gouvernance doivent converger sur tous les principes de la démocratie et apporter   des réponses légitimes non seulement aux acteurs de la communauté éducative mais aussi à toute la société.

6. Les Universités se trouvent face à deux possibilités : on peut se contenter de s'insérer dans l'apparat fonctionnel des acteurs présents et de soutenir, à travers des savoirs disciplinaires spécialisés et parcellisés, des réajustement et améliorations partiels, ou bien décider d'élaborer, avec des acteurs nouveaux, un savoir qui prenne en compte la multi-dimensionnalité des problèmes et qui sache construire des espaces publics de service et de contrôles réciproques. Si des alliances avec des acteurs du marché prévalent, le futur de l'Université sera marqué par la commercialisation et par la privatisation : l'Université exporte ses savoirs, elle vend ou commercialise des produits scientifiques, elle conquiert le marché des étudiants étrangers, elle ouvre des branches à l'étranger et elle transforme les étudiants en clients. Si, par contre, ce sont les alliances avec la société civile et les institutions internationales qui

---

[261] Hutmacher, W., « L'Université et les enjeux de la professionnalisation », dans *Politiques d'éducation et de formation*, AFEC, n°2/2001, De Boeck Université, Bruxelles, p. 44.

prévalent, les Universités pourront fonctionner comme des vecteurs d'interconnexion des sociétés, ayant comme but principal d'organiser l'espace global autour du bien commun global.

7. Éduquer à la démocratie signifie s'éduquer à l'appartenance commune, à la valorisation et à la promotion des diversités culturelles et, en même temps, signifie reconnaissance d'autres diversités, élargissement de l'appartenance, défense et partage de toutes les identités en tant qu'expressions unitaires du bien commun. La migration nous appelle à cela, parce qu'elle est consubstantielle à la vie de chacun de nous et au cœur des transformations sociales, culturelles, économiques, politiques et institutionnelles de toutes les sociétés. La présence des migrants dans nos sociétés est une richesse à condition que les citoyens vivent les situations dans une optique éthique et culturelle en même temps, avec des capacités d'ouverture empathique et de compréhension de la diversité des cultures. Et cela parce que, si une politique d'inégalité de droits et de statuts prévaut et il y a un effacement des diversités, c'est la démocratie qui est en danger, parce que le modèle démocratique authentique est inclusif. Dans ce cadre la promotion de la diversité culturelle de la part des Universités joue un rôle fondamental : la diversité culturelle ne devrait pas être conçue comme synonyme d'internationalisation mais comme valeur qui permet d'observer, respecter et développer les identités culturelles qui composent les sociétés.

6. Dignité de la personne et réalisation du bien commun

> *Le droit sans dignité n'est que médiocrité*
> *et la dignité sans droit n'est que déraison.*
>
> (Blaise Pascal, *Pensées*)

Selon Paul Ricœur le concept de dignité renvoie à l'idée que « quelque chose est dû à l'être humain du fait qu'il est humain[262]. » En fait l'étymologie du mot *dignitas* dit ce qui rend digne, dit vertu, honneur, considération, estime, et la dignitas nous renvoie tantôt au respect que mérite une personne humaine, tantôt au respect dû à soi-même.

La dignité n'est ni un idéal ni un objectif; elle est un principe qui préside la vie de chacun et, en tant que principe, elle n'est pas négociable parce qu'il prend en compte la personne considérée dans sa singularité, dans sa capacité de se déterminer et de se référer aux autres en conséquence. Un principe selon lequel une personne ne doit jamais être traitée comme un objet ou comme un moyen, mais comme une fin et une entité intrinsèque. « Ce qui permet que quelque chose soit une fin en soi n'a pas seulement une valeur relative, c'est-à-dire un prix, mais il a aussi la une valeur intrinsèque et c'est-à-dire une dignité » … « L'humanité est elle-même une dignité : l'homme ne peut pas être traité comme un simple moyen mais toujours comme une fin. En cela consiste sa dignité[263]. »

La dignité est, en soi, valeur, parce qu'elle dit l'humain, elle dit la ressource et la valeur intrinsèque et donc force de la pensée qui fait de l'homme une valeur à respecter et une valeur immanente à protéger. Pour Pascal, la dignité consiste dans la pensée « L'homme n'est qu'un roseau, le plus faible de la nature mais c'est un roseau pensant. Toute

---

[262] Ricœur, P. *Les enjeux des droits de l'homme*, Larousse, Paris, 1988, p. 236.
[263] Kant, I. *Fondements de la métaphysique des mœurs*, Paris, Gallimard, 1985, p. 302.

notre dignité consiste en la pensée. C'est là qu'il nous faut relever et non de l'espace et de la durée que nous ne saurions remplir. Travaillons donc à bien penser : voilà le principe de la morale[264]. »

Dans un monde où toute relation, pour être viable, entre dans le « système de la marchandise », là où tout s'achète et où tout se vend, la dignité humaine est de « l'ordre du sans prix[265]. »

Le concept de dignité est lié à celui de respect qui implique la reconnaissance respectueuse de soi-même et de l'Autre ; elle est inspirée par un désir de respectabilitéé et traduit le sentiment que la personne a de sa propre valeur. Le respect vise à protéger les aspects interdépendants et multiples de la personne allant de son intégrité corporelle, à son intégrité morale et à son épanouissement personnel ; un respect inconditionné, indépendamment de l'âge, du sexe, de l'état de santé physique ou mentale, de la condition sociale, de la religion ou de l'origine ethnique.

La dignité trouve sa reconnaissance politique et juridique dans la Déclaration Universelle des Droits de l'Homme de 1948 qui reconnaît que tous les êtres humains possèdent une « dignité inhérente » (Préambule). On lit dans le Préambule que la dignité constitue « le fondement de la liberté, de la justice et de la paix dans le monde » et on souligne son universalité qui se traduit dans la parité des droits et ces droits ouvrent aussi une perspective à la réalisation de toutes les communautés et les sociétés.

L'article premier de la Déclaration cite :

« Tous les êtres humains naissent libres et égaux en dignité et en droits. Ils sont doués de raison et de conscience et doivent agir les uns envers les autres dans un esprit de fraternité ».

---

[264] B. Pascal, *Pensées*, Pléiade, 347-347.

[265] P. Ricoeur., *Parcours de la reconnaissance*, Paris, Stock 2004. (Réédition, Folio Essais, 2005.)

Cet article reconnaît « la condition de l'homme entre le fait et le devoir et la tâche sans fin des droits de l'homme entre le relatif du donné et l'absolu de l'exigence, jusqu'à l'inaccessible fraternité[266]. » La dignité est donc intangible et chaque pouvoir public doit la respecter parce qu'elle constitue le dénominateur commun de chaque personne et en trace un nouveau statut.

La dignité est la résistance qu'une personne oppose à ce qui le nie. Cette résistance est proportionnée à la mesure de l'offense et de la menace qui le frappe : plus l'humanité est outragée plus la dignité s'exprime comme force de résistance. Il faut toujours lutter pour sortir des situations qui offensent la dignité par la capacité de s'indigner parce que l'indignation est un autre aspect de la dignité et du respect que chacun de nous doit lui donner dans la relation avec les autres. Il est important aussi prouver la honte qui, avec la réputation, constitue une ressource pour la vie en société au moment où les contrôles de la conscience individuelle et de l'institution publique deviennent faibles[267].

Mais la dignité appartient à tous ceux qui acceptent de la reconnaître, et la reconnaître signifie croire dans l'humanité et la percevoir comme un lieu habité par tout Autre et par tous les autres. Le *visage* de l'Autre m'ouvre sur un au-delà de moi-même. C'est un appel qui témoigne de la diversité de l'autre et qui convoque ma responsabilité à l'égard de lui. En fait « la dignité est le reflet de l'estime de soi visible dans le regard d'autrui : elle est valeur, image de soi et indice d'utilité que chacun se confère dans sa confrontation aux valeurs dominantes, aux images grati-

---

[266] Hersch, J., « Les droits de l'homme du point de vue philosophique », dans Fernandez À., (Dir.), *Le dû à tout homme*, Dictus publishing, Genève, 2014, p. 22.

[267].Flick, G.M *Elogio della dignità*, Libreria editrice Vaticana, 2015, pp. 59-60.

fiantes, aux repères d'utilité que la société véhicule quand elle enveloppe l'être humain »[268].

Il y a trois niveaux de la dignité croisés entre eux : « la dignité ontologique liée à l'appartenance à l'ordre humain, la dignité subjective ressentie, phénoménologique et enfin la dignité objective, développée dans le vécu et qui désigne la perspective éthique »[269].

Je me limite ici à la dignité ontologique qui est une pierre angulaire de la vie de chacun de nous, un bien partagé par toute la famille humaine, un bien personnel, elle n'est pas une marchandise mais un visage, et en tant que tel elle est aussi un bien commun. Un visage qui, selon Levinas[270], devienne le nom propre de l'être humain. Un être vers lequel l'éthique nous provoque et nous invite à l'observer dans ses conditions concrètes pour voir quelle dignité on réserve à lui s'il est sans abri, s'il est fragile, s'il vit en dehors de la communauté et risque de perdre le sens de sa vie. L'attitude éthique doit nous provoquer quand on est en face à ces situations, quand devant nous, dans nos quartiers il y a des pauvres qui sont les témoins des maux sociaux et d'une marginalité continue dans laquelle ils sont obligés de vivre. La dignité est la première facette de l'éthique, elle est un donné et une tâche, un présupposé qui commande le respect des droits de l'homme, elle est aussi un devoir et un combat parce que pour l'avoir il faut toujours lutter, elle devient honneur, investiture qui se gagne mais que l'on peut aussi perdre.

Le nœud de la dignité se reflète dans une série d'oppositions telles que la liberté et l'égalité, la personne et le citoyen, le privé et le public,

---

[268] Thiel M-Jo, *Au nom de la dignité de l'être humain*, Bayard, Montrouge, 2013, p. 32

[269] Ibidem, p. 95

[270] Levinas E., *La justice bien ordonnée commence par autrui »*, Totalité et infini, ed. Biblio Essais, 1990, p. 44.

la majorité et les minorités, la justice et la souveraineté de l'État[271]. Il s'agit d'une sorte de registres qui semblent s'opposer : selon le premier registre la dignité est l'attribut universel de la personne, selon le second la dignité est liée à la *reconnaissance* et à la relation à l'Autre, au group, à la société et à la vie en commun. Et ces deux registres sont bien articulés entre eux parce que tous les deux pointent vers la liberté. En fait, la dignité est un autre nom de la liberté qui nous transforme en sujet de droit, en acteur, en citoyens actifs et responsables de la société. Pour cette raison les comportements qui violent la dignité sont des crimes contre l'humanité.

La dignité est singularité parce qu'elle rend la personne unique et autonome de choisir en toute liberté le sens qu'elle veut donner à sa vie. « *Ma* » dignité est *singulière* parce que je suis seul à savoir ce qu'il en est de la dignité mais ce sont les institutions qui doivent me protéger et me garantir. Il y a un lien entre les personnes et les cultures et, d'accord avec Levinas, on passe de « je dois » à « je me dois » à « je me dois à toi » ; l'Autre fait partie de moi[272].

La déclination sociale de la dignité

Quand on parle de dignité parfois c'est de l'honneur qu'il s'agit. Mais l'honneur, comme le fait remarquer Simone Weil, est « ce besoin vital de l'âme humaine » qui n'est pas comblé par le respect, car celui-ci est « identique pour tous et immuable » tandis que « l'honneur a rapport à un être humain, considéré non pas simplement comme tel mais vu dans son entourage social. En fait l'estime de soi est inséparable de l'estime sociale. » La reconnaissance de la dignité de la personne au niveau des droits de l'homme reste une abstraction tant qu'on n'aborde pas la valeur concrète de chacun dans une société donnée : pour développer une

---

[271] Koninck, Thomas de, Gilbert Larochelle, *La dignité humaine. Philosophie, droit politique, économie médicine*, Université de Québec, 2005, p.77.

[272] Conogan,C. Forum des Bernardins, La dignité, 2015, p.1.

image positive de soi ne faut-il pas qu'on nous reconnaisse une valeur dans un domaine ou un autre? [273] .

La dignité est relationnelle, car il s'agit toujours d'être digne de quelque chose ou de quelqu'un par rapport à qui on se situe. Les parents doivent être dignes de leurs enfants, les enfants dignes de leurs parents, les professeurs et les élèves doivent se montrer dignes de la tâche éducative, ils ont des devoirs de dignité réciproques. Une dignité fondée sur les droits n'a de sens que si nous savons être à la hauteur de nos devoirs. C'est la dignité « qui nous permet de résister à toutes les aliénations, d'exiger le respect pour tous et aussi pour moi sans conditions de race, de couleur, de sexe, de religion, d'âge, etc. » (art. 2 de la DUDH) [274].

La dimension relationnelle est liée à la capacité de dialogue, au respect et à la promotion de la diversité pour ne pas transformer les diversités culturelles, religieuses, ethniques, sociales et politiques en exclusions et discriminations multiples. La dignité « se développe dans l'évolution, d'ordre sociale, culturelle, économique et juridique, de personne à citoyen, avec la reconnaissance progressive et la constitution de ses droits envers les autres et envers l'État[275]. » Et c'est à l'État et à la communauté internationale de garantir tous les droits.

La dignité est une *vertu fondatrice* de la personne et de sa vie de relation. La dignité sociale souligne et renforce un système de relations qui enveloppe la personne et qui lui donne la force d'agir; ainsi elle devient le fondement concret de la citoyenneté vue comme exercice de droits qui appartiennent à chacun. La violation des droits est une violation du principe de la dignité[276] et parmi tous les droits en particulier les droits culturels « mettent directement en jeu la dignité humaine et doi-

---

[273] Simon Weil, L'enracinement, Prélude à une déclaration des devoirs envers l'être humain, Ed. Gallimard, Paris, 1949, (Voir coll. Folio essais, pp. 31-32.)

[274] Thiel M. J., Au nom de la dignité de l'être humain, op. cit. p. 97.

[275] Flick G.M., Elogio della dignità, op. cit. p. 30.

[276] Ibidem, p. 26.

vent être reconnus à tous y compris aux plus démunis. Ils protègent spécifiquement cette dimension de la dignité qui est l'identité[277]. » Une vie sans dignité, sans respect est une vie qui détruit les capacités d'agir, d'autodétermination, de s'exprimer, de choisir son propre développement.

La vie politique et la vie sociale sont une condition et une expression de la dignité humaine à condition qu'elles se basent sur l'effectivité des droits pour chaque personne. Mais quel rôle et quelle reconnaissance ont les minorités, les réfugiés, les demandeurs d'asile, les migrants qui témoignent les violations multiples de ces droits? Presque toujours ils sont placés en dehors de la communauté, or être sans communauté signifie être sans dignité. Le seul lieu où la dignité personnelle et sociale peut s'exercer et être respectée est la vie sociale et politique, parce que c'est ici que la souveraineté se déploie. Il y a souveraineté s'il y a participation à la communauté, s'il y a une traduction des droits de l'homme en actions concrètes, si on peut habiter le lieu où on vit, s'il y a une reconnaissance réciproque entre les personnes et une solidarité entre les sociétés. La souveraineté est l'exercice de l'ensemble des droits de l'homme, (avec les libertés et les responsabilités qu'ils impliquent) par des personnes au sein de communautés politiques, qui sont ainsi définies comme démocratiques[278]. Cette inscription politique de la dignité humaine constitue un défi et un engagement social pour tous parce que nous tous devons être débiteurs des droits et lutter pour une dignité du travail, du logement, de l'alimentation, etc. C'est par l'évaluation de la réalisation des droits fondamentaux que l'on peut mesurer la qualité des politiques. La dignité représente une synthèse de liberté et d'égalité qui

---

[277] Meyer-Bisch, P., *Déclarer les droits culturels. Commentaire de la Déclaration de Fribourg,*, Ed. Bruylant, 2010, p. 13.

[278] Chaires Unesco de Bergamo et de Fribourg, Souveraineté populaire et coopération, document du colloque international. 2015, p. 1.

fonde la démocratie[279]. Nulle institution, nulle « loi » économique, sociale, culturelle ou raison d'État, ne peut se placer au-dessus de la dignité des personnes, ou la mettre entre parenthèses. »

La dignité s'exprime dans la réalisation d'un bien commun

La notion de « bien commun » a récemment réacquis un rôle de première importance dans la réflexion sur la *souveraineté populaire* et sur la *gouvernance démocratique*[280]. Cette notion a été amplement reprise à plusieurs niveaux dans les débats d'experts des disciplines économiques, de juristes et philosophes qui ont constaté la nécessité de redécouvrir un concept qui pourrait représenter un changement de paradigme dans la définition des politiques pour un développement inclusif[281].

Cette notion s'inscrit dans un contexte international dans lequel les priorités/intérêts économiques ont gagné de plus en plus d'influence dans les réflexions sur le développement. Dans une époque où la société internationale se prépare à la réalisation de nouveaux objectifs pour un développement durable (Sustainable Development Goals), le Pape François, en 2014, a convoqué à une conférence du titre « Le bien commun mondial : Vers une économie plus inclusive » un groupe de responsables politiques, économistes et autres penseurs influents[282]. Le Pape François a condamné le « réductionnisme anthropologique » dans l'économie, faisant écho à une tradition de la doctrine sociale catholique qui relie l'inclusion économique à la *dignité humaine*. Il a rappelé que les êtres

---

[279] Rodota, S. *La rivoluzione della dignità*, Ed. La scuola di Pitagora, Napoli, 2013, p. 15.

[280] Voir par exemple : Chaires Unesco de Bergamo et de Fribourg. 2015. *Souveraineté populaire et coopération*, document du colloque international. p. 1.

[281] On pense par exemple à juristes tels que Rodotà, Marella et Ciervo, à des économistes tels que Zamagni ou aux philosophes Dardot et Laval.

[282] Pontificium Consilium De Iustitia et Pace. 2014. *The Global Common Good: Towards a more inclusive economy*. Cité du Vatican, Juin 2014.

humains sont souvent traités comme des moyens d'ordre économique et non pas comme la raison pour laquelle l'activité économique se déroule[283]. Surtout, l'efficacité et la vitesse des transactions financières ne devraient pas être les buts ultimes, mais des valeurs intermédiaires qui doivent nécessairement être harmonisés avec les valeurs fondamentales tels que la hausse de précaution, la stabilité et le *bien commun,* dans le sens d'un service pour un développement humain intégré[284]. Contrairement à une mondialisation qui apporte une convergence économique lente mais progressive entre les États, le Pape a enfin souligné la nécessité d'une vision complète de l'être humain et du monde, éléments fondamentaux de toute action/décision politique et sociale.

La notion du *bien commun* suggère d'une certaine façon un modèle alternatif, un mode d'organisation, de participation et de gouvernance qui pourrait laisser finalement espérer un développement inclusif fondé sur la dignité humaine, essence des droits de l'homme. « Une approche axée sur la gouvernance pourrait être particulièrement utile pour mieux comprendre les récents changements survenus dans le paysage mondial de l'éducation[285]. »

Définitions du « bien commun »

En se référant au *bien commun,* il est important de spécifier les caractéristiques qui rendent cette notion importante pour la conception d'une gouvernance démocratique renouvelée, fondée sur la participation active de la communauté[286].

---

[283] Ibid.

[284] Ibid.

[285] Solesin, L., La gouvernance mondiale de l'Agenda de l'éducation 2030: défis dans un paysage en mutation, *Recherche et perspective en éducation,* Unesco, Paris, 2020, p. 7.

[286] Tiré et adapté de: UNESCO. 2015. *Repenser l'Education : Vers un bien commun mondial ?* Paris, UNESCO.

La notion de « bien commun » peut être considérée un concept éthique, une vision morale de ce qui est dans l'intérêt de la société. D'autre part, « les biens communs » sont définis comme des biens qui, quelle que soit leur origine, publique ou privée, sont caractérisés par une destination commune et sont nécessaires à la réalisation des droits fondamentaux de tous[287]. Le bien commun est « constitué par des biens que les êtres humains partagent intrinsèquement, et communiquent entre eux tels que les valeurs, les vertus civiques et un sens de la justice[288]. » Il s'agit « d'une association solidariste de personnes qui est davantage que le bien d'individus dans leur ensemble. » Il s'agit du bien qui consiste à être une communauté – « le bien atteint dans les relations mutuelles dans lesquelles et à travers lesquelles les êtres humains accèdent à leur bien-être. Les « biens communs » sont aussi définis comme des « biens-ressources, ni privés ni publics, partagés et gérés par une communauté qui en définit les droits d'usage (droit d'accès, de partage, de circulation…)[289]. » Le bien commun est par conséquent inhérent aux relations existantes entre les membres d'une société liés les uns aux autres dans un effort collectif. Les biens de cette catégorie sont donc intrinsèquement communs dans leur « production » ainsi que dans leurs bénéfices[290]. De manière générale, la notion de *bien commun* se définit par les caractéristiques suivantes:

---

[287] Marella, M. R. 2012. *Oltre il pubblico e il privato: per un diritto dei beni comuni*. Vérone, Ombre Corte, p. 16.

[288] Deneulin, S. et Townsend, N. 2007. Public Goods, Global Public Goods and the Common Good.
International Journal of Social Economics, Vol. 34 (1-2), pp. 19-36.

[289] Bollier, D. 2014. *La renaissance des communs : Pour une société de coopération et de partage*. Paris, Éditions Charles Léopold Mayer.

[290] Adapté de : Deneulin et Townsend, ibid.

- *La dimension collective* : du point de vue du « bien commun », ce n'est pas seulement la « vie harmonieuse » des individus qui importe, mais aussi l'harmonie de la vie que les humains ont en commun[291]. Il ne s'agit pas d'un bien personnel ni d'un bien appartenant à un groupe restreint. Les biens communs réaffirment donc une dimension collective en tant qu'entreprise sociale commune.

- *La diversité* : on ne peut définir le bien commun qu'en fonction de la diversité des contextes et des conceptions du bien-être et de la vie commune. Chaque communauté aura ainsi sa propre compréhension d'un contexte spécifique du bien commun. Étant donné la diversité des interprétations culturelles de ce qui constitue un bien commun, les politiques publiques devraient prendre en compte et favoriser cette diversité de contextes, de visions du monde et de systèmes de savoirs tout en respectant les droits fondamentaux[292].

- *Le processus participatif* : le concept de bien commun met l'accent sur le processus participatif, qui est en lui-même un bien commun. L'action partagée est intrinsèque ainsi qu'instrumentale au bien lui-même[293]. Les biens communs nécessitent donc un processus inclusif de formulation et de mise en œuvre des politiques publiques. Placer les biens communs au-delà de la dichotomie entre sphère publique et sphère privée im-

---

[291] Deneulin, S. et Townsend, N. 2007. Public Goods, Global Public Goods and the Common Good. *International Journal of Social Economics*, Vol. 34 (1-2), pp. 19-36.

[292] Deneulin and Townsend, ibid.

[293] Holster, K. 2003. The Common Good and Public Education. *Educational Theory*, 53(3), 347-361.

plique de concevoir et de tendre vers de nouvelles formes (et institutions) de démocratie participative.

- *L'éthique et la responsabilité* : les biens communs sont des biens qui révèlent plus de l'être que de l'avoir[294]. Ce concept exclut radicalement la polarité du sujet-objet, ainsi que toutes sortes d'approches économistes réductionnistes et quantitatives. Les paradigmes traditionnels expriment la « logique d'avoir » qui refuse de remettre en cause les conditions de possibilité d'une action de l'individu dans le monde. Au contraire, la notion du *bien commun*, qui dans une certaine mesure peut constituer un changement de paradigme, remet les valeurs et la dignité humaine au centre, en tant qu'éléments essentiels à la réalisation du bien-être. En se fondant sur la *relation* que les hommes instaurent avec les ressources, les *biens communs* représentent à la fois un système de valeurs et de responsabilités partagées avec un engagement en faveur de la solidarité. « Chaque personne, individuellement et au sein des trois types d'acteurs, civils, publics et privés, porte sa part de responsabilité à l'égard du bien commun, qui peut être défini comme la jouissance des droits humains de chacun, inconcevables sans des systèmes sociaux qui optimisent les co-libertés et les coresponsabilités »[295].

Bien commun, identité culturelle et dignité

La dimension collective des biens communs représente le point fondamental du processus de réappropriation de la dignité, soit personnelle, soit commune. Le bien commun se fonde en fait sur la nécessité d'assurer la participation des communautés dans la gestion des ressources matérielles et de la connaissance, qui signifie aussi de réaffirmer les liens

---

[294] Mattei, U. 2011. *Beni comuni: un manifesto*. Editori Laterza.

[295] Chaires Unesco de Bergamo et de Fribourg. 2015. *Souveraineté populaire et coopération,* document du colloque international, p. 17

de solidarité sociale affaiblis ou compromis pour en établir des nouveaux[296]. Les biens communs sont en fait des ressources avec lesquelles un groupe entretient une relation vivante, c'est-à-dire des formes cognitives de pensée, de délibération, et de prise de décision[297]. En exprimant une forme de *connaissance*, cette notion exprime aussi la forme de la *conscience*, où la connaissance se structure

Nécessaires à la réalisation des droits fondamentaux de la personne, notamment des droits culturels, les biens communs peuvent être considérés des laboratoires de développement de capacités, de liberté et de coresponsabilité, selon un modèle de développement basé sur les droits de l'homme[298]. « Contrairement au concept plus instrumental des *biens publics*, biens dont il est possible de jouir aussi individuellement, les *bien commun* nécessitent des formes de collectivité et de gouvernance partagée pour leur production et leur bénéfice[299]. » Les biens communs sont des bien relationnels qui catalysent et incarnent l'identité culturelle d'une communauté, son sens, sa signification, qui en et à travers eux se reconnaît, se crée et récrée[300]. Ces biens deviennent pourtant les contextes de réalisation des droits fondamentaux et, encore plus, des droits culturels qui expriment la dignité de la personne et de la communauté. Il est nécessaire que les droits culturels soient respectés et les biens communs réalisés pour que l'identité culturelle puisse se réaliser comme « l'ensemble des références culturelles par lesquelles une personne, seule

---

[296] Marella, M. R. op. cit.

[297] Mattei, U. op. cit.

[298] Approche Basée sur les Droits de l'Homme.

[299] Locatelli, R., La réalisation de l'éducation comme bien commun, in *L'Interdépendance des droits de l'homme au principe de toute gouvernance démocratique*, Globethics.net, Genève, 2019, p. 276.

[300] Favaro, I. 2014. *Una scuola dei beni comuni per i citoyens di domani* http://www.labsus.org/2014/11/una-scuola-dei-beni-comuni-per-citoyens-di-domani/

ou en commun, se définit, se constitue, communique et entend être reconnue dans sa *dignité*[301]. »

> « Nulle institution, nulle *loi* économique, sociale, culturelle ou raison d'État, ne peut se placer au-dessus de la dignité des personnes, ou la mettre entre parenthèses. Les acteurs doivent savoir partager les principes et les pouvoirs, faire interagir les diversités pour créer les conditions d'un développement équitable, où toute personne, reconnue en dignité et en identité, peut se développer dans un tissu d'interactions[302]. »

Cela peut se concrétiser dans la participation de tous les acteurs à la définition du bien commun.

---

[301] Les droits culturels, *Déclaration de Fribourg*. 2007.
[302] Chaires Unesco de Bergamo et de Fribourg. 2015. *Souveraineté populaire et coopération,* document du colloque international, p. 17.

CONCLUSIONI

Il testo ha esaminato le principali sfide della cooperazione internazionale a partire dall'effettività dei diritti dell'uomo che sono una condizione sine qua non della cooperazione allo sviluppo. Partire dai diritti dell'uomo significa garantire a ogni persona i mezzi per vivere una vita dignitosa.

I diritti dell'uomo sono alla base della cooperazione allo sviluppo di ogni politica contro l'esclusione e la povertà in quanto sono la leva della coesione sociale e della democrazia. Più degli altri diritti, i diritti culturali sono dei fattori di sviluppo perchè sono diritti-libertà, diritti-responsabilità, diritti –capacità che valorizzano i talenti e le attitudini di ciascuno. Nel caso in cui le attitudini vengano negate o compromesse a causa di situazioni specifiche perchè le relazioni fra i partners sono asimmetriche e i poteri di negoziazione non sono uguali, si assiste a un fallimento nell'esercizio dei diritti dell'uomo.

Una politica della cooperazione allo sviluppo, partendo dai diritti dell'uomo, richiede, vista la loro indivisibilità, un approccio globale, coerente e prospettivo e considera ogni persona come irrepetibile, come attore di una società alla quale ciascuno, anche il più emerginato, porta la sua riflessione e il suo contributo. La sfida di oggi è quella di portare i membri di una società a vedere in ogni essere umano emarginato una ricchezza persa, una opportunità dell'umanità sprecata.

Come ha sostenuto Hannah Arendt, alla base dei diritti dell'uomo c'è "il diritto di avere diritti" vale a dire il diritto di essere riconosciuto come persona, come cittadino e come membro di una comunità. Se si esclude l'Altro, si cancella la sua lingua, la sua storia, la sua terra, la sua dignità, le sue aspirazioni, la sua libertà e quindi la sua identità.

Partire dai diritti dell'uomo è, per prima cosa, realizzare il diritto allo sviluppo per ciascuno e capire l'interazione fra il diritto allo sviluppo e gli altri diritti, quali ad esempio il diritto dei popoli di disporre di loro stessi. Mettere i diritti alla base della cooperazione ci obbliga a riflettere sul loro legame con le strategie e le finalità dello sviluppo. In Africa quando non si valorizzano le strutture e le dinamiche tradizionali, le reti comunitarie, familiari, religiose, di solidarietà, i termini come *sviluppo, cooperazione, democrazia, Stato,* rischiano di diventare parole magiche, vuote di senso, perché non radicate nel sociale e il divario tra coloro che parlano di cooperazione e coloro che vivono la quotidianità è sempre più forte.

In ogni contesto bisogna chiedersi se la cooperazione parte dalle attese, dai bisogni, dalle rappresentazioni delle popolazioni, vale a dire da una dinamica dei diritti dell'uomo che incoraggia la partecipazione e la responsabilità di tutti alla scelta e alla realizzazione di modelli e di progetti di società. Essere attenti ai progetti della società e prendere sul serio la loro partecipazione identificando le responsabilità reciproche, richiede un interesse alla dimensione culturale delle società a partire dalle possibilità che ogni persona ha di appropriarsi dei diritti.

Ciò di cui le popolazioni più povere hanno bisogno sono soprattutto le capacità per creare la propria organizzazione, per aumentare le loro scelte, per mettere in gioco la loro libertà di azione e di partecipazione per aumentare la loro ricchezza personale e sociale che li aiuta a costruire le istituzioni, a sostenere istituzionalmente quelle già esistenti in modo che possano fornire servizi alla comunità.

Spesso la cooperazione "indebolisce le istituzioni nazionali perché bypassa i settori pubblici utilizzando strutture parallele gestite da coloro che finanziano o che sono responsabili nei loro confronti"[303]. In questo caso stiamo assistendo a *istituzioni addomesticate*, che devono imparare

---

[303] Sogge, D., *Les mirages de l'aide internationale*, Éd. Enjeux Planète, Paris, 2002, p. 216.

più ad obbedire che ad agire, e a popolazioni che assistono a un "marcato declino del loro controllo sulla loro società"[304].

Oggi molteplici attori, imprese, istituzioni, gestiscono progetti di cooperazione. Ma osservando bene ci si rende conto che c'è una distanza fra la concezione dei progetti e la loro realizzazione in quanto non esiste una relazione di reciprocità ma piuttosto una forma di assimilazione. E questo perché esiste una difficoltà a pensarci come una sola comunità, a desiderare il bene comune come appartenente a una sola famiglia umana. Se non si cerca di rigenerare la cooperazione allo sviluppo in senso ontologico, si rischia di ridurla a una delle tante attività economiche o filantropiche. È la dimensione ontologica dell'essere umano che giustifica e orienta le attività di cooperazione internazionale: è l'uomo che umanizza il mondo in quanto apprende con gli altri a dire la sua parola e ad esercitare la sua responsabilità.

Ed è qui che l'educazione gioca il suo ruolo fondamentale: un'educazione che coscienza non nel senso di una semplice presa di coscienza ma di un pieno inserimento nei processi di sviluppo sociale, culturale e economico, nella conquista dell'autonomia, nella capacità di capire le contraddizioni, di identificare le cause che generano la marginalità per essere capaci di concepire e di costruire una nuova società.

Un'educazione considerata come bene comune è caratterizzata dalla realizzazione per tutti dei diritti fondamentali di ciascuno.

L'educazione come bene comune è una forma di apprendimento collettivo nel quale ciascuno realizza un progetto personale e comunitario e si traduce in un rapporto fra uguaglianza e solidarietà.

Su queste basi bisogna ripensare la cooperazione, ripensare la sua filosofia per *pensare in comune* le finalità dello sviluppo che significa che c'è cooperazione quando i diritti sono riconosciuti, sono effettivi e rispettati e quando ogni persona è soggetto di diritto. E l'effettività dei

---

[304] ibidem

diritti ha un ruolo centrale per assicurare alle persone una giusta appropriazione dei diritti, delle libertà e responsabilità.

Ricominciare diventa allora il nuovo linguaggio della cooperazione che parte da un atto di libertà, da una conquista dell'uomo che si pone in una prospettiva di futuro se comprende che la forza etica della cooperazione allo sviluppo dipende dal riconoscimento dei diritti dell'uomo e dalla salvaguardia delle libertà.

Ricominciare significa anche passare dall'approccio fondato sui bisogni all'approccio fondato sui diritti. Il primo ha come obiettivo ridurre la mancanza con l'aiuto di trasferimenti e in questo caso le persone non partecipano alla gestione ma sono solo destinatarie dell'assistenza. Il secondo considera ogni diritto dell'uomo una capacità da sviluppare che rende effettivo l'esercizio delle libertà e delle responsabilità incluse nel diritto stesso.

Si tratta di una grammatica di "governance democratica che includa le persone, le loro organizzazioni e gli ambiti: è un'elaborazione interattiva delle strategie di sviluppo della ricchezza umana, personale e collettiva, e dell'equilibrio dei grandi sistemi. I due poli, individuale e collettivo, della volontà popolare sono così mantenuti insieme: l'esercizio individuale e l'interazione in seno alle organizzazioni i cui principi di governance sono al servizio della protezione dei diritti individuali così come quella degli oggetti sociali che ne sono la risorsa e il prodotto"[305]

Infatti l'approccio basato sui diritti dell'uomo coniuga i principi di solidarietà con i principi di sussidiarietà. Secondo il principio di sussidiarietà lo Stato, la comunità locale o il servizio pubblico non devono mai usurpare l'iniziativa e la responsabilità delle persone e dei gruppi né limitare la loro libertà. Secondo il principio di solidarietà ciascuno deve

---

[305] Meyer-Bich, P., Gandolfi, S., Balliu, G., *Souveraineté et coopérations. Guide pour fonder toute gouvernance démocratique sur l'interdépendance des droits de l'homme*, Globethics.net, Genève 2016, p. 63.

contribuire con gli altri al bene comune della società a tutti i livelli: serve una *pedagogia progressiva* basata sull'idea che ogni comunità è dotata di esperienza, di energie, di immaginazione e di competenze. L'interconnessione di questi due principi, sussidiarietà e solidarietà realizza politiche di partenariato che si traducono nella condivisione di poteri e di responsabilità di tutti: persone, organizzazioni, istituzioni, associazioni che interagiscono orizzontalmente e verticalmente a partire dal livello delle comunità locali.

Ma perché la cooperazione possa passare dallo statu quo alle riforme decisive è necessario rimettere a fuoco le regole del gioco, vale a dire associare alle decisioni tutti gli attori della comunità educativa e fare dello Stato il grande garante del *patto educativo*. Per realizzare questo patto bisogna che tutti gli obiettivi dell'educazione possano essere visti come costitutivi del bene pubblico dell'educazione e dell'interesse generale del paese. Per realizzare il patto educativo serve monitoraggio continuo, da parte degli utenti, da parte degli gli Stati e dei diversi enti e organizzazioni partner dei progetti.

E questo patto è il primo passo necessario per un processo etico della cooperazione che vuole reperire i principi e i valori che stanno alla base dei diritti dell'uomo e che fondano una cooperazione allo sviluppo basata sulla dignità umana, sull'indivisibilità dei diritti, sulla governance democratica e sull'equità nelle relazioni reciproche diversamente asimmetriche. Si tratta di un *processo* che osserva e studia i diritti dell'uomo e cerca di comprendere i diversi sistemi di rappresentazione senza pregiudicare la loro validità ma con un'attenzione all'uguaglianza fra persone, popoli, diritti e libertà individuali.

Un *processo* che cerca di sottolineare i paradigmi del bene, del giusto che ogni attore sviluppa e in nome del quale fa delle scelte e le negozia con gli altri prima di agire.

CONCLUSION

Ce texte s'est concentré sur les principaux enjeux de la coopération internationale vus par l'effectivité des droits de l'homme qui sont une condition *sine qua non* de la coopération au développement. Prendre les droits de l'homme au sérieux signifie garantir à chaque personne les moyens d'une existence digne.

Les droits de l'homme sont à la base de la coopération au développement et de toute politique contre l'exclusion et la pauvreté car ils sont le levier de la cohésion sociale et de l'instauration de la vraie démocratie. Plus que les autres droits les droits culturels sont des facteurs de développement parce qu'ils sont des droits-libertés, des droits-responsabilités, des droits-capacités qui prennent en compte les talents et les aptitudes de chacun. Là où les aptitudes sont niées ou paralysées en raison d'autres situations spécifiques dans lesquelles les relations entre partenaires sont asymétriques et les pouvoirs de négociation sont inégaux, on constate un échec dans l'exercice de ces droits.

Penser une politique de la coopération au développement en partant des droits de l'homme, c'est, du fait de leur indivisibilité, avoir une approche globale, cohérente et prospective par rapport à l'exclusion sociale et à la pauvreté, parce que coopérer c'est regarder chaque personne comme porteuse d'une valeur unique, comme acteur d'une société à laquelle chacun, même le plus démuni, apporte sa réflexion. L'enjeu aujourd'hui est celui d'amener les membres d'une société à voir dans chaque être humain mis au ban de la société une richesse perdue, une chance gaspillée de l'humanité entière.

Comme Hannah Arendt l'avait bien dit, la base des droits de l'homme « c'est le droit d'avoir des droits », c'est-à-dire le droit d'être reconnu comme personne, comme citoyen et comme membre d'une communauté. Si on exclut l'autre on vole sa langue, son histoire, sa terre, sa dignité, ses aspirations, sa liberté et donc son identité.

Partir des droits de l'homme c'est avant tout réaliser le droit au développement pour chacun et comprendre l'interaction entre le droit au développement et les autres droits, tels que, par exemple, le droit des peuples à disposer d'eux-mêmes. Prendre les droits comme base de la coopération nous oblige à réfléchir sur leur lien avec les stratégies et les finalités du développement. Si nous regardons l'Afrique, quand on ne prend en compte les structures et les dynamiques traditionnelles, les réseaux communautaires, familiaux, religieux, d'entraide, le contexte politique est tel que les mots *développement, coopération, démocratie, État*, risquent d'être des mots *incantatoires*, vide de sens parce que ne sont pas enracinés dans le social, ne sont pas partie prenante du sociale et l'écart entre ceux qui parlent de coopération et ceux qui vivent le quotidien est toujours plus fort.

Dans chaque contexte il faut se demander si la coopération est conçue à partir des attentes, des besoins, des représentations des populations, c'est-à-dire d'une dynamique des droits de l'homme qui encourage la participation et la responsabilité de tous aux choix de modèles et de projets de société et de leur mise en œuvre. Etre attentifs aux projets de société, prendre au sérieux les sociétés civiles et leur participation pour dégager les responsabilités des uns et des autres, implique de s'intéresser à la dimension culturelle des sociétés en introduisant une réflexion à partir de la possibilité de chacun de s'approprier des droits.

Ce dont les populations plus démunies nécessitent ne sont pas les ressources matérielles mais les capacités pour mettre en place leur organisation, accroitre leurs choix, mettre en jeu leur liberté d'action et de participation pour augmenter leur richesse personnelle et sociale qui les aident à bâtir leurs institutions, à appuyer institutionnellement celles qui sont déjà en place afin qu'elles puissent rendre des services à la communauté. Souvent la coopération

« affaiblit les institutions nationales parce qu'elle contourne les secteurs publics par le biais de structures parallèles gérées par ceux qui financent ou qui ont des comptes à leur rendre »[306]. Dans ce cas on assiste à des institutions *domestiquées*, qui doivent apprendre plus à obéir qu'à agir, et à des populations qui assistent à un « déclin marqué de leur contrôle sur leur propre société »[307].

Aujourd'hui plusieurs acteurs, entreprises, institutions, gèrent des projets de coopération. Mais quand on regarde les choses de près on s'aperçoit que la philosophie n'est pas la même : il y a une distance entre la conception des projets et leur réalisation, il n'y a pas une relation de réciprocité mais plutôt une attitude d'assimilation ou d'exclusion. Et cela parce qu'il y a une difficulté à nous penser comme une seule communauté, à désirer le bien commun comme appartenant à une seule famille humaine. Si on n'essaie pas de régénérer la coopération au développement au sens ontologique, on risque de la réduire à une activité économique ou philanthropique parmi d'autres. C'est la dimension ontologique de l'être humain qui justifie et oriente les activités de coopération internationale ; c'est l'homme qui humanise le monde parce qu'il apprend avec les autres à dire sa parole et à exercer sa responsabilité.

Et c'est dans ce sens que l'éducation joue son rôle fondamental : une éducation qui *'conscientise'* non pas dans le sens d'une simple prise de conscience mais d'une pleine insertion dans les processus de développement social, culturel et économique, dans la conquête de l'autonomie, dans la capacité de discerner les contradictions, d'identifier les causes

---

[306] Sogge, D., *Les mirages de l'aide internationale*, Éd. Enjeux Planète, Paris, 2002, p. 216.

[307] Ibidem, p. 163.

qui génèrent la marginalisation pour être capable de concevoir et construire une nouvelle société.

Une éducation considérée comme bien commun est caractérisée par une destination commune et nécessaire à la réalisation des droits fondamentaux de chacun. L'éducation comme bien commun est une forme d'apprentissage collectif dans lequel chacun réalise son projet personnel et communautaire, et, se traduit par le rapport entre égalité et solidarité.

Sur ces bases il faut repenser la coopération, repenser sa philosophie pour *penser en commun* les finalités du développement qui signifie qu'il y a coopération quand les droits sont reconnus, sont effectifs et respectés et quand chaque personne devient sujet de droit. Et l'effectivité des droits a une place centrale pour assurer une juste appropriation des droits par les sujets concernés et pour garantir les capacités du sujet et son accès à l'ensemble de ses libertés et responsabilités.

Recommencer devient alors le nouveau langage de la coopération qui part d'un acte de liberté, une conquête de l'homme qui se place dans une perspective d'avenir s'il comprend que la force éthique de la coopération au développement dépend de la reconnaissance des droits de l'homme et de la sauvegarde des libertés.

Recommencer signifie aussi passer de l'approche fondée sur les besoins à l'approche fondée sur les droits de l'homme. La première a pour objectif de réduire les manques à l'aide de transferts et dans ce cas les personnes ne participent pas à la gestion mais sont seulement destinataires d'assistance. La seconde considère chaque droit de l'homme une capacité à développer qui rend effectif l'exercice des libertés et des responsabilités incluses dans chaque droit.

Il s'agit d'une « grammaire de gouvernance démocratique qui inclue les personnes, leurs organisations et les domaines : c'est une élaboration interactive des stratégies de développement de la richesse humaine personnelle et collective liée à un équilibre dynamique des systèmes. Les deux pôles, individuel et collectif, de la volonté populaire, sont ainsi maintenus ensemble : l'exercice individuel et l'interaction, au sein d'organisations dont les principes de gouvernance sont au service de la protection des droits individuels autant que celle des objets sociaux qui en sont la ressource et le produit"[308].

En fait l'approche basée sur les droits de l'homme conjugue le principe de solidarité avec celui de subsidiarité. Selon le principe de subsidiarité, l'État, la collectivité locale ou le service public ne doivent jamais usurper l'initiative et la responsabilité des individus et des groupes, ni limiter leur liberté. Selon le principe de solidarité, chacun doit contribuer avec ses pairs (dans la communauté) au bien commun de la société, à tous les niveaux. Il faut une pédagogie progressive particulière basée sur l'idée que chaque communauté a une expérience et une réserve d'énergie, d'imagination et des compétences. L'interconnexion de ces deux principes, subsidiarité et solidarité, réalise des politiques de partenariat qui se traduisent dans le partage des pouvoirs et des responsabilités de tous : personnes, organisations, institutions, associations qui interagissent horizontalement et verticalement à partir du niveau des communautés locales.

Mais pour que la coopération puisse passer du statu quo aux réformes décisives il est utile de se refocaliser sur les règles du jeu, c'està-dire associer aux décisions tous les acteurs de la communauté éducative, et faire de l'État le grand garant du *pacte éducatif*. Pour réaliser ce pacte, il faut que tous les objectifs de l'éducation puissent être considérés comme constitutifs du bien public de l'éducation, et de l'intérêt général du pays.

Réaliser le pacte éducatif signifie un contrôle continu soit de la part des usagers, soit de la part des commanditaires (les États) et des prestataires.

---

[308] Meyer-Bisch, P. Gandolfi, S., Balliu, G., *Souveraineté et coopérations. Guide pour fonder toute gouvernance démocratique sur l'interdépendance des droits de l'homme*, Globéthics.net, Genève 2016, p. 63.

Et ce pacte est un premier pas nécessaire pour une *démarche éthique de la coopération* qui vise à repérer les principes et les valeurs qui sont à la base des droits de l'homme et qui fondent une coopération au développement basée sur la dignité humaine, sur l'indivisibilité des droits, sur la gouvernance démocratique et sur l'équité dans les relations réciproques diversement asymétriques[309]. Il s'agit d'un processus qui observe et étudie les droits de l'homme et cherche à comprendre les différents systèmes de représentation sans préjugé de leur validité mais avec l'attention à l'égalité entre les personnes, les peuples, les droits et les libertés individuelles. Il s'agit d'un processus qui cherche à révéler les paradigmes du bien, du juste que chaque acteur développe et au nom duquel il fait des choix et il négocie avec les autres avant d'agir.

***

Ce texte s'est concentré sur les principaux enjeux de la coopération internationale vus par l'effectivité des droits de l'homme qui sont une condition *sine qua non* de la coopération au développement. Les droits de l'homme garantissent à chaque personne les moyens d'une existence digne et ils sont à la base de la coopération au développement et de toute politique contre l'exclusion et la pauvreté car ils sont le levier de la cohésion sociale et de l'instauration de la vraie démocratie. Les droits de l'homme sont des facteurs de développement parce qu'ils sont des droits-libertés, des droits-responsabilités, des droits-capacités qui prennent en compte les talents et les aptitudes de chacun. Là où les aptitudes sont niées ou paralysées en raison d'autres situations spécifiques dans lesquelles les relations entre partenaires sont asymétriques et les pouvoirs de négociation sont inégaux, on constate un échec dans l'exercice de tous les droits.

Penser une politique de la coopération au développement en partant des droits de l'homme, c'est, du fait de leur indivisibilité, avoir une ap-

---

[309] Principes d'éthique de la coopération internationale évaluée selon l'effectivité des droits de l'homme, Document de Bergamo, 2005

proche globale, cohérente et prospective, c'est regarder chaque personne comme porteuse d'une valeur unique, comme acteur d'une société à laquelle chacun, même le plus démuni, apporte sa réflexion. L'enjeu aujourd'hui est celui d'amener les membres d'une société à voir dans chaque être humain mis au ban de la société une richesse perdue, une chance gaspillée de l'humanité entière.

Comme Hannah Arendt l'avait bien dit, la base des droits de l'homme « c'est le droit d'avoir des droits », c'est-à-dire le droit d'être reconnu comme personne, comme citoyen et comme membre d'une communauté. Si on exclut l'autre on vole sa langue, son histoire, sa terre, sa dignité, ses aspirations, sa liberté et donc son identité.

Partir des droits de l'homme c'est avant tout réaliser le droit au développement pour chacun et comprendre l'interaction entre le droit au développement et les autres droits, tels que, par exemple, le droit des peuples à disposer d'eux-mêmes. Prendre les droits comme base de la coopération nous oblige à réfléchir sur leur lien avec les stratégies et les finalités du développement. Si nous regardons l'Afrique, quand on ne prend en compte les structures et les dynamiques traditionnelles, les réseaux communautaires, familiaux, religieux, d'entraide, le contexte politique est tel que les mots *développement, coopération, démocratie, État*, risquent d'être des mots *incantatoires*, vide de sens s'ils ne sont pas enracinés dans le social.

Dans chaque contexte il faut se demander si la coopération est conçue à partir des attentes, des besoins, des représentations des populations, c'est-à-dire d'une dynamique des droits de l'homme qui encourage la participation et la responsabilité de tous aux choix de modèles et de projets de société et de leur mise en œuvre.

Ce dont les populations plus démunies nécessitent ne sont pas les ressources matérielles mais les capacités pour mettre en place leur organisation, accroitre leurs choix, mettre en jeu leur liberté d'action et de participation pour augmenter leur richesse personnelle et sociale qui les aident à bâtir leurs organisations communautaires, à appuyer institution-nellement celles qui sont déjà en place afin qu'elles puissent rendre des services à la communauté. Souvent la coopération « affaiblit les institutions nationales parce qu'elle contourne les secteurs publics par le biais de structures parallèles gérées par ceux qui financent ou qui ont des comptes à leur rendre[310]. » Dans ce cas on assiste à des institutions *domestiquées*, qui doivent apprendre plus à obéir qu'à agir, et à des populations qui assistent à un « déclin marqué de leur contrôle sur leur propre société[311]. »

Aujourd'hui plusieurs acteurs, entreprises et institutions gèrent des projets de coopération. Mais quand on regarde les choses de près on s'aperçoit que la philosophie n'est pas la même : il n'y a pas une relation de réciprocité mais plutôt une attitude d'assimilation ou d'exclusion. Et cela parce qu'il y a une difficulté à nous penser comme une seule communauté, à désirer le bien commun comme appartenant à une seule famille humaine. Si on n'essaie pas de régénérer la coopération au développement au sens ontologique, on risque de la réduire à une activité économique ou philanthropique parmi d'autres. C'est la dimension ontologique de l'être humain qui justifie et oriente les activités de coopération internationale ; c'est l'homme qui humanise le monde parce qu'il apprend avec les autres à dire sa parole et à exercer sa responsabilité.

Et c'est dans ce sens que l'éducation joue son rôle fondamental : une éducation qui *'conscientise'* non pas dans le sens d'une simple prise de conscience mais d'une pleine insertion dans les processus de développement social, culturel et économique, dans la conquête de l'autonomie, dans la capacité de discerner les contradictions, d'identifier les causes qui génèrent la marginalisation pour être capable de concevoir et construire une nouvelle société.

---

[310] Sogge, D., *Les mirages de l'aide internationale*, Éd. Enjeux Planète, Paris, 2002, p. 216.

[311] Ibidem, p. 163.

Une éducation, considérée comme bien commun, est caractérisé par une destination commune et nécessaire à la réalisation des droits fondamentaux de chacun. L'éducation comme bien commun est une forme d'apprentissage collectif dans lequel chacun réalise son projet personnel et communautaire, et, se traduit par le rapport entre égalité et solidarité en respectant les diversités culturelles parce que c'est la diversité qui construit l'unité et non l'unité qui découpe et définit les espaces pour la diversité.

Sur ces bases il faut repenser la coopération, repenser sa philosophie pour *penser en commun* les finalités du développement qui signifie qu'il y a coopération quand les droits sont reconnus, sont effectifs et respectés et quand chaque personne devient sujet de droit.

Recommencer devient alors le nouveau langage de la coopération qui part d'un acte de liberté, une conquête de l'homme qui se place dans une perspective d'avenir s'il comprend que la force éthique de la coopération au développement dépend de la reconnaissance des droits de l'homme et de la sauvegarde des libertés.

Recommencer signifie aussi passer de l'approche fondée sur les besoins à l'approche fondée sur les droits de l'homme. La première a pour objectif de réduire les manques à l'aide de transferts et dans ce cas les personnes ne participent pas à la gestion mais sont seulement destinataires d'assistance. La seconde considère chaque droit de l'homme une capacité à développer qui rend effectif l'exercice des libertés et des responsabilités incluses dans chaque droit.

Il s'agit d'une « grammaire de gouvernance démocratique qui inclue les personnes, leurs organisations et les domaines : c'est une élaboration interactive des stratégies de développement de la richesse humaine personnelle et collective liée à un équilibre dynamique des systèmes. Les deux pôles, individuel et collectif, de la volonté populaire, sont ainsi maintenus ensemble : l'exercice individuel et l'interaction, au sein d'organisations dont les principes de gouvernance sont au service de la protection des droits individuels autant que celle des objets sociaux qui en sont la ressource et le produit"[312].

En fait l'approche basée sur les droits de l'homme conjugue les principes de solidarité avec les principes de subsidiarité. Selon le principe de subsidiarité l'État, la collectivité locale ou le service public ne doivent jamais usurper l'initiative et la responsabilité des individus et des groupes ni limiter leur liberté. Selon le principe de solidarité chacun doit contribuer avec ses pairs (dans la communauté) au bien commun de la société, à tous les niveaux. Il faut une pédagogie progressive particulière basée sur l'idée que chaque communauté a une expérience et une réserve d'énergie, d'imagination et des compétences. L'interconnexion de ces deux principes, subsidiarité et solidarité, réalise des politiques de partenariat qui se traduisent dans le partage des pouvoirs et des responsabilités de tous: personnes, organisations, institutions, associations qui interagissent horizontalement et verticalement à partir du niveau des communautés locales.

Mais pourquoi la coopération puisse passer du statu quo aux réformes décisives il est utile de refocaliser les règles du jeu, c'est-à-dire associer aux décisions tous les acteurs de la communauté éducative et faire de l'État le grand garant du *pacte éducatif*. Pour réaliser ce pacte il faut que tous les objectifs de l'éducation puissent être considérés comme constitutifs du bien commun de l'éducation. Réaliser le pacte éducatif signifie un contrôle continu soit de la part des usagers, soit de la part des commanditaires (les États) et des prestataires.

Et ce pacte est un premier pas nécessaire pour une *démarche éthique de la coopération* qui vise à repérer les principes et les valeurs qui sont à la base de la coopération au développement basée sur la dignité humaine, sur l'indivisibilité des droits, sur la gouvernance démocratique et

---

[312] Meyer-Bisch, P., Gandolfi, S., Balliu, G., *Souveraineté et coopérations. Guide pour fonder toute gouvernance démocratique sur l'interdépendance des droits de l'homme*, Globethics.net Genève, 2016, p. 63.

sur l'équité dans les relations réciproques diversement asymétriques[313]. Il s'agit d'une démarche qui observe et étudie les droits de l'homme et cherche à comprendre les différents systèmes de représentation sans préjuger de leur validité mais avec l'attention à l'égalité entre les personnes, les peuples, les droits et les libertés individuelles. Il s'agit d'une demande qui cherche à révéler les paradigmes du bien, du juste que chaque acteur développe et au nom duquel il fait des choix et il négocie avec les autres avant d'agir.

---

[313] Principes d'éthique de la coopération internationale évalués selon l'effectivité des droits de l'homme, Document de Bergame, 2005.

GLI AUTORI, LES AUTEURS

Prof. *Abdeljalil Akkari* è professore di Dimensioni internazionali dell'educazione presso l'Università di Ginevra (Svizzera). Attualmente è Preside della Facoltà di Scienze dell'Educazione.

Abdeljalil Akkari est professeur en « Dimensions internationales de l'éducation » à l'université de Genève (Suisse). Il est actuellement président de la Section des Sciences de l'Education. Il a auparavant enseigné à l'université de Fribourg (Suisse) et à l'université du Maryland (États-Unis). Ses principaux travaux de recherche concernent l'éducation interculturelle, l'internationalisation des politiques éducatives et la coopération internationale en éducation. Il a publié différents ouvrages dont "Construire et mettre en œuvre un projet de coopération internationale en éducation" (Editions Chronique Sociale) qui met en évidence l'importance de la mobilisation et de la formation de tous les acteurs concernés pour la réussite des projets de coopération.

***

Stefania Gandolfi, professore di Educazione comparata e di Pedagogia dei diritti dell'uomo all'Università di Torino e all'Università di Bergamo. Le principali ricerche hanno riguardato l'educazione interculturale e la cooperazione Internazionale con progetti educativi in Africa e nel sud-est asiatico.

Le principali pubblicazioni sono: il diritto all'educazione (Editrice La Scuola), Diaspore e democrazie (Ed. Globethics.net) e in collaborazione con Meyer-Bisch, P., Balliu, G., *Souverainité et coopérations*, (Ed. Globethics.net) Attualmente è Presidente della Fondazione Vittorino Chizzolini.

Philip Lee and Dafne Sabanes Plou (eds), *More or Less Equal: How Digital Platforms Can Help Advance Communication Rights*, 2014, 158pp. ISBN 978–2–88931–009–8

Sanjoy Mukherjee and Christoph Stückelberger (eds.) *Sustainability Ethics. Ecology, Economy, Ethics. International Conference SusCon III, Shillong/India*, 2015, 353pp. ISBN: 978–2–88931–068–5

Amélie Vallotton Preisig / Hermann Rösch / Christoph Stückelberger (eds.) *Ethical Dilemmas in the Information Society. Codes of Ethics for Librarians and Archivists*, 2014, 224pp. ISBN: 978–288931–024–1.

Prospects and Challenges for the Ecumenical Movement in the 21st Century. Insights from the Global Ecumenical Theological Institute, David Field / Jutta Koslowski, 256pp. 2016, ISBN: 978–2–88931–097–5

Christoph Stückelberger, Walter Fust, Obiora Ike (eds.), *Global Ethics for Leadership. Values and Virtues for Life,* 2016, 444pp. ISBN: 978–2–88931–123–1

Dietrich Werner / Elisabeth Jeglitzka (eds.), *Eco-Theology, Climate Justice and Food Security: Theological Education and Christian Leadership Development*, 316pp. 2016, ISBN 978–2–88931–145–3

Obiora Ike, Andrea Grieder and Ignace Haaz (Eds.), *Poetry and Ethics: Inventing Possibilities in Which We Are Moved to Action and How We Live Together*, 271pp. 2018, ISBN 978–2–88931–242–9

Christoph Stückelberger / Pavan Duggal (Eds.), *Cyber Ethics 4.0: Serving Humanity with Values*, 503pp. 2018, ISBN 978–2–88931–264-1

Texts Series

Principles on Sharing Values across Cultures and Religions, 2012, 20pp. Available in English, French, Spanish, German and Chinese. Other languages in preparation. ISBN: 978–2–940428–09–0

Ethics in Politics. Why it Matters More than Ever and How it Can Make a Difference. A Declaration, 8pp, 2012. Available in English and French. ISBN: 978–2–940428–35–9

Religions for Climate Justice: International Interfaith Statements 2008–2014, 2014, 45pp. Available in English. ISBN 978–2–88931–006–7

Ethics in the Information Society: The Nine 'P's. A Discussion Paper for the WSIS+10 Process 2013–2015, 2013, 32pp. ISBN: 978–2–940428–063–2

Principles on Equality and Inequality for a Sustainable Economy. Endorsed by the Global Ethics Forum 2014 with Results from Ben Africa Conference 2014, 2015, 41pp. ISBN: 978–2–88931–025–8

Water Ethics: Principles and Guidelines, 2019, 41pp. ISBN 978–2–88931-313-6

Focus Series

Christoph Stückelberger, *Das Menschenrecht auf Nahrung und Wasser. Eine ethische Priorität*, 2009, 80pp. ISBN : 978–2–940428–06–9

Christoph Stückelberger, *Corruption-Free Churches Are Possible. Experiences, Values, Solutions*, 2010, 278pp. ISBN: 978–2–940428–07–6

—, *Des Églises sans corruption sont possibles : Expériences, valeurs, solutions*, 2013, 228pp. ISBN : 978–2–940428–73–1

Vincent Mbavu Muhindo, *La République Démocratique du Congo en panne. Bilan 50 ans après l'indépendance*, 2011, 380pp. ISBN: 978–2–940428–29–8

Benoît Girardin, *Ethics in Politics: Why it matters more than ever and how it can make a difference*, 2012, 172pp. ISBN: 978–2–940428–21–2

—, *L'éthique : un défi pour la politique. Pourquoi l'éthique importe plus que jamais en politique et comment elle peut faire la différence*, 2014, 220pp. ISBN 978–2–940428–91–5

Willem A Landman, *End-of-Life Decisions, Ethics and the Law*, 2012, 136pp. ISBN: 978–2–940428–53–3

Corneille Ntamwenge, *Éthique des affaires au Congo. Tisser une culture d'intégrité par le Code de Conduite des Affaires en RD Congo*, 2013, 132pp. ISBN: 978–2–940428–57–1

Kitoka Moke Mutondo / Bosco Muchukiwa, *Montée de l'Islam au Sud-Kivu : opportunité ou menace à la paix sociale. Perspectives du dialogue islamo-chrétien en RD Congo*, 2012, 48pp.ISBN: 978–2–940428–59–5

Elisabeth Nduku / John Tenamwenye (eds.), *Corruption in Africa: A Threat to Justice and Sustainable Peace*, 2014, 510pp. ISBN: 978–2–88931–017–3

Dicky Sofjan (with Mega Hidayati), *Religion and Television in Indonesia: Ethics Surrounding Dakwahtainment*, 2013, 112pp. ISBN: 978–2–940428–81–6

Yahya Wijaya / Nina Mariani Noor (eds.), *Etika Ekonomi dan Bisnis: Perspektif Agama-Agama di Indonesia*, 2014, 293pp. ISBN: 978–2–940428–67–0

Bernard Adeney-Risakotta (ed.), *Dealing with Diversity. Religion, Globalization, Violence, Gender and Disaster in Indonesia*. 2014, 372pp.
ISBN: 978–2–940428–69–4

Sofie Geerts, Namhla Xinwa and Deon Rossouw, EthicsSA (eds.),
Africans' Perceptions of Chinese Business in Africa A Survey. 2014, 62pp.
ISBN: 978–2–940428–93–9

Nina Mariani Noor/ Ferry Muhammadsyah Siregar (eds.), *Etika Sosial dalam Interaksi Lintas Agama* 2014, 208pp. ISBN 978–2–940428–83–0

Célestin Nsengimana, *Peacebuilding Initiatives of the Presbyterian Church in Post-Genocide Rwandan Society: An Impact Assessment*. 2015, 154pp.
 ISBN: 978–2–88931–044–9

Bosco Muchukiwa, *Identité territoriales et conflits dans la province du Sud-Kivu, R.D. Congo*, 53pp. 2016, ISBN: 978–2–88931–113–2

Dickey Sofian (ed.), Religion, *Public Policy and Social Transformation in Southeast Asia*, 2016, 288pp. ISBN: 978–2–88931–115–6

Symphorien Ntibagirirwa, *Local Cultural Values and Projects of Economic Development: An Interpretation in the Light of the Capability Approach*, 2016, 88pp. ISBN: 978–2–88931–111–8

Karl Wilhelm Rennstich, *Gerechtigkeit für Alle. Religiöser Sozialismus in Mission und Entwicklung*, 2016, 500pp. ISBN 978–2–88931–140–8.

John M. Itty, *Search for Non-Violent and People-Centric Development*, 2017, 317pp. ISBN 978–2–88931–185–9

Florian Josef Hoffmann, *Reichtum der Welt—für Alle Durch Wohlstand zur Freiheit*, 2017, 122pp. ISBN 978–2–88931–187–3

Cristina Calvo / Humberto Shikiya / Deivit Montealegre (eds.), *Ética y economía la relación dañada*, 2017, 377pp. ISBN 978–2–88931–200–9

Maryann Ijeoma Egbujor, *The Relevance of Journalism Education in Kenya for Professional Identity and Ethical Standards*, 2018, 141pp. ISBN 978–2–88931233–7

Praxis Series

Christoph Stückelberger, *Responsible Leadership Handbook : For Staff and Boards*, 2014, 116pp. ISBN :978-2-88931-019-7 (Available in Russian)

Christoph Stückelberger, *Weg-Zeichen: 100 Denkanstösse für Ethik im Alltag*, 2013, 100pp SBN: 978-2-940428-77-9

—, *Way-Markers: 100 Reflections Exploring Ethics in Everyday Life*, 2014, 100pp. ISBN 978-2-940428-74-0

Angèle Kolouchè Biao, Aurélien Atidegla (éds.,) *Proverbes du Bénin. Sagesse éthique appliquée de proverbes africains*, 2015, 132pp. ISBN 978-2-88931-068-5

Nina Mariani Noor (ed.) *Manual Etika Lintas Agama Untuk Indonesia*, 2015, 93pp. ISBN 978-2-940428-84-7

Christoph Stückelberger, *Weg-Zeichen II: 111 Denkanstösse für Ethik im Alltag*, 2016, 111pp. ISBN: 978-2-88931-147-7 (Available in German and English)

Elly K. Kansiime, *In the Shadows of Truth: The Polarized Family*, 2017, 172pp. ISBN 978-2-88931-203-0

Christopher Byaruhanga, *Essential Approaches to Christian Religious Education: Learning and Teaching in Uganda*, 2018, 286pp. ISBN: 978-2-88931-235-1

Christoph Stückelberger / William Otiende Ogara / Bright Mawudor, *African Church Assets Handbook*, 2018, 291pp. ISBN: 978-2-88931-252-8

Oscar Brenifier, *Day After Day 365 Aphorisms*, 2019, 395pp. ISBN 978-2-88931-272-6

Christoph Stückelberger, *365 Way-Markers*, 2019, 416pp. ISBN: 978-2-88931-282-5 (available in English and German).

Benoît Girardin / Evelyne Fiechter-Widemann (Eds.), *Blue Ethics: Ethical Perspectives on Sustainable, Fair Water Resources Use and Management*, forthcoming 2019, 265pp. ISBN 978-2-88931-308-2

African Law Series

D. Brian Dennison/ Pamela Tibihikirra-Kalyegira (eds.), *Legal Ethics and Professionalism. A Handbook for Uganda*, 2014, 400pp. ISBN 978–2–88931–011–1

Pascale Mukonde Musulay, *Droit des affaires en Afrique subsaharienne et économie planétaire*, 2015, 164pp. ISBN: 978–2–88931–044–9

Pascal Mukonde Musulay, *Démocratie électorale en Afrique subsaharienne : Entre droit, pouvoir et argent*, 2016, 209pp. ISBN 978–2–88931–156–9

China Christian Series

Yahya Wijaya; Christoph Stückelberger; Cui Wantian, *Christian Faith and Values: An Introduction for Entrepreneurs in China*, 2014, 76pp. ISBN: 978–2–940428–87–8

Yahya Wijaya; Christoph Stückelberger; Cui Wantian, *Christian Faith and Values: An Introduction for Entrepreneurs in China*, 2014, 73pp. ISBN: 978–2–88931–013–5 (en Chinois)

Christoph Stückelberger, *We are all Guests on Earth. A Global Christian Vision for Climate Justice*, 2015, 52pp. ISBN: 978–2–88931–034–0 (en Chinois, version anglaise dans la Bibliothèque Globethics.net)

Christoph Stückelberger, Cui Wantian, Teodorina Lessidrenska, Wang Dan, Liu Yang, Zhang Yu, *Entrepreneurs with Christian Values: Training Handbook for 12 Modules*, 2016, 270pp. ISBN 978–2–88931–142–2

China Ethics Series

Liu Baocheng / Dorothy Gao (eds.), 中国的企业社会责任 *Corporate Social Responsibility in China*, 459pp. 2015, en Chinois, ISBN 978–2–88931–050–0

Bao Ziran, 影响中国环境政策执行效果的因素分析 *China's Environmental Policy, Factor Analysis of its Implementation*, 2015, 431pp. En chinois, ISBN 978–2–88931–051–7

Yuan Wang and Yating Luo, *China Business Perception Index: Survey on Chinese Companies' Perception of Doing Business in Kenya*, 99pp. 2015, en anglais, ISBN 978–2–88931–062–3.

王淑芹 (Wang Shuqin) (编辑) (Ed.), *Research on Chinese Business Ethics [Volume 1]*, 2016, 413pp. ISBN: 978–2–88931–104–0

王淑芹 (Wang Shuqin) (编辑) (Ed.), *Research on Chinese Business Ethics [Volume 2]*, 2016, 400pp. ISBN: 978–2–88931–108–8

Liu Baocheng, *Chinese Civil Society*, 2016, 177pp. ISBN 978–2–88931–168–2

Liu Baocheng / Zhang Mengsha, *Philanthropy in China: Report of Concepts, History, Drivers, Institutions*, 2017, 246pp. ISBN: 978–2–88931–178–1

Education Ethics Series

Divya Singh / Christoph Stückelberger (Eds.), *Ethics in Higher Education Values-driven Leaders for the Future*, 2017, 367pp. ISBN: 978–2–88931–165–1

Obiora Ike / Chidiebere Onyia (Eds.) *Ethics in Higher Education, Foundation for Sustainable Development*, 2018, 645pp. IBSN: 978-2-88931-217-7

Obiora Ike / Chidiebere Onyia (Eds.) *Ethics in Higher Education, Religions and Traditions in Nigeria* 2018, 198pp. IBSN: 978-2-88931-219-1

Obiora F. Ike, Justus Mbae, Chidiebere Onyia (Eds.), *Mainstreaming Ethics in Higher Education: Research Ethics in Administration, Finance, Education, Environment and Law Vol. 1*, 2019, 779pp. ISBN 978-2-88931-300-6

Ikechukwu J. Ani/Obiora F. Ike (Eds.), *Higher Education in Crisis Sustaining Quality Assurance and Innovation in Research through Applied Ethics*, 2019, 214pp. ISBN 978-2-88931-323-5

Education Praxis Series*

Tobe Nnamani / Christoph Stückelberger, *Resolving Ethical Dilemmas in Profes-sional and Private Life. 50 Cases from Africa for Teaching and Training*, 2019, 235pp. ISBN 978-2-88931-315-0

Readers Series

Christoph Stückelberger, *Global Ethics Applied: vol. 4 Bioethics, Religion, Leadership*, 2016, 426. ISBN 978–2–88931–130–9

Кристоф Штукельбергер, *Сборник статей, Прикладная глобальная этика Экономика. Инновации. Развитие. Мир*, 2017, 224pp. ISBN: 978–5–93618–250–1

CEC Series

Win Burton, *The European Vision and the Churches: The Legacy of Marc Lenders*, Globethics.net, 2015, 251pp. ISBN: 978–2–88931–054–8

Laurens Hogebrink, *Europe's Heart and Soul. Jacques Delors' Appeal to the Churches*, 2015, 91pp. ISBN: 978–2–88931–091–3

Elizabeta Kitanovic and Fr Aimilianos Bogiannou (Eds.), *Advancing Freedom of Religion or Belief for All*, 2016, 191pp. ISBN: 978–2–88931–136–1

Peter Pavlovic (ed.) *Beyond Prosperity? European Economic Governance as a Dialogue between Theology, Economics and Politics*, 2017, 147pp. ISBN 978–2–88931–181–1

Elizabeta Kitanovic / Patrick Roger Schnabel (Editors), *Religious Diversity in Europe and the Rights of Religious Minorities*, 2019, 131pp. ISBN 978-2-88931-270-2

CEC Flash Series

Guy Liagre (ed.), *The New CEC: The Churches' Engagement with a Changing Europe*, 2015, 41pp. ISBN 978–2–88931–072–2

Guy Liagre, *Pensées européennes. De « l'homo nationalis » à une nouvelle citoyenneté*, 2015, 45pp. ISBN : 978–2–88931–073–9

Moral and Ethical Issues in Human Genome Editing. A Statement of the CEC Bioethics Thematic Reference Group, 2019, 85pp. ISBN 978-2-88931-294-8

Philosophy Series

Ignace Haaz, *The Value of Critical Knowledge, Ethics and Education: Philosophical History Bringing Epistemic and Critical Values to Values*, 2019, 234pp. ISBN 978-2-88931-292-4

Ethical Sieve Series

Paul Dembinski, Josina Kamerling and Virgile Perret (Eds.), *Changing Frontiers of Ethics in Finance*, 2019, 511pp. ISBN 978-2-88931-317-4

Paideia Series

Stefania Gandolfi, *Diritti dell'uomo e società democratica*, 2019, 146pp. ISBN 978-2-88931-319-8

Copublications & Other

Patrice Meyer-Bisch, Stefania Gandolfi, Greta Balliu (eds.), *Souveraineté et coopérations : Guide pour fonder toute gouvernance démocratique sur l'interdépendance des droits de l'homme*, 2016, 99pp. ISBN 978–2–88931–119–4

Patrice Meyer-Bisch, Stefania Gandolfi, Greta Balliu (a cura di), *Sovranità e cooperazioni: Guida per fondare ogni governance democratica sull' interdipendenza dei diritti dell'uomo*, 2016, 100pp. ISBN : 978–2–88931–132–3

Patrice Meyer-Bisch, Stefania Gandolfi, Greta Balliu (éds.), *L'interdépendance des droits de l'homme au principe de toute gouvernance démocratique. Commentaire de Souveraineté et coopération*, 2019, 324pp. ISBN 978-2-88931-310-5

Reports

Global Ethics Forum 2016 Report, Higher Education—Ethics in Action: The Value of Values across Sectors, 2016, 184pp. ISBN: 978–2–88931–159–0